Katerin Katerinov   Maria Clotilde Boriosi Katerinov

Italiamania

Livello elementare

Bruno Mondadori

Italiamania

Livello elementare

direzione editoriale
Anna Fresco

coordinamento editoriale
Elena Baiotto

progetto grafico
Studio Elastico

redazione, impaginazione e ricerca iconografica
Studio Editoriale Associato

controllo qualità
Marina Ferrarese

disegni
Anna ed Elena Balbusso; *quaderno degli esercizi* Federica Orsi

consulenza artistica e grafica della copertina
Silvia Razzini

disegno di copertina
Anna ed Elena Balbusso

LIBRI DI TESTO E SUPPORTI DIDATTICI
La Casa Editrice è certificata in conformità alla norma **UNI EN ISO 9001:2000** per l'attività di progettazione, realizzazione e commercializzazione di prodotti editoriali scolastici e lessicografici

CISQCERT

Tutti i diritti riservati
© 2009, Pearson Paravia Bruno Mondadori spa

stampato in Italia da
La Grafica, Boves (CN)

Ristampa   anno

0 1 2 3 4 5   09 10 11 12

Referenze iconografiche:

Archivio Pearson Paravia Bruno Mondadori: 10, 121, 141; Absolute Vision: 14, 26, 56, 60, 62, 72, 78, 80, 86, 89, 114, 116, 125, 130, 144, 147, 148, 153, 157, 160, 165, 174, 179, 182; Archivio BCC Filottrano: 141, 144, 156; Archivio Studio Editoriale Associato: 8, 9, 25, 45, 92, 95, 96, 97, 105, 110, 111, 114, 120, 123, 129, 138, 139, 142, 143, 147, 153, 155, 181, 182; Classic Photo: 19, 24, 35, 173, 179, 189; Comstock Images: 8, 9, 10, 14, 18, 20, 22, 24, 25, 26, 34, 35, 36, 37, 38, 39, 57, 61, 69, 73, 74, 75, 76, 77, 78, 79, 80, 86, 87, 90, 95, 105, 107, 108, 112, 116, 129, 142, 146, 153, 157, 158, 159, 160, 161, 162, 165, 176, 177, 178, 179, 181, 192; A. M. Eckert: 58, 59, 68, 122, 155, 191; T. Elvin: 154; B. Enara Millan Molinari: 15, 126, 127, 139; Fotolia: 26, 40, 41, 58, 73, 90, 92, 93, 107, 110, 120, 161, 179, 182; J. Garofalo: 68, 89, 98, 107; ICP: 107, 190, 191; iStock Photos: 19, 78, 97; Kalooga: 19, 24, 72, 179, 180; R. G. Karol: 42, 43, 44, 45, 52, 54, 55; M. Lebeau: 123, 154, 162; LuckyOliver: 19, 24, 104, 138, 162, 189; MorgueFile: 10, 24, 35, 70, 89, 98, 106, 109, 138, 147, 148, 155, 162, 180, 189, 190; PhotoObjects: 15, 23, 26, 42, 43, 44, 46, 56, 60, 62, 72, 73, 76, 77, 80, 90, 91, 108, 112, 116, 130, 132, 144, 146, 175, 179, 188; PurestockX: 8, 9, 14, 24, 26, 36, 37, 38, 41, 53, 56, 57, 61, 63, 70, 71, 73, 78, 79, 80, 89, 97, 104, 106, 109, 123, 125, 129, 137, 144, 152, 157, 160, 161, 162, 165, 172, 178, 181, 182; ShutterStock: 20, 21; SuperStock: 19, 170, 173, 180, 189; Wikipedia Commons: 9, 10, 34, 36, 136, 153, 172, 173, 189

Italiamania

È un corso multimediale di lingua e cultura italiana pensato per studenti che parlano inglese.

Il **primo volume** è destinato a studenti principianti e permette di arrivare a un **livello A2** di conoscenza della lingua italiana, parlata e scritta, attraverso una struttura ricorrente e molto chiara.

Ognuna delle 10 unità didattiche è composta dalle seguenti sezioni:

lingua in contesto presenta le strutture e le funzioni linguistiche in situazioni reali e in una lingua "autentica" con attività di ascolto.

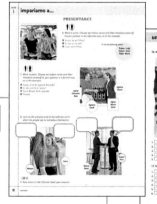

impariamo a... contiene attività che ti insegnano a comunicare attraverso lo scambio con i compagni e la simulazione di conversazioni quotidiane.

mondo di parole è la rubrica dedicata all'esercizio e all'arricchimento del lessico.

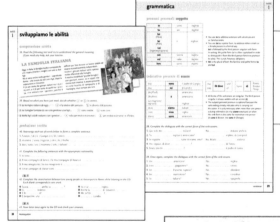

grammatica presenta schemi grammaticali molto chiari, corredati di spiegazioni in lingua inglese e seguiti da esercizi specifici.

sviluppiamo le abilità ti propone attività per lo sviluppo delle abilità di base (leggere, scrivere, ascoltare, parlare).

mondo italiano è una "finestra" sull'Italia che presenta, attraverso testi e immagini, la cultura e la civiltà italiana.

verifichiamo le abilità è un test di verifica e autovalutazione che mette alla prova quanto hai appena appreso.

il **quaderno degli esercizi**, che trovi in fondo al **libro dello studente**, è pensato per sviluppare la tua capacità di lavorare in autonomia e ti offre molti esercizi di rinforzo e potenziamento.

indice dei contenuti

indice dei contenuti

L'ITALIA È...

NATURA E PAESAGGIO

CITTÀ E PAESI

ARTE E CULTURA

CUCINA E PRODOTTI TIPICI

MODA, DESIGN, TECNOLOGIA

GLI ITALIANI SONO...

UN MISTO DI POPOLI

IERI

Latini

Greci

Etruschi

Germani

Arabi

Galli

Normanni

Spagnoli

OGGI

Here is what you are going to learn in this Unit:	
Communicative goals	greeting people (1), introducing yourself (1), thanking people, telling time, the dates and months, telling one's age, giving and asking for phone numbers
Grammar	• alfabeto • numeri (1): cardinali da 0 a 50; ordinali da 1° a 12° • indicativo presente di *essere* (1) e *avere* (1)
Lexical area	days, months, seasons, dates, greetings

SALUTARE, PRESENTARSI, RINGRAZIARE

1. Match the dialogues (1-6) with the corresponding pictures (a-f).

a

b

c

d

e

f

1. ☐ Ciao, sono Carlo.
Ciao, io sono Pietro.

2. ☐ Sono Paolo Bianchi. Piacere!
Piacere, io sono Carla Basso.

3. ☐ Buongiorno, signor Rossi!
Buongiorno, signora!

4. ☐ Buonasera, signora.
Buonasera, signor Busi.

5. ☐ Arrivederci a presto.
Arrivederci.

6. ☐ Grazie mille.
Prego.

> **VOCABULARY SOS VOCABULARY** When followed by the surname, the nouns *signore*, *dottore* and *professore* drop the final *e*: signor Bianchi / dottor Rossi / professor Martini.

🔊 1 ①
2. Listen to the CD and check your answers.

3. In which dialogues do the people:

1. introduce themselves? ☐

2. greet each other? ☐

3. say goodbye? ☐

4. thank someone? ☐

4. Match each greeting in A with the appropriate return greeting in B.

A
1. Ciao, Paolo.
2. Piacere, sono Alberto Ferrari.
3. Buongiorno, signora.
4. Buonasera.
5. Arrivederci.

B
a ☐ Arrivederci a presto.
b ☐ Buongiorno, come sta?
c ☐ Buonasera, signora.
d ☐ Molto lieta, Elena Rossi.
e ☐ Ciao, Cristina.

L'ALFABETO

The Italian alphabet has 21 letters. Five more are used to write words of foreign origin.

lettera	nome		pronuncia
A, a	(a)	come	Ancona
B, b	(bi)		Bologna
C, c	(ci)		Como
D, d	(di)		Domodossola
E, e	(e)		Empoli
F, f	(effe)		Firenze
G, g	(gi)		Genova
H, h	(acca)		hotel
I, i	(i)		Imola
L, l	(elle)		Livorno
M, m	(emme)		Milano
N, n	(enne)		Napoli
O, o	(o)		Otranto
P, p	(pi)		Palermo
Q, q	(qu)		quadro
R, r	(erre)		Roma
S, s	(esse)		Savona
T, t	(ti)		Torino
U, u	(u)		Udine
V, v	(vu/vi)		Venezia
Z, z	(zeta)		Zara

letters used to write words of foreign origin

J, j	(i lunga)	come	jazz
K, k	(kappa)		koala
W, w	(doppia vu)		welcome
X, x	(ics)		xilofono
Y, y	(ipsilon / i greca)		yacht

* There are five vowels: **a**, **e**, **i**, **o** and **u**.
* The pronunciation of the letter **a** is similar to that of the "a" in 'father' (*grazie*).
* The pronunciation of the letter **i** is similar to that of the "i" in 'machine' (*aprile*).
* The pronunciation of the letter **u** is similar to that of the "u" in 'boot' (*due*).
* The pronunciation of **e** and **o** may be open (like the "a" in 'make' or the "o" in 'lost': *prego, cosa*) or closed (like the "e" in 'bed' or the "o" in 'rose': *presto, sono*).

L'accento

* Most Italian words are stressed on the next-to-last syllable: *buonasera, settimana, primavera, italiano, arrivederci*.
* Some Italian words are stressed on the third-to-last syllable: *sabato, numero, telefono, quattordici*.
* Some Italian words are stressed on the last syllable. These words always carry a written accent on the final vowel, which can be grave (`) or acute ('): *nazionalità, lunedì, è, cioè* (open pronunciation); *ventitré, perché* (closed pronunciation).

GRAMMAR SOS

Lettere maiuscole
Like English, capital letters are used at the beginning of sentences and with proper nouns.
Unlike English, capital letters are not used with the personal pronoun *io* (I), with nouns referring to job titles, languages, days of the week, months or seasons or with nouns and adjectives referring to nationality.

(1 2)

5. Now listen to how the letters of the alphabet are pronounced.

(1 3)

6. Listen to the CD and tick the names and surnames which are spelled out.

1. ☐ Martina Sassi
2. ☐ Ferrari
3. ☐ Matteo Zanette
4. ☐ Alessia
5. ☐ Mazzini
6. ☐ Paola
7. ☐ Luca
8. ☐ Giulio Di Giovanni

---

7. Now spell your name and surname. Then ask your classmates to spell their names.

(1 4)

8. Listen to the CD and repeat each word, circling the stressed vowel.

sabato · domenica · marzo · acca · ora · io · grazie · venti · uno · due · lunedì

· autunno · sei · sette · alfabeto · ho · diciotto · nove · agosto · dodici

I NUMERI

cardinali

0	zero	17	diciassette
1	uno	18	diciotto
2	due	19	diciannove
3	tre	20	venti
4	quattro	21	ventuno
5	cinque	22	ventidue
6	sei	23	ventitré
7	sette		...
8	otto	30	trenta
9	nove	31	trentuno
10	dieci	32	trentadue
11	undici	33	trentatré
12	dodici		...
13	tredici	40	quaranta
14	quattordici	41	quarantuno
15	quindici		...
16	sedici	50	cinquanta

ordinali

1°	primo	5°	quinto	9°	nono
2°	secondo	6°	sesto	10°	decimo
3°	terzo	7°	settimo	11°	undicesimo
4°	quarto	8°	ottavo	12°	dodicesimo

* Cardinal numbers are invariable, except for *uno* (which in the feminine becomes *una*).
* Numbers ending in *uno* can drop the final vowel when followed by a noun (*ventun persone*, *trentun ragazzi*).
* Compound numbers with *tre* take an accent mark (*ventitré*, *trentatré*).
* All tens from *venti* on drop the final vowel in front of *uno* and *otto* (*ventotto giorni*, *cinquantun persone*).
* Unlike cardinal numbers, ordinals are adjectives. Therefore, they agree with the noun in gender (m/f) and number (sing/pl): *il primo numero, la prima lettera; i primi numeri, le prime lettere.*

9. Now listen to how the numbers are pronounced and repeat.

10. Match the number words in group A with the corresponding numbers in group B.

1. quattordici
2. trentatré
3. ventotto
4. quarantuno
5. diciassette
6. quarantanove

a ☐ 17
b ☐ 49
c ☐ 14
d ☐ 33
e ☐ 28
f ☐ 41

11. Listen to the introductions and complete the corresponding visiting cards.

● memo
Sig. = signor (Mr)   Sig.na = signorina (Miss)
Sig.ra = signora (Mrs)   CAP = zip code

Sig. **Paolo** ....

Via G. Venezian, ... - 10121 ....

Sig.ra .... PIZZI

Piazza Tricolore, ...
20100 ....

Sig.na ....

Corso Colombo, ...
16100 Genova

impariamo a...

DARE E CHIEDERE IL NUMERO DI TELEFONO

⊙1 7

12. Listen to the CD and complete the phone numbers.

1. 06 9932..........

2. 051 5798

3. 02 24..........90

4. 377 861

5. 036 45..........3

6. 4547418

VOCABULARY SOS VOCABULARY
In Italy all phone numbers include the area code (02-Milan, 06-Rome, 011-Turin) which must be always used.
If you call Italy from abroad, you must dial 0039 + phone number including area code.

⊙1 7

13. Listen once again to the CD and check your answers.

14. Now ask a classmate for his/her phone number and write it down.

....

15. Match the following emergency services with the corresponding phone numbers and pictures.

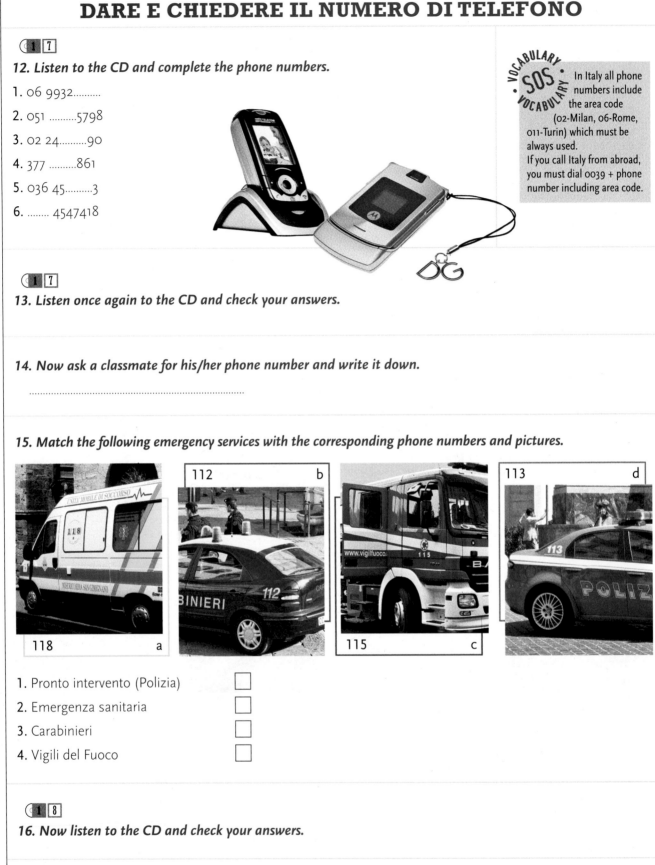

1. Pronto intervento (Polizia) ☐

2. Emergenza sanitaria ☐

3. Carabinieri ☐

4. Vigili del Fuoco ☐

⊙1 8

16. Now listen to the CD and check your answers.

17. Write down the phone numbers of the emergency services in your country and then read them aloud.

....

INDICARE L'ORA

Che ora è? Che ore sono?

È mezzogiorno È l'una   È mezzanotte

Sono le due 2.00 / 14.00

 Sono le cinque e dieci 5.10 / 17.10

Sono le sette meno un quarto 6.45 / 18.45

Sono le sette e mezza 7.30 / 19.30

Sono le otto e un quarto 8.15 / 20.15

Sono le dieci meno cinque 9.55 / 21.55

Sono le quattro meno dieci 3.50 / 15.50

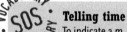

VOCABULARY SOS VOCABULARY

Telling time
To indicate a.m. or p.m. you say:
8.00 *le otto di mattina* (a.m.), 15.00 *le tre del pomeriggio* (p.m.),
20.00 *le otto di sera* (p.m.), 2.00 *le due di notte* (a.m.).
In Italian, the 24-hour clock time is used frequently.

18. Look at the clocks and say what time it is.

a

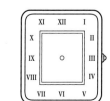
b

c

d

1 9

19. Listen to the CD and draw the hands on the watches.

a

b

c

d

INDICARE IL GIORNO E IL MESE

I mesi dell'anno

dicembre

novembre

ottobre

settembre

agosto

luglio

giugno

maggio

aprile

marzo

febbraio

gennaio

I giorni della settimana

lunedì	martedì	mercoledì	giovedì	venerdì	sabato	domenica
			1	2	3	4
5	6	7	8	9	10	11
12	13	14	15	16	17	18
19	20	21	22	23	24	25
26	27	28	29	30	31	

20. Look at the calendar and decide whether the following statements are true (vero = V) or false (falso = F).

1. Il primo gennaio è giovedì. V F
2. Il due gennaio è domenica. V F
3. L'otto gennaio è sabato. V F
4. Il dodici gennaio è lunedì. V F
5. Il sedici gennaio è mercoledì. V F
6. Il venti gennaio è venerdì. V F

VOCABULARY SOS VOCABULARY

Giorni, settimane, mesi
The days are masculine, except for *domenica*, which is feminine.
The week begins on Monday (*lunedì*).
Days, months and seasons are not capitalized.
Only for the first day of the month is the ordinal number used (*il **primo** maggio, il **tre** giugno, il **sei** novembre*, etc.).

21. Complete the table with the missing words.

l'autunno
23 ....
22 dicembre

l'inverno
23 dicembre
20 ....

la primavera
21 marzo
21 ....

l'estate
22 ....
22 settembre

22. Work in pairs. Using a calendar to help you, invent short dialogues like those in the examples.

● Che giorno è oggi?
■ Oggi è mercoledì. È l'8 luglio.

● Che giorno è il 30 aprile?
■ Il 30 aprile è sabato.

23. Tell the class or write down the dates of the following events:

1. il tuo compleanno (*your birthday*)

   ....

2. una festa importante del tuo paese (*an important national holiday in your country*)

   ....

3. la data più importante della storia del tuo paese (*the most important date in your country's history*)

   ....

4. la data più importante della tua vita (*the most important date in your life*)

   ....

5. la prossima lezione di italiano (*your next Italian lesson*)

   ....

impariamo a...

INDICARE L'ETÀ

Quanti anni	**hai,**	Paolo/Anna?	**Ho**	diciotto	anni
				diciannove	
				ventidue	

| Io | **ho** | diciassette | anni, | quindi | **sono** | minorenne |
| Marco/Carla | **ha** | diciotto | | | **è** | maggiorenne |

 1 10

24. Listen to the CD and match each conversation with the corresponding picture.

a ☐ b ☐

1 10

25. Listen once again and write down the ages and dates you hear.

1. ....

2. ....

● memo

	essere	avere
(io)	sono	ho
(tu)	sei	hai
(lui/lei/Lei)	è	ha

26. Complete the sentences with the correct form of the verbs essere or avere.

1. (Io)............. ventun anni.

2. Anna .... minorenne.

3. John .... trent'anni.

4. Quanti anni .... Peter?

5. (Io) .... maggiorenne: .... diciannove anni.

6. Non .... l'orologio: che ora .... ?

7. Il compleanno di Anna .... il 16 febbraio.

8. Gennaio .... il primo mese dell'anno.

9. La mia stagione preferita .... l'estate.

10. Il mese di febbraio .... ventotto o ventinove giorni.

NON SOLO ITALIANI

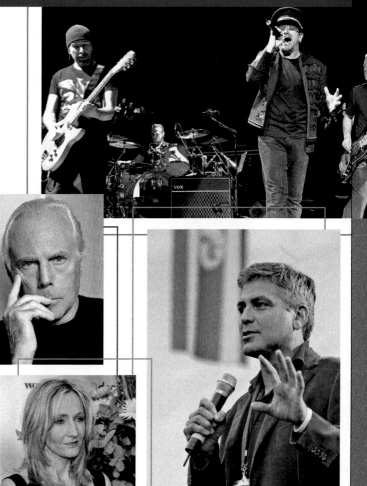

▶ *Look at the pictures and then complete the sentences with the correct names.*

1. .... è italiano.

2. .... è americano.

3. .... è americana.

4. .... è inglese.

5. .... sono irlandesi.

6. .... sono inglesi.

Here is what you are going to learn in this Unit.

Communicative goals	introducing yourself (2), asking someone's nationality, asking who someone is, asking where someone is from
Grammar	• pronomi personali soggetto • indicativo presente di *essere* (2) • nomi in *-o*, *-a*, *-e* • aggettivi in *-o*, *-a*, *-e*: accordo • aggettivi in *-co*, *-ca* • interrogativi (1): *chi?* • articolo determinativo (1) • articolo indeterminativo (1)
Lexical area	nationalities, family relationships (1), physical appearance (1)

lingua in contesto

1 | 11 | *1. Listen to the dialogue between Mr Rossi and Bruno and try to find out who Mr Rossi is.*

A UNA FESTA

signor Rossi	Chi è quella ragazza?
Bruno	È Betty, un'americana.
signor Rossi	È per caso la ragazza di Giorgio?
Bruno	No, è l'amica di Fred, anche lui americano.
signor Rossi	E le altre ragazze di dove sono?
Bruno	Carmen è spagnola, è di Madrid. Marta e Greta sono tedesche. Brigitte, invece, è francese.
signor Rossi	E i ragazzi, sono anche loro stranieri?
Bruno	Sì. Paul è inglese, Peter è tedesco e Dimitri è greco.
signor Rossi	Insomma, solo tu e Giorgio siete italiani...
Bruno	Già, siamo italiani solo noi due. Ma Lei chi è, scusi?
signor Rossi	Sono il padre di Giorgio, piacere.
Bruno	Piacere!

⟨1⟩ ⓫

2. Listen again and decide whether the following statements are true (vero = V) or false (falso = F).

1. Tutte le ragazze sono straniere.   **V F**

2. Tre ragazzi sono italiani.   **V F**

3. Betty è l'amica di Giorgio.   **V F**

4. Betty è inglese.   **V F**

5. Il signor Rossi è il padre di Giorgio.   **V F**

⟨1⟩ ⓫

3. Listen once again while reading along with the text. Then write the sentences that are used in the dialogue to express the following communicative goals:

1. chiedere l'identità
   (*asking who someone is*)

   ....

2. chiedere la nazionalità
   (*asking someone's nationality*)

   ....

3. chiedere la provenienza
   (*asking where someone is from*)

   ....

4. presentarsi
   (*introducing yourself*)

   ....

⟨1⟩ ⓫

4. Listen and repeat. Pay attention to your pronunciation and intonation.

5. Complete the following sentences from the dialogue with the appropriate words.

1. È Betty, ...

2. E le altre ...., di dove sono?

3. ...., solo tu e Giorgio siete italiani.

4. ...., siamo italiani solo noi due.

5. Sono il .... di Giorgio, piacere.

impariamo a...

PRESENTARCI

6. Work in pairs. Choose an Italian name and then introduce yourself to your partner in an informal way, as in the example.

● Scusa, tu sei Silvia?
■ Sì, ma tu chi sei?
● Ciao, sono Elisa.

▶ Use the following names:

Franco Luigi
Gianni Anna
Paola Maria

7. Work in pairs. Choose an Italian name and then introduce yourself to your partner in a formal way, as in the example.

● Scusi, è Lei la signora Rossetti?
■ Sì, ma Lei chi è, scusi?
● Sono Bruno Sarti, piacere.
■ Piacere.

signora
Ferrari

signor
Giovanni
Sala

signor
Marco
Conti

signora
Landi

8. Look at the pictures and in the balloons write what the people say to introduce themselves.

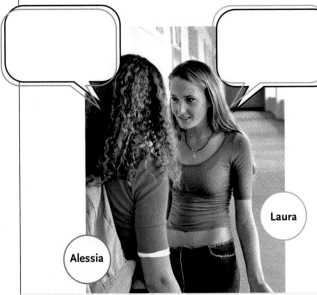

Laura

Alessia

Gianni
Ferri

Marco
Rossi

🔊 1 12

9. Now listen to the CD and check your answers.

CHIEDERE E DIRE LA NAZIONALITÀ

10. Match each country with the corresponding picture.

USA ☐   Cina ☐   Francia ☐   Germania ☐   Italia ☐   Canada ☐   Inghilterra ☐

11. Match each nationality with the corresponding country.

francese ☐   inglese ☐   americano ☐   cinese ☐   canadese ☐   tedesco ☐   italiano ☐

12. Work in groups of three. Choose a nationality and then ask and answer questions in an informal way, as in the example.

● Sei inglese?
■ Sì, sono inglese.
● Anche tu sei inglese?
◆ No, sono americano.

13. Work in groups of three. Choose a nationality and then ask and answer questions in a formal way, as in the example.

● Scusi, Lei è tedesco?
■ No, sono inglese.
● ... e Lei, signora?
◆ Io sono italiana.

14. Listen and write the people's nationalities.

1. Sono Paola e sono ....

2. Sono Tom e sono ....

3. Sono Wei e sono ....

15. Work in pairs. Look at the pictures and try to identify who the people are. Then write down each person's nationality.

CHIEDERE E DIRE L'IDENTITÀ

Victoria

Francesco

Dong Mei

Sophie

Mark

16. Work in pairs. Ask each other who the six people are, as in the example.

● Chi è il ragazzo americano?

■ È ....

■ E la ragazza cinese chi è?

● È ....

CHIEDERE E DIRE LA PROVENIENZA

Parigi

Londra

Atene

Venezia

New York

Granada

17. Work in pairs. Imagine you are from one of the above cities. Then ask and supply information in an informal way, as in the example.

● Sei greca?

■ Sì, sono di Atene... e tu di dove sei?

● Sono italiano, di Roma.

18. Work in pairs. Imagine you are from one of the above cities. Then ask and supply information in a formal way, as in the example.

● Lei è spagnolo?

■ Sì, sono spagnolo.

● Di dove?

■ Di Siviglia.

19. Choose the correct words from below to complete the conversation.

io

siamo

Lei

signora

sono

● Lei è di Bologna, ... ?

■ Sì, e Lei?

● Io .... di Milano.

● E .... ?

◆ .... sono di Napoli.

■ Allora, ... tutti italiani.

un mondo di parole

la famiglia

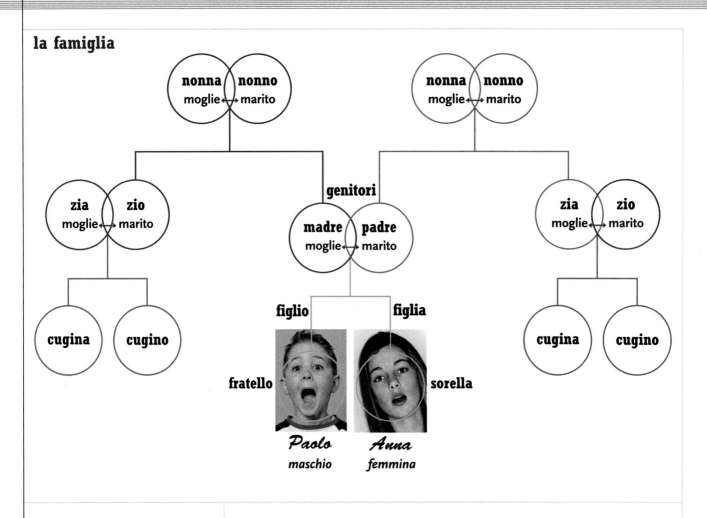

Falsi amici Sometimes Italian and English words look alike but have different meanings. This is the case of *parenti*, which means "relatives" and not "parents" (*genitori*).

20. Match the words in group A with those in group B.

A
1. fratello
2. padre
3. genitori
4. marito
5. maschio

B
a ☐ femmina
b ☐ moglie
c ☐ madre
d ☐ figli
e ☐ sorella

21. Write the nouns that correspond to the following definitions.

1. fratello del padre o della madre ....

2. figlia dello zio o della zia ....

3. padre del padre o della madre ....

4. sorella del padre o della madre ....

5. padre e madre ....

6. madre del padre o della madre ....

In the language of children, the words *padre* and *madre* become *babbo* or *papà* and *mamma*. Adults also use these words when addressing their own parents or in informal conversations.

22. Match the following words with the corresponding pictures.

b   d   f

a   c   e

1. ragazzo ☐   2. ragazza ☐   3. bambina ☐   4. bambino ☐   5. signore ☐   6. signora ☐

23. In each line, find the odd word out.

1. giovane	ragazzo	signore	amico	bambino
2. spagnola	tedesca	ragazza	italiana	americano
3. signore	signora	ragazzo	uomo	italiano
4. scusi	è	siete	siamo	sono
5. padre	nonno	maschio	fratello	madre

24. Look at the pictures and write the opposite of the following adjectives.

basso

biondo

bruno

alto

grasso

magro

....

25. Now describe the appearance of the people in the pictures.

1. Il ragazzo è

....

2. La donna è

....

3. L'uomo è

....

4. Il bambino è

....

5. La ragazza è

....

1   4   3   2   5

pronuncia e intonazione

The letter c

When followed by the vowels **e** or **i** it represents the English /ʧ/ sound in "chat", as in the examples:

cellulare (mobile), *ciao* (hi, bye), *cibo* (food), *cinema* (cinema).

When followed by
- the vowels **a**, **o**, **u** or by the consonants **l** or **r**
- the letter **h+e** or **h+i**

it represents the English /k/ sound in "kind", as in the examples:
- *casa* (house), *colore* (colour), *cultura* (culture), *classe* (class), *clima* (climate), *cravatta* (tie);
- *che* (that), *anche* (too); *chi* (who), *chiave* (key), *chiesa* (church), *architetto* (architect); *chiuso* (closed).

The letter q

Is always followed by the vowel **u** + another vowel (**ua**, **ue**, **ui**, **uo**) and represents the English /k/ sound in "kind", as in the examples:

quattro (four), *quadro* (picture), *questo* (this), *quello* (that), *quindici* (fifteen), *quinto* (fifth), *quota* (amount), *quotidiano* (newspaper), *liquori* (spirits).

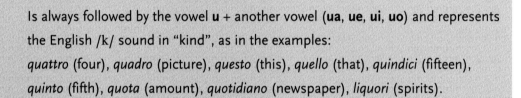

26. Listen to the sentences. Pay attention to the pronunciation and intonation.

1. Ciao, sono Carla.
2. Piacere, io sono Paola Bassi.
3. Arrivederci a presto.
4. Sono le cinque e dieci.
5. Il ventuno dicembre comincia l'inverno.
6. Di chi sono queste fotografie?
7. Chi è la ragazza bruna?
8. Gli amici di Piero sono greci.
9. Klaus e Ulrike sono tedeschi.
10. Le amiche di Anna sono cinesi.
11. Il Chianti è un vino italiano.
12. Chi è il ragazzo biondo?

27. Now listen once again and repeat each sentence, imitating the native speaker as best you can.

grammatica

pronomi personali soggetto

io	sono	inglese
tu	sei	inglese?
lui (Paul) **lei** (Ann) **Lei** (signore/signora)	è	inglese?
noi	siamo	inglesi
voi	siete	inglesi?
loro	sono	inglesi

✱ You use **tu** to address someone with whom you are on familiar terms.

✱ You use **Lei** as a polite form, to address either a male or a female person in a formal way.
Lei is followed by the third person singular verb form.
In writing, the polite form *Lei* is often capitalized in order to distinguish it from the third person feminine pronoun *lei* (she). This is not, however, obligatory.

✱ **Voi** is the plural of both the familiar and polite forms **tu** and **Lei**.

indicativo presente di essere

(io)	**sono**	il padre di Giorgio
(tu)	**sei**	di Londra?
(lui/Paul)		americano
(lei/Ann)	**è**	americana
(Lei/signore/ signora)		inglese?
(noi)	**siamo**	italiani
(voi)	**siete**	inglesi?
(loro)	**sono**	americani

(tu) (lei)	**Di dove**	sei? è?

Sono	**di**	Roma Boston Parigi

✱ All forms of the verb *essere* are irregular. The third person singular is always written with an accent (**è**).

✱ The subject personal pronoun is optional because the verb ending already indicates who is carrying out the action. It is only necessary when more than one person is being referred to (*Io e lui* **siamo** *americani*) or when the verb form is the same for more than one person (*Io* **sono** *di Boston, loro* **sono** *di Chicago*).

28. Complete the dialogues with the correct form of the verb essere.

1. Qui solo noi .... italiani?   No, ... italiano anch'io.

2. Tu .... inglese o americano?   .... inglese, di Liverpool.

3. Le ragazze .... tutte straniere, vero?   No, Marta .... italiana.

4. Voi, ragazzi, di dove .... ?   .... di Torino.

5. Scusi, Lei chi .... ?   .... il padre di Laura.

29. Once again, complete the dialogues with the correct form of the verb essere.

1. Voi .... americani?   No, ... inglesi.

2. Loro .... giapponesi?   No, ... cinesi.

3. Lei .... francese, signora?   No, ... olandese.

4. Lei .... australiano?   No, ... canadese.

5. Tu .... italiana?   No, ... spagnola.

grammatica

nomi in -o, -a, -e

singolare		-o	-e	-a		plurale	-i	
maschile	il	nonno				i	nonni	
	l'	amico				gli	amici	
	lo	zio				gli	zii	
	il		padre			i	padri	
	il			problema		i	problemi	

singolare		-o	-e		plurale	-i	
femminile	la	mano			le	mani	
			madre			madri	

singolare		-a		plurale	-e	
femminile	la	nonna		le	nonne	
	l'	amica			amiche	

> **GRAMMAR SOS**
> As you see in the charts, nouns ending in -o, -a and -e can be either masculine or feminine, so it is best to learn each noun and its article together.
> Don't just learn *mano* (hand), learn *la mano* (the hand)!

* Unlike English, which doesn't assign a gender to most nouns, Italian nouns can be either masculine or feminine.
* Most plural nouns end in -i. This is also the case of the masculine singular nouns that end in -a or -e and the feminine singular nouns that end in -e, -o or -i. Only the singular feminine nouns that end in -a in the singular end in -e in the plural.
* Some nouns keep the same form in the singular and in the plural (sing.: *il cinema*, *la città*; pl.: *i cinema*, *le città*).
* Nouns that keep the same form in the singular and in the plural are the following:
  * one-syllable nouns (*il re*, *i re*);
  * nouns ending in a consonant, often of foreign origin (*il film*, *i film*);
  * nouns ending in -i (*la crisi*, *le crisi*);
  * nouns ending with an accent mark (*il caffè*, *i caffè*);
  * abbreviated nouns (*la foto*, *le foto*).

aggettivi in -o, -a, -e: accordo

singolare

maschile	il ragazzo	è	americano	inglese canadese
femminile	la ragazza		americana	giapponese cinese

plurale

maschile	i due ragazzi	sono	americani	inglesi canadesi
femminile	le due ragazze		americane	giapponesi cinesi
maschile e femminile	il ragazzo e la ragazza	sono	americani	inglesi canadesi giapponesi cinesi

✱ Unlike English, Italian adjectives agree in both gender and number with the noun they refer to (*la ragazza americana*).

✱ In Italian, adjectives usually come after the noun they refer to (*i ragazzi inglesi*).

✱ There are two types of adjectives, depending on their endings:
  • adjectives that end in **-o** (m) or **-a** (f) in the singular (*americano - americana*)
  • adjectives that end in **-e** for both genders (m/f) in the singular (*il ragazzo inglese, la ragazza inglese*).

✱ Adjectives ending in **-e** in the singular always end in **-i** in the plural (*i ragazzi cinesi, le ragazze cinesi*).

✱ Adjectives ending in **-o** (m)/**-a** (f) in the singular usually end in **-i/-e** in the plural (*i ragazzi americani, le ragazze americane*).

30. Complete the sentences with the appropriate endings.

1. Margaret è una ragazz.... ingles.... .

2. Il ragazz.... frances.... è di Cannes.

3. Lucy e Meg sono due sorell.... american.... .

4. I due ragazz.... brun.... sono cines.... .

5. Juan e Miguel sono due ragazz.... spagnol.... .

6. La madr.... di Giorgio è brun.... .

7. Il fratell.... di Elena è alt.... e magr.... .

8. Le ragazz.... olandes.... sono biond.... .

aggettivi in -co, -ca

singolare

maschile	Dimitri	è	gre**co**
	Klaus		tedes**co**
femminile	Eleni	è	gre**ca**
	Ulrike		tedes**ca**

plurale

maschile	Dimitri e Christos	sono	gre**ci**
	Klaus e Thomas		tedes**chi**
femminile	Eleni e Voula	sono	gre**che**
	Ulrike e Greta		tedes**che**

✱ Adjectives that in the singular masculine end in **-co**, can end in either **-chi** or **-ci** in the plural form.

✱ If the **-co** ending is preceded by a vowel (*greco, austriaco*), usually the plural is **-ci** (*greci, austriaci*).

✱ If the **-co** ending is preceded by a consonant (*tedesco*), usually the plural is **-chi** (*tedeschi*).

✱ The feminine plural is always **-che**.

31. Put the sentences in the plural.

1. Ann è inglese.   → Ann e Carol ....

2. Johannis è greco.   → Johannis e Alexandros ....

3. Bob è americano.   → Bob e Susan ....

4. Petra è tedesca.   → Petra e Inge ....

5. Lei non è americana, ma canadese.   → Lei e Jane ....

6. Paola è italiana.   → Paola e Silvia ....

grammatica

interrogativi: chi?

Chi	è	quel ragazzo?
		quella ragazza?

È	Paul.
	Betty.

Chi	sono	quei ragazzi?
		quelle ragazze?

Sono	Paul e Betty.
	Betty e Ann.

* **Chi?** is used for both the singular and plural, masculine and feminine forms.

32. Complete the sentences with the correct form of the verb essere.

1. Chi .... quelle ragazze? .... due sorelle italiane.

2. Chi .... quel ragazzo bruno? .... un cinese, di Pechino.

3. Chi .... quella ragazza alta? .... Lucia.

4. Chi .... gli amici di Paul? .... quei ragazzi tedeschi.

articolo determinativo

singolare

maschile	Fred	è	**il**	ragazzo americano
			l'	**a**mico di Bruno
			lo	**st**udente americano
femminile	Betty	è	**la**	ragazza americana
			l'	**a**mica di Fred

plurale

maschile	Fred e Steve	sono	**i**	ragazzi americani
			gli	**a**mici di Giorgio
				studenti americani
femminile	Ann e Mary	sono	**le**	ragazze americane
				amiche di Giorgio

* For the masculine form you use:
- **il / i** in front of nouns beginning with a simple consonant (apart from **z**) or a group of consonants other than **gn**, **pn**, **ps**, or **s** + consonant;
- **lo / gli** in front of nouns beginning with **s** + consonant, and **z**, **gn**, **pn** or **ps**;
- **l' / gli** in front of nouns beginning with a vowel.

* For the feminine form you use:
- **la / le** in front of nouns beginning with a consonant;
- **l' / le** in front of noun beginning with a vowel.

33. Complete each sentence with one of the following articles: il, lo, la, l', gli.

1. .... Sicilia è un'isola.

2. .... Chianti è un vino italiano.

3. .... italiani sono un misto di popoli diversi.

4. .... spagnolo è una bella lingua.

5. .... amici di Paolo sono di Roma.

6. .... Umbria è una regione interessante.

34. Put the definite article in front of the following words.

1. .... italiano

2. .... spagnolo

3. .... amiche

4. .... inglese

5. .... amico

6. .... padre

7. .... ragazza

8. .... amica

9. .... signori

10. .... amici

articolo indeterminativo

maschile	Paul	è	un	ragazzo americano
				americano
			uno	studente americano
femminile	Betty	è	una	ragazza americana
				studentessa
			un'	americana

* For the masculine form you use:
  * *un* in front of nouns beginning with a vowel, a simple consonant (apart from *z*) or a group of consonants other than *gn*, *pn*, *ps* or *s* + consonant; *un* doesn't take an apostrophe in front of nouns beginning with a vowel (*un amico, un inglese, un orologio*);
  * *uno* in front of nouns beginning with *s* + consonant, *z*, *gn*, *pn* or *ps*.
* For the feminine form you use:
  * *una* in front of nouns beginning with a consonant;
  * *un'* in front of nouns beginning with a vowel.

35. Complete the sentences with the correct form of the indefinite article.

1. Kate Winslet è .... attrice inglese.

2. Pedro Almodovar è .... regista spagnolo.

3. Tom Cruise è .... attore americano.

4. Giorgio Armani è .... stilista italiano.

5. La Ferrari è .... macchina sportiva.

6. Francesco Totti è .... calciatore italiano.

36. Complete the sentences by matching the words in each column.

1. La Sardegna è ————→ un'   studente spagnolo.

2. Il Brunello è   una   amica americana di Paola.

3. Laura Pausini è   un   vino rosso.

4. Manuel è   uno   cantante famosa.

5. Betty è   una   isola italiana.

6. La pizza è   un'   specialità italiana.

37. Complete the sentences with the correct form of the definite or the indefinite article.

1. .... inglese è .... bella lingua.

2. Jeanne è .... signora francese, di Lione.

3. Chi è .... studente inglese? È .... fratello di Paul.

4. Andrea è .... amico di Matteo, come Gianni.

5. .... signora Campbell è inglese.

6. Matteo è .... insegnante d'italiano di Kate.

sviluppiamo le abilità

comprensione scritta

38. Read the following text and try to understand the general meaning.
   If you need any help, ask your teacher.

LA FAMIGLIA ITALIANA

Oggi, in Italia, la famiglia media è composta da una coppia (marito e moglie) con uno o due figli.
Ma ci sono anche molti genitori – soprattutto donne – che vivono da soli con i figli, dopo la separazione o il divorzio.
Il 70 per cento dei giovani italiani tra i 25 e i 29 anni, e il 36 per cento di quelli tra i 30 e i 34, vive ancora con i genitori, perché è difficile per loro trovare un lavoro stabile ed essere economicamente indipendenti.
Inoltre i giovani italiani sono spesso molto affezionati alla famiglia.
Il vecchio modello di "grande famiglia", con genitori, nonni, zii e nipoti che vivono tutti insieme, è ancora presente in certe località di campagna o di montagna, ma è sempre più raro.

39. Based on what you have just read, decide whether (a) or (b) is correct.

1. La famiglia italiana di oggi...   (a) è la stessa del passato.   (b) è diversa dal passato.

2. Le famiglie formate da un solo genitore con figli...   (a) sono molte.   (b) sono rare.

3. Molti figli adulti restano con i genitori ...   (a) solo per motivi economici.   (b) per motivi economici e affettivi.

produzione scritta

40. Rearrange each set of words below to form a complete sentence.

1. Firenze. / di / L' / Giorgio / è / di / amica ....

2. straniere. / sono / ragazze / altre / le / Anche ....

3. due / siete / voi / Insomma / solo / italiani? ....

41. Complete the following sentences with the appropriate nationality.

1. Io sono ....

2. Il mio compagno di banco / la mia compagna di banco è ....

3. Il mio insegnante / la mia insegnante è ....

4. I miei compagni di classe sono ....

🎧 **1** **15**

42. Complete the conversation between two young people at the airport in Rome while listening to the CD.
   Each blank corresponds to one word.

● Scusa, ... anche tu .... ?
■ Sì, ... tedesco.
● E lei .... è?
■ È Jacqueline, una ....

● Io e Liz .... inglesi.
■ Anche la .... di Cesare è ....
● Ah, sì? Di .... ?
■ .... Londra.

🎧 **1** **15**

43. Now listen once again to the CD and check your answers.

comprensione orale

1 16

44. Listen to the two conversations and try to understand who the people are talking about.

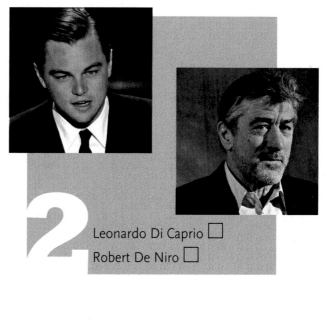

Leonardo Di Caprio ☐
Robert De Niro ☐

Mariah Carey ☐
Alicia Keys ☐

1 17

45. Listen to the CD and decide whether the sentences are declarative ◯ or interrogative ?

1. ◯ ?   4. ◯ ?
2. ◯ ?   5. ◯ ?
3. ◯ ?   6. ◯ ?

produzione orale

46. Work in pairs. In turn, ask and answer questions about the people in the picture, trying to imagine who they are, as in the example.

● Chi è la ragazza bionda?
■ È Francesca, la sorella di Giulio.
● Chi sono i due bambini?
■ Sono Marco e Laura, i cugini di Giulio.

▶ Use the following names and words

Piero Giorgio
Carlo Matteo
Anna Paola
Elena Laura

padre madre
fratello marito
moglie figlio/a
nonno/a
cugino/a zio/a

mondo italiano

1. Torino
2. Aosta
3. Milano
4. Bologna
5. Ancona
6. Roma
7. Genova
8. Trento
9. Venezia
10. Firenze
11. Trieste
12. Perugia
13. Potenza
14. Napoli
15. Bari
16. Catanzaro
17. Cagliari
18. L'Aquila
19. Palermo
20. Campobasso

ROMA

1. Read the following text and try to understand the general meaning.
If you need any help, look at the glossary or ask your teacher.

Un paese a forma di stivale

La penisola italiana è chiamata lo **Stivale** per la sua **forma**, e il Belpaese per il clima temperato e le sue **bellezze** artistiche e naturali. Il territorio italiano ha due grandi **catene montuose**: le Alpi e gli Appennini. Ha molte colline e poche pianure, pochi grandi fiumi, tanti laghi e almeno quattro vulcani attivi, uno in Campania e tre in Sicilia. **Si estende dalle** Alpi al Mar Mediterraneo per circa 1.300 chilometri e ha più di 8.000 chilometri di coste. Del territorio italiano, fanno parte anche due grandi isole: la Sicilia e la Sardegna.

L'Italia è una delle **mete** preferite dai turisti di tutto il mondo. Viaggiare in Italia **significa** non solo **toccare con mano** il passato, ma anche conoscere una varietà infinita di culture, stili di vita e modi di essere, piatti tipici e tradizioni.

L'Italia è divisa in venti regioni e **comprende** anche due piccoli stati indipendenti: Città del Vaticano e la Repubblica di San Marino. Ha una popolazione di circa 59 milioni di abitanti. Solo tre città hanno più di un milione di abitanti: Napoli, Milano e Roma, che è la capitale. La bandiera della Repubblica Italiana è chiamata il Tricolore perché è verde, bianca e rossa. L'Italia fa parte dell'Unione Europea e **aderisce** all'ONU e alla NATO. La moneta è l'euro.

GLOSSARIO

lo Stivale: *the Boot*

forma: *shape*

bellezze: *beauties*

catene montuose:
  mountain ranges

si estende da...:
  It runs from...

mete: *destinations*

significa: *means*

toccare con mano
  to experience first-hand

comprende: *includes*

aderisce a: *belongs to*

2. Guess the meaning of the Italian words, using the English words in the circles to help you.

la collina = ...

la pianura = ...

il fiume = ...

i laghi = ...

il mare = ...

l'isola = ...

gli abitanti = ...

la città = ...

la bandiera = ...

la moneta = ...

currency

inhabitants

plain

flag

city

hill

river

lakes

island

sea

verifichiamo le abilità

reading

1. Reconstruct the text by numbering the sentences in the correct order.

- ☐ È americana, di Boston.
- ☐ Già, solo noi due.
- ☐ E quella ragazza lì chi è?
- ☐ Scusa, tu sei Marco?
- ☐ Anche le altre ragazze sono straniere?

- ☐ Insomma, solo tu e Marco siete italiani.
- ☐ Sì, una è tedesca, una è francese e l'altra è spagnola.
- ☐ Ah, non è italiana. Di dov'è?
- ☐ No, sono Andrea. Marco è quel ragazzo lì.
- ☐ È Betty, un'amica di Marco?

PUNTI ▶ ☐ 10

writing

2. Complete the following sentences with the appropriate words.

1. Lei è il .... Rossi, vero?
2. Voi .... olandesi?
3. E i ragazzi, sono anche .... stranieri?
4. Jeanne è .... , di Parigi.
5. Marta è per caso l' .... di Bruno?

PUNTI ▶ ☐ 5

listening

🔊 1 18

3. Listen to the conversation and match each person with the correct flag.

Eleni Margie

Britt Roberto Franco Thomas Mark

a b c d e

PUNTI ▶ ☐ 7

speaking

4. Introduce yourself in Italian, telling your classmates:

▶ chi sei   ▶ di dove sei   ▶ quanti anni hai

PUNTI ▶ ☐ 3

PER OGNI RISPOSTA CORRETTA: PUNTI 1 • PER OGNI RISPOSTA ERRATA: PUNTI 0 • PER OGNI RISPOSTA NON DATA: PUNTI 0   PUNTEGGIO FINALE ▶ 25

38   trentotto

DI CHI È?

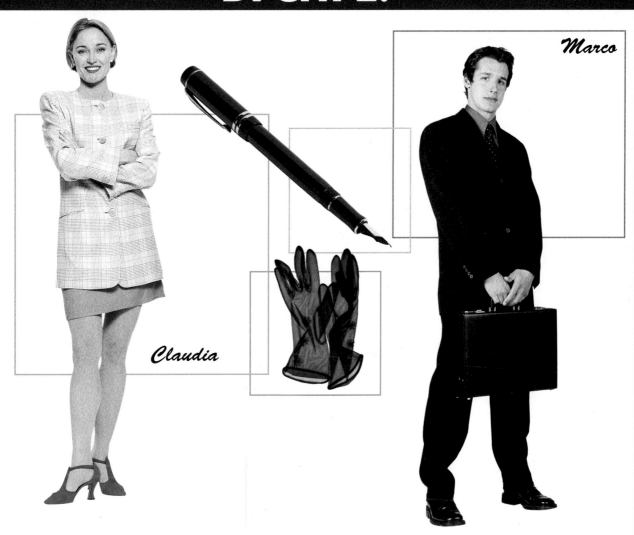

Marco

Claudia

▶ **Look at the pictures and say, in your opinion,**

di chi è la penna   *di chi sono* i guanti

▶ **Now answer the following questions:**

1. di che colore è la penna?   rossa ☐   nera ☐
2. di che colore sono i guanti?   rossi ☐   neri ☐

Here is what you are going to learn in this Unit:

Communicative goals	expressing possession (1), identifying objects, asking for and giving opinions
Grammar	• interrogativi (2): *di chi?, quale?* • possessivi (1): *mio, tuo, suo/Suo* • indicativo presente di *avere* (2) • dimostrativi: *questo* e *quello* • articolo determinativo (2), aggettivo *bello*, dimostrativo *quello*
Lexical area	clothes, personal belongings (1), colours

lingua in contesto

1 **19** *1. Listen to the dialogue between Carla and Marco and try to find out whose pen it is.*

IN BIBLIOTECA

Carla	Scusa, è tuo questo libro?
Marco	Quale? *which one*
Carla	Questo qui.
Marco	Ah, sì, è mio, grazie!
Carla	Che bella penna! Anche questa è tua?
Marco	No, quella non è mia, purtroppo. *unfortunately*
Carla	Allora di chi è?
Marco	Forse è di quel signore là. *maybe*
Carla	Scusi, è Sua questa penna?
signore	Sì, è mia, grazie tante!
Carla	Di niente.

1 19

2. Listen again and decide whether the following statements are true (vero = V) or false (falso = F).

1. Il libro è di Marco.   V F

2. La penna non è bella.   V F

3. La penna non è di Marco.   V F

4. La penna è di Carla.   V F

5. Il signore ringrazia Carla.   V F

1 19

3. Listen once again while reading along with the text. Then write the sentences that are used in the dialogue to express the following communicative goals:

1. identificare oggetti
   (identifying objects)
   Quale?

2. esprimere possesso
   (expressing possession)
   Questo qui

3. esprimere opinioni
   (giving opinions)
   Ah, sì, è mio / No quella non è mia

1 19

4. Listen and repeat. Pay attention to your pronunciation and intonation.

5. Complete the following sentences from the dialogue with the appropriate words.

1. Scusa, è tuo ...*questo*... libro?

2. Che bella penna! Anche questa è ...*tua*... ?

3. ...*Allora*... di chi è?

4. Forse è di ...*quel*... signore là.

5. Scusi, è ...*Sua*... questa penna?

6. Sì, è mia, ...*grazie*... !

grazie tante. (very much)
grazie mille (a million)

lì / là = over there
Qui = here.

impariamo a...

ESPRIMERE POSSESSO

camicia

portafoglio

collant

pigiama

borsa

maglione

vestito

cappotto

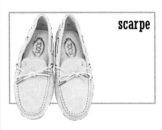
scarpe

sciarpa

occhiali

pantaloni

cappello

impermeabile

giacca

calze

abito

stivali

gonna

zainetto

ombrello

6. Work in pairs. Each of you chooses an object from among those listed above. In turn, ask and answer questions in an informal way, as in the examples.

● Scusa, di chi è il maglione?
■ È mio.
● È tua anche la borsa?
■ No, quella non è mia, grazie.

● Scusa, di chi sono i guanti?
■ Sono miei.
● Sono tuoi anche gli occhiali?
■ Sì, sono miei, grazie.

● memo			
io		tu	
mio	mia	tuo	tua
miei	mie	tuoi	tue

Possessive adjectives and pronouns agree in gender (m/f) and number (sing/pl) with the possession. The possessive *suo* expresses both "his" and "her" and the polite form "your".
When following the verb *essere*, possessive pronouns can be preceded by the definite article (*Di chi è la borsa? È mia* or *È la mia*).

7. Work in pairs. Each of you chooses an object from among those ones listed in exercise 6. In turn, ask and answer questions in a formal way, as in the example.

● Scusi, è Suo questo cappello?
■ No, non è mio.
● E i guanti? Sono Suoi?
■ Sì, sono miei, grazie.

● memo	
Lei	
Suo	Sua
Suoi	Sue

⊙ 1 20

8. Listen to the CD and say which items belong to Anna.

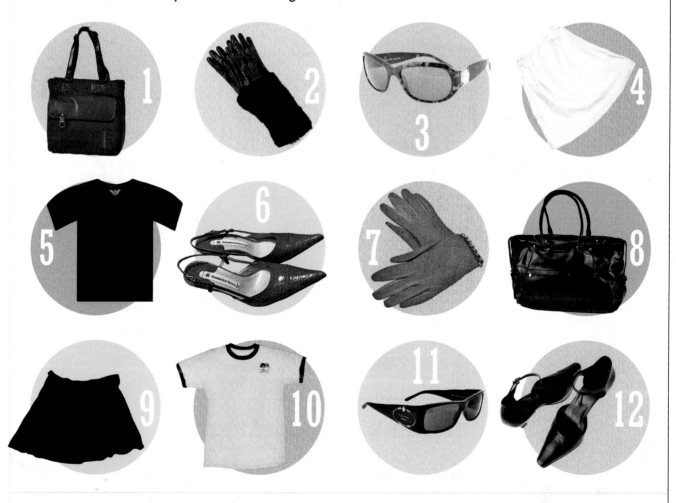

● memo	
io **ho**	un berretto nuovo
	una camicia nuova
noi **abbiamo**	dei pantaloni nuovi
	delle scarpe nuove

9. Now say which articles of clothing in exercise 6 you have.

IDENTIFICARE OGGETTI

10. Work in groups of three. Pointing to each picture, ask and answer questions, as in the examples.

● Indovinate che cos'è.
■ Secondo me è un cappello.
● Esatto.

● Indovinate che cosa sono.
◆ Secondo me sono dei guanti.
● Sbagliato: sono calze.

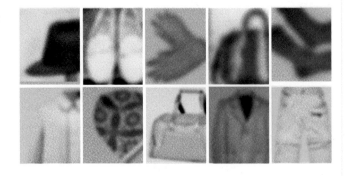

11. Work in pairs. Looking at the pictures, ask and answer questions, as in the examples.

● memo	maschile	femminile	maschile	femminile
singolare	questo	questa	quello	quella
plurale	questi	queste	quelli	quelle

● Qual è il tuo libro?
■ È questo.

● Quali sono i tuoi occhiali?
■ Sono quelli.

CHIEDERE E DARE PARERI

12. Work in groups of three. Looking at the pictures in exercise 6, ask and answer questions, as in the example.

● Questo vestito è bello, vero?
■ Sì, è un bel vestito
● E secondo te?
◆ Per me, invece, è brutto.

VOCABULARY SOS VOCABULARY

Vero?
This adjective corresponds to the question tags "isn't it?" and "is it?":
*Questo vestito è bello, **vero**?*
*Questo vestito non è bello, **vero**?*

un mondo di parole

i colori

bianco **verde** **arancione** **nero** **rosso** **giallo** **blu** **rosa** **grigio** **marrone** **azzurro** **viola**

13. Work in pairs. Each of you makes a list of your articles of clothing, specifying the colour. Then ask and answer questions, as in the example.

● Hai un cappotto nero?
■ No, ho un cappotto marrone.

M	G	I	A	L	L	O	D	R	E
A	P	R	O	S	S	O	S	I	L
R	Z	I	T	L	N	E	B	L	U
A	N	M	R	V	E	R	D	E	Z
N	T	A	E	P	D	O	S	R	B
C	F	R	T	N	E	R	O	T	I
I	S	R	P	T	Z	S	N	E	A
O	P	O	O	R	O	S	A	P	N
N	N	N	N	S	I	N	R	M	C
E	L	E	N	G	R	I	G	I	O

14. Find ten colour nouns in the word search.

quale = which one!
quelle = that
questa qui = close (this)
quella lì/la = for away (that).

I colori
Unlike other colours, *rosa*, *blu* e *viola* keep the same form in the singular and in the plural (*un abito rosa / delle sciarpe rosa, una camicia blu / dei pantaloni blu, un cappello viola / dei guanti viola*).

15. Complete the words with the missing letters.

1. Occhiali
2. portafoglio
3. collana
4. guanti
5. penna
6. borsetta
7. orecchini
8. maglione
9. zainetto
10. chiavi
11. scarpe
12. giacca

16. In each line find the odd word out.

1. camicia ~~chiavi~~ maglia sciarpa
2. scarpe ~~libro~~ calze guanti
3. penna orologio gonna ~~anello~~ *ring*
4. cappotto vestito giacca ~~borsa~~
5. portafoglio occhiali ~~maglione~~ ombrello
6. viola marrone ~~felpa~~ arancione

17. Fill in the missing words.

● È tua questa bella ___sciarpa___ ?
■ ___quale___ ?
● Questa ___qui___ .
■ No, purtroppo non è mia.

● Di che colore sono le tue ___scarpe___ nuove?
■ Sono ___bianche___ .

● Scusi, signore, sono ___suoi___ questi ___occhiali___ ?
■ Sì, sono ___miei___ , grazie.

18. Fill in the circles with the appropriate words.

abito	borsetta	collana *necklace*	guanti	orecchini ✓	sciarpa ✓
anello	calze	collant	impermeabile ı	orologio ✓	ombrello ✓
arancione	camicia	giacca	maglione ı	pantaloni ı	stivali 2/3
azzurro	cappotto	giallo	marrone 3	portafoglio ✓	verde 3
berretto	cellulare	gonna	nero 3	rosa 4	viola 3
bianco	chiavi	grigio	occhiali 2	scarpe ı	zainetto ✓

clothings

▶ **Abbigliamento:**

*calze
camicia
cappotto
collant*

personal belongings

▶ **Oggetti personali:**

*anello
berretto
cellulare
chiavi
collana*

colors

▶ **Colori:**

*arancione
grigio*

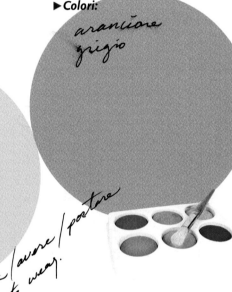

*indossare / avere / portare
to wear.*

🎧 1 | 21

19. Listen to the CD and match each description with the corresponding picture.

1. b
2. d
3. a
4. c

a

b
c
d

🎧 1 | 21

20. Now listen once again to the CD anc check your answers.

VOCABULARY SOS VOCABULARY
The verb "wear" can be expressed in Italian with the verbs *avere* or *indossare*: **Ha / Indossa** sempre una giacca blu.

21. Choose a person from the class without telling anyone who he/she is. Your classmates have to ask you questions about what the person is wearing and try to guess which person you have chosen.

The letter g

- It represents the English /g/ sound in "gossip" when followed by the vowels **a**, **o** or **u** or by the consonants **l** or **r**: *gamba* (leg), *gola* (throat), *guancia* (cheek), *inglese* (English), *grazie!* (thanks!).

- It represents the English /dʒ/ sound in "just" when followed by the vowels **e** or **i**: *giardino* (garden), *genitori* (parents), *buongiorno* (good morning), *giù* (down).

- It represents the English /g/ sound in "gossip" when followed by **h+e** or **h+i**: *spaghetti*, *ghiaccio* (ice), *Inghilterra* (England).

🎧 **1** 22

22. Listen to the sentences. Pay attention to the pronunciation and intonation.

1. Buongiorno, signora!
2. L'amica di Gianni è giapponese.
3. Che giorno è oggi? Il due gennaio.
4. Il primo giugno è un giovedì.
5. Le stagioni dell'anno sono quattro.
6. I guanti neri sono di Giulio.
7. Questa gonna è molto bella
8. La tua giacca è quella lì?
9. Guido ha un pigiama giallo.
10. L'orologio segna mezzogiorno.
11. Questo giornale non è di oggi.

🎧 **1** 22

23. Now listen once again and repeat each sentence, imitating the native speaker as best as you can.

🎧 **1** 23

24. Listen to the following words and write them next to the corresponding sound, as in the examples.

1. /dʒ/   giovedì ....
2. /ddʒ/   oggi ....
3. /g/   gonna ....

grammatica

interrogativi: **di chi?**

whose **Di chi**	è	il libro rosso?	**È**	(il) mio
		la penna blu?		(la) mia
	sono	i guanti marroni?	**Sono**	(i) miei
		le scarpe nere?		(le) mie

* **Di chi?** (Whose?) is used in both the singular and plural, masculine and feminine forms.

possessivi: **mio, tuo, suo/Suo**

aggettivi

	singolare				plurale				
maschile	È	**il**	mio tuo suo / Suo	cappotto	Sono	**i**	miei tuoi suoi / Suoi	guanti
femminile	È	**la**	mia tua sua / Sua	sciarpa	Sono	**le**	mie tue sue / Sue	scarpe

pronomi

	singolare				plurale			
maschile	Il cappotto	è	mio tuo suo / Suo	I guanti	sono	miei tuoi suoi / Suoi
femminile	La sciarpa	è	mia tua sua / Sua	Le borse	sono	mie tue sue / Sue

* In Italian, possessive adjective and possessive pronoun forms are exactly the same.
* Possessive adjectives and possessive pronouns agree in gender (m/f) and number (sing/pl) with the possession.
* The possessive **suo** expresses both "his" and "her" and the polite form "your".
* Possessive adjectives always require an article (definite or indefinite). The article is omitted only in front of a singular noun indicating a family relationship (*mio padre, mia madre, mio fratello, mia moglie*; but: *i miei genitori, i miei fratelli, le mie sorelle*).
* The possessive adjective precedes the noun it refers to.

GRAMMAR SOS

il mio amico = my friend
un mio amico = a friend of mine

25. Complete the sentences with the correct form of the possessive and, where necessary, the article.

1. Scusa, Marco, è ......*tuo*...... questo giornale?
2. Carla è qui con ......*suo*...... padre e ......*sua*...... madre.
3. Qual è ......*il tuo*...... berretto, Andrea?
4. Sono queste ......*le sue*...... chiavi, signora
5. Quanti anni ha ......*tua*...... sorella, Matteo?
6. I guanti neri sono ......*Suoi*......, signor Marini?
7. ......*la tua*...... sciarpa è molto bella, Marisa.
8. Marco è a Roma con ......*i suoi*...... genitori.
9. Anna e ......*suo*...... fratello sono in biblioteca.
10. È questo ......*il suo*...... impermeabile, signorina?

The use of the definite article is optional (apart from "loro", which requires the article) often after "essere": Questa è la mia/Questa penna é (la) mia.

GRAMMAR SOS

The third person singular possessive (**suo**) doesn't agree in gender with the owner; instead, it agrees with the possession (*La penna è di Marco? Sì, è sua; Il libro è di Anna? Sì, è suo.*).

indicativo presente di avere

(io)	**ho**	molte riviste
(tu)	**hai**	un bell'anello
(lui) (lei) (Lei)	**ha**	l'ombrello?
(noi)	**abbiamo**	le chiavi
(voi)	**avete**	i libri
(loro)	**hanno**	i guanti

* The letter **h** doesn't represent any sound, like the silent /h/ in "hour". It is only used to distinguish the verb from other words with different meanings that are pronounced in the same way: *ho* (I have) / *o* (or); *hai* (you have) / *ai* (to the); *ha* (he/she has) / *a* (at, in, on, to); *hanno* (they have) / *anno* (year).

26. Complete the sentences with the correct form of the verb avere.

1. ....*Hai*.......... molte camicie, Marco?   No, solo cinque.

2. ....*Ha*.......... anche il cappotto, signor Verdi?   No, ...*ho*.......... solo la giacca.

3. ....*Avete*.......... fratelli o sorelle, ragazzi?   Sì, io ....*ho*.......... una sorella e lui ....*ha*.......... due fratelli.

4. Non ....*Avete*.......... l'impermeabile, ragazzi?   No, ma ....*abbiamo*.......... due ombrelli .

5. Quanti anni ....*hanno*.......... i tuoi genitori?   Mio padre ....*ha*.......... quarantacinque anni e mia madre quarantadue.

dimostrativi: **questo** e **quello**

this   that

these: questi/e
those: quelli/e
this: questo/a
that: quello/a

aggettivi

	singolare		plurale		singolare		plurale	
maschile	quest**o**	libro	quest**i**	libri	**quel**	libro	**quei**	libri
		specchietto		specchietti	**quell'**	**o**mbrello	**quegli**	ombrelli
	quest**'**	**o**mbrello		ombrelli	**quello**	specchietto		specchietti
femminile	quest**a**	borsa	quest**e**	borse	**quella**	borsa	**quelle**	borse
		sciarpa		sciarpe		sciarpa		sciarpe
	quest**'**	**a**ula		aule	**quell'**	**a**ula		aule

* **Questo** is used to indicate people or things close to the person speaking. It can be followed by the adverb *qui*.

* **Quello** is used to indicate people or things far from the person speaking and from the person listening. It can be followed by the adverbs *lì* or *là*.

* The singular demonstrative adjectives **questo** and **quello** take an apostrophe before words beginning with a vowel.

pronomi

	singolare				plurale			
maschile	il mio	libro	è	quest**o**	i miei	libri	sono	quest**i**
		ombrello		quell**o**		ombrelli		quell**i**
		specchietto				specchietti		
femminile	la mia	borsa		quest**a**	le mie	borse		quest**e**
		amica		quell**a**		amiche		quell**e**
		sciarpa				sciarpe		

* Demonstrative pronouns agree in gender and number with the noun they replace.

27. In each sentence choose the correct demonstrative.

1. Di chi è ~~questo~~ / quello impermeabile qui?

2. ~~Quegli~~ / Questi occhiali lì sono di Sergio.

3. Scusa, è tua ~~questa~~ / quella borsetta qui?

4. Quello / ~~Questo~~ zainetto là è di Franco o di Marco?

5. Scusi, signore, sono Suoi quei / ~~questi~~ guanti qui?

6. ~~Quel~~ / Questo vestito là è proprio bello.

7. Di chi sono ~~questi~~ / quelli pantaloni qui?

8. Quella / ~~Questa~~ qui è la mia chiave.

9. Il Suo cappotto è ~~questo~~ / quello qui o ~~quello~~ / questo là?

10. ~~Quegli~~ / Questi orecchini lì sono di Marta.

interrogativi: quale?   *Which?*   * genda insensitive

È	tuo questo libro?	**Quale?**		**Qual** è	il tuo cappotto?	Questo qui
	tua questa penna?				la Sua giacca?	Quella lì
Sono	tuoi questi libri?	**Quali?**		**Quali** sono	i tuoi guanti?	Quelli lì
	tue queste penne?				le Sue chiavi?	Queste qui

✳ **Quale?** (Which?) drops the final e when it is in front of the third person singular form of the verb essere (**qual è**), but it doesn't take an apostrophe.

28. Complete the dialogues with the interrogative quale.

1. _____Qual_____ è il tuo cappotto? Questo?   No, è quello lì.

2. Scusi, sono Suoi quei guanti?   _____Quali_____ ?

3. _____Quali_____ sono le Sue riviste, signora?   Sono queste qui.

4. _____Qual_____ è tua sorella, Gianni?   È quella ragazza con il vestito rosso.

5. _____Quali_____ sono le tue chiavi?   Sono quelle là.

6. _____Quali_____ sono le tue calze?   _____Quelle_____ lì.

29. Complete the dialogues with the correct form of the demonstratives questo or quello *and the* interrogative quale.

1. È bello _____quell'_____ orologio là, vero?   _____Quale_____ , scusa?

2. _____Questo_____ berretto qui è tuo?   Sì, e _____qual_____ è il tuo, _____quello_____ là?

3. _____Qual_____ è il libro di Marco?   È _____questo_____ qui.

4. _____Qual_____ è il tuo giornale?   È _____quello_____ là.

5. _____Quali_____ sono gli stivali di Giulia, _____questi_____ qui o _____quelli_____ là?

6. _____Quali_____ chiavi sono di Emma?   _____queste_____ qui. _____quelle_____ là sono le mie.

7. _____Qual_____ è l'amica inglese di Paolo?   È _____quella_____ là.

8. Sono _____questi_____ qui i tuoi libri?   Sì, e i tuoi _____quali_____ sono?

articolo determinativo, aggettivo **bello**, dimostrativo **quello**

	singolare		plurale	
maschile	il / un **bel** / **quel**	libro	i / dei **bei** / **quei**	libri
	lo / un **bello** / **quello**	specchietto zainetto	gli / dei **begli**	specchietti zainetti orologi
	l' / un **bell'** / **quell'**	orologio	quegli	
femminile	la / una **bella** / **quella**	penna sciarpa	le / delle **belle**	penne sciarpe opere
	l' / una **bell'** / **quell'**	opera	quelle	

*In front of a noun, **bello** and **quello** take the same form as the definite article; after the noun they have only one form for each gender and number (*bello/a - belli/e*; *quello/a - quelli/e*).

30. Complete the sentences with the correct form of the demonstrative quello.

1. _Quello_ zainetto è bello, vero?
2. Di chi è _quell'_ ombrello marrone?
3. _Quegli_ occhiali sono di Carlo.
4. I miei giornali sono _quelli_, non questi.
5. _Quei_ ragazzi sono i fratelli di Pietro.
6. _Quelle_ chiavi sono di Paolo?
7. Di chi è _quel_ cappotto nero?
8. _Quel_ signore è il padre di Giorgio.
9. Scusa, è tua _quella_ sciarpa?
10. Scusi, è Suo _quell'_ impermeabile grigio?

31. Complete the sentences with the correct form of the adjective bello and the demonstrative quello.

1. Di chi è questo _bell'_ ombrello?
2. Hai un _bel_ cappotto e una _bella_ sciarpa.
3. È Suo _quell'/questo_ _bell'_ orologio?
4. Chi è _quella_ _bella_ ragazza?
5. _Questi_ stivali sono _belli_, vero?
6. _Quello_ là è proprio un _bel_ maglione.
7. _Quel_ _bel_ signore è il padre di Anna.
8. Di chi sono _quei_ _begli_ occhiali?
9. Scusa, è tua _quella_ penna?
10. Serena ha molti _bei_ vestiti.

sviluppiamo le abilità

comprensione scritta

32. Read the following interview with an Italian stylist and try to understand the general meaning. If you need any help, ask your teacher.

Qual è il colore dell'anno?

Giornalista Com'è la donna di oggi?
Stilista Sportiva, ma elegante.
Giornalista Colore o nero?
Stilista Il nero è molto pratico. Una donna può essere vestita di nero dalla mattina alla sera e cambiare solo la borsa o le scarpe.
Giornalista Qual è il colore di quest'anno?
Stilista L'azzurro. Un colore che sta molto bene alle bionde.
Giornalista E qual è il colore per le brune?
Stilista Il rosso.
Giornalista Non è troppo aggressivo?
Stilista Il nero è sempre elegante, ma il rosso è il colore della seduzione.
Giornalista Gonna o pantaloni?
Stilista Pantaloni.
Giornalista E la sera?
Stilista L'abito nero è un *evergreen*, ma è perfetta anche una gonna nera con una camicetta in tinta unita.

33. Guess the meaning of the Italian words, using the English words in the circle to help you.

1. sportiva .... *casual* ....
2. elegante .... *elegant* ....
3. vestita .... *dress* ....
4. azzurro ....
5. brune ....
6. pratico ....
7. aggressivo ....
8. seduzione ....
9. camicetta ....
10. in tinta unita ....

> brunettes
> dressed   light blue
> practical   seduction
> blouse   smart
> casual   aggressive
> solid colour

produzione scritta

34. Make a list of the personal belongings or articles of clothing you use in each season:

winter
spring
summer
fall

inverno ....
primavera ....
estate ....
autunno ....

35. Now write five sentences with five of the nouns you have listed.

1. ....
2. ....
3. ....
4. ....
5. ....

comprensione orale

🔊 **1** 24

36. Mrs Masi is speaking to her children, Paolo and Anna. Listen to the conversation and match the objects with the three people.

Signora Masi

Paolo

Anna

 1

 2

 3

🔊 **1** 25

37. Listen to the CD and decide whether the sentences are declarative (.) or interrogative (?)

1. (.)   (?)   3. (.)   (?)   5. (.)   (?)

2. (.)   (?)   4. (.)   (?)   6. (.)   (?)

produzione orale

38. Look at the picture and try to guess who each object belongs to.

● Secondo me, gli occhiali sono del... / della...

Linda Christian nell'atelier delle Sorelle Fontana a Roma.

1. *Read the following text and try to understand the general meaning. If you need any help, look at the glossary or ask your teacher.*

La moda italiana

Nel campo della moda, il nome "Italia" è sinonimo di eleganza, stile e fantasia.
Tutto inizia il 27 gennaio 1949: nella basilica di Santa Francesca a Roma **si celebra** un matrimonio **da favola**, quello fra Linda Christian e Tyrone Power. L'abito della sposa è delle Sorelle Fontana e quel giorno la moda italiana conquista il mondo. La storia della moda italiana nasce due anni dopo, il 25 febbraio 1951, con la sfilata organizzata a Firenze dal conte Giorgini. È un grande successo. In quegli anni l'abito è considerato uno *status symbol*. Negli anni Sessanta tutto cambia e l'industria della moda vive il suo *boom* con i modelli **destinati** a vestire in modo elegante e a poco prezzo le donne di tutti i Paesi.
Così negli anni Settanta e Ottanta il *made in Italy* trionfa con il *prêt-à-porter*, si afferma in tutto il mondo e Milano diventa la capitale della moda. Abiti di lusso, ma anche minigonne, jeans e *casual wear* hanno la firma dei grandi stilisti.

GLOSSARIO

si celebra: *is celebrated*

da favola: *fairy-tale*

destinati: *meant, intended*

tendenze: *trends*

a fiori: *floral*

rigorosamente: *strictly*

pizzo: *lace*

tubini: *sheath dresses*

tocco: *touch*

tagli severi: *austere lines*

di classe: *stilish*

miniabiti: *minidresses*

seta: *silk*

2. *Find words in the text that are similar in meaning to the following:*

1. elegance ....
2. style ....
3. wedding ....
4. fashion show *la sfilata*
5. luxury *da favola*
6. at a low price ....
7. miniskirt *mini gonne*
8. fashion designers *stilisti*

3. *Read the following text and try to understand the general meaning, using the glossary to help you.*

La settimana della moda a Milano

È appena finita la settimana milanese dedicata alla moda femminile per il prossimo inverno. È un appuntamento da non perdere, che in genere si svolge nel mese di febbraio e unisce business e creatività. Ecco le **tendenze** di quest'anno. Armani propone il cappotto morbido e colorato con il vestito **a fiori**, giacche corte e pantaloni morbidi. Le scarpe sono **rigorosamente** basse. Prada preferisce il **pizzo**, per tute e **tubini**, sempre con il suo **tocco** *minimal* e i **tagli severi**. Per Dolce&Gabbana la donna è più romantica che sexy, non più aggressiva ma **di classe**. Donatella Versace propone invece colorati **miniabiti** gialli, viola e fucsia in **seta**.

4. Match each caption with the corresponding picture.

a ☐ Abito a piccoli fiori su fondo nero.

b ☐ Classico tubino bianco con giacca coordinata.

c ☐ Ballerine basse, nere e colorate.

d ☐ Miniabito bianco in seta.

GIORGIO ARMANI

MILANO MODA
DONNA

verifichiamo le abilità

reading

1. Choose the correct words in the circle to complete the text.

(cerchio: stretti, nero tacco, ginnastica, stivali)

Tendenze della moda...

...per le ragazze

Quest'anno sono ancora di moda i jeans ....*stretti*...... , da mettere negli ...*stivali*...... , anche questi di grande attualità.

Le ragazze che non amano gli stivali, ma vogliono essere alla moda, possono scegliere le ballerine, senza ....*tacco*........... e con la punta tonda.

... per i ragazzi

Maglioni con scollo a V di colore scuro come il ....*nero*........ e il grigio.

I jeans sono scuri e a vita bassa, da portare con le scarpe da ...*ginnastica*.....

PUNTI ▶ 5

2. Match each set of words below to form a complete sentence.

1. I miei fratelli — `c` — a non è di oggi.
2. Quel signore alto — `e` — b è quello rosso.
3. Il suo ombrello — `b` — c sono piccoli
4. Quel giornale — `a` — d sono inglesi, di Bristol.
5. Le due ragazze bionde — `d` — e è il padre di Marco.

PUNTI ▶ 5

writing

3. Rearrange each set of words below to form a complete sentence.

1. brutto. / Secondo / vestito / è / me / quel — *Secondo me quell vestito é brutto*
2. delle / Il / ha / signor / scarpe. / Masi / belle — *Il signor Masi ha delle belle scarpe.*
3. è / Di / questa / chi / penna? / bella — *Di chi è questa bella penna?*
4. vero ?/ sono / i /occhiali, / tuoi / Quelli — *Quelli sono i tuoi occhiali, vero?*
5. è / Elena. / sciarpa / La / marrone / di — *La scarpa de Elena e marrone*

PUNTI ▶ 5

listening

🎧 1 26

4. Listen to the conversation and underline the articles of clothing and colours you hear mentioned.

abito
camicetta
pantaloni giacca
scarpe borsa sciarpa
cravatta cappotto
ballerine
stivali

rosso
bianco grigio
verde giallo blu
marrone rosa
arancione nero
viola

PUNTI ▶ 10

speaking

5. Describe the items below.

1 2 3 4 5

▶ *Use the following words:*

grande piccolo
bello brutto
nuovo vecchio
rosso bianco
nero

PUNTI ▶ 5

PER OGNI RISPOSTA CORRETTA: PUNTI 1 • PER OGNI RISPOSTA ERRATA: PUNTI 0 • PER OGNI RISPOSTA NON DATA: PUNTI 0   **PUNTEGGIO FINALE** ▶ 30

FARE CONOSCENZA

▶ *Look at the pictures and then write the appropriate sentences in the balloons.*

● Ciao, mi chiamo Stefano, e tu?

◆ Permette, signora? Mi chiamo Andrea Valli.

■ Piacere, Paola Freddi.

▲ Io sono Carla, ciao.

▶ *Look once again at the pictures and then assign each person one of the following professions:*

studente

studentessa

architetto

1. La ragazza è una ....

2. Il signore è un ....

3. Il ragazzo è uno ....

Here is what you are going to learn in this Unit:

Communicative goals	introducing yourself (3) and introducing someone else; expressing possession (2); talking about jobs; talking about ongoing actions that began in the past
Grammar	• 1ª coniugazione regolare (*-are*): indicativo presente • coniugazione irregolare: indicativo presente di *fare* • verbi riflessivi e pronominali (1): indicativo presente del verbo *chiamarsi* • usi dell'indicativo presente: presente + *da* • possessivi (2): *nostro, vostro, loro* • imperativo regolare (1): formale e informale
Lexical area	professions (1), family relationships (2), personal belongings (2)

🎧 1 27 *1. Listen to the dialogue between Margie and Mr and Mrs Morelli, and try to find out what Margie's job is.*

IN UN CAFFÈ

Margie	Scusate, è libera questa sedia?
signor Morelli	Sì, prego, si accomodi!
Margie	Grazie. Permettete? Mi chiamo Margie Smith.
signora Morelli	Piacere! Io sono Claudia Morelli e questo è mio marito.
signor Morelli	Piacere!
Margie	Molto lieta!
signora Morelli	Lei non è italiana, vero? Di che nazionalità è?
Margie	Sono inglese.
signora Morelli	Di dove?
Margie	Di Bristol.
signora Morelli	Complimenti! Lei parla bene l'italiano.
Margie	Grazie!
signor Morelli	È a Venezia da molto tempo?
Margie	No, sono qui solo da tre giorni.
signora Morelli	Come mai è in Italia? Per turismo?
Margie	No, ho un impegno di lavoro.
signor Morelli	Qual è la Sua professione?
Margie	Faccio l'interprete.
signora Morelli	È sposata?
Margie	Sì, e ho un bambino piccolo. Voi avete figli?
signor Morelli	Sì, due: un maschio e una femmina.
signora Morelli	E Suo marito che lavoro fa?
Margie	È medico.

(1 27

2. Listen again and decide whether the following statements are true (vero = V) or false (falso = F).

1. Margie è a Venezia da molto tempo.   **V** **F**

2. I signori Morelli hanno due figli.   **V** **F**

3. Margie è a Venezia per turismo.   **V** **F**

4. La signora Morelli domanda a Margie che lavoro fa.   **V** **F**

5. Il signor Morelli è medico.   **V** **F**

(1 27

3. Listen once again while reading along with the text. Then write the sentences that are used in the dialogue to express the following communicative goals:

1. presentarsi
(*introducing yourself*)

....

2. presentare
(*introducing someone else*)

....

3. chiedere e dire la professione
(*talking about jobs*)

....

4. parlare di azioni presenti, iniziate nel passato
(*talking about ongoing actions that began in the past*)

....

(1 27

4. Listen and repeat. Pay attention to your pronunciation and intonation.

5. Complete the following sentences from the dialogue with the appropriate words.

1. Sì, prego, ... !

2. .... ? Mi .... Margie Smith.

3. È a Venezia .... ?

4. Qual è la Sua .... ?

5. Sì, e .... un bambino piccolo. Voi avete .... ?

impariamo a...

PRESENTARCI E PRESENTARE

6. Work in pairs. In turn, choose an Italian name and introduce yourself in an informal way, as in the example.

● memo

(io)	mi chiamo
(tu)	ti chiami
(lui/lei/Lei)	si chiama

● Io sono Paolo, e tu come ti chiami?
■ Mi chiamo Carlo.

▶ *Use the following names:*

Paolo Carlo
Laura Sandra
Silvia Sergio
Maria Franco

please to meet you

7. Work in groups of three. In turn, choose a visiting card and introduce yourself in a formal way, as in the example.

● Permette? Mi chiamo Mario Rossi, e questa è mia moglie.
■ Molto lieta! Io sono Carla Sarti.
● Piacere!
◆ Piacere!

| Professor Angelo Lazzari | Geometra Carlo Fini |

| Avvocato Silvia Corti | Dottor Pietro Mancini | Ingegner Paolo Sergi | Professoressa Anna Petrini |

| Ragionier Mario Rossi | Dottor Enzo Ruffini | Dottoressa Carla Sarti | Dottoressa Elisa Longhi | Architetto Bruno Angeli | Avvocato Carlo Tofi |

8. Work in pairs. Looking at the picture, ask and answer questions, as in the example.

● Come si chiama la sorella di Marco?
■ Si chiama Sara. E i suoi genitori come si chiamano?
● Si chiamano...

Laura Ugo   Gianna Aldo

Sandra Antonio

Sara   Marco

ESPRIMERE POSSESSO

9. Work in groups of three. Two of you choose some objects from the pictures below and a third classmate asks questions to find out which ones belong to you, as in the example.

● È vostra questa macchina?
■ +◆ Sì, è nostra.

● Sono vostri questi CD?
■ +◆ No, non sono nostri.

CHIEDERE E DIRE LA PROFESSIONE

poliziotto

giornalista

medico

tassista

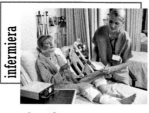
dentista

commessa

insegnante

cameriere

infermiera

ingegnere

cuoco

farmacista

10. Work in groups of three. In turn, choose a profession and then talk about it in an informal way, as in the example.

● Tu che lavoro fai? *what do you do?* → *Qual é la tua professione? (formal).*
■ L'infermiera.
◆ Anch'io faccio l'infermiera. / *Sono un...*
● Io, invece, faccio il farmacista.
→ *I am also...*

● memo

(io)	faccio
(tu)	fai
(lui/lei/Lei)	fa

11. Work in pairs. In turn, choose a profession and then talk about it in a formal way, as in the example.

● Lei che lavoro fa?
■ Sono insegnante, e Lei?
● Io sono ingegnere.
■ È contento del lavoro che fa? *do you like your job?*
● Sì, abbastanza. *it's not bad.*

PARLARE DI AZIONI PRESENTI, INIZIATE NEL PASSATO

how long have you been working here?

12. Work in pairs. In turn, choose a profession and use the expressions below to say how long you have been working, both in an informal and formal way, as in the examples.

● Da quanto tempo lavori?
■ Da pochi mesi.
● Che lavoro fai?
■ Il barista.

● Lei, signora, lavora da molto?
■ Lavoro da due anni.
● Che lavoro fa?
■ La farmacista.

▶ Use the following expressions:
**da un mese
da tre anni
da poco tempo
da cinque anni
da nove mesi**

un mondo di parole

le professioni

maschile	femminile
il barist**a**	la barist**a** *bartender*
il dentist**a**	la dentist**a**
il farmacist**a**	la farmacist**a**
il geometr**a**	la geometr**a**
il giornalist**a**	la giornalist**a**
il tassist**a**	la tassist**a**
il regist**a**	la regist**a**

film director

maschile	femminile
il commess**o**	la commess**a**
il cuoc**o**	la cuoc**a**
l'impiegat**o**	l'impiegat**a** *engineer*
il segretari**o**	la segretari**a**
l'operai**o**	l'operai**a** *worker*

sale associate

maschile	femminile
l'insegnant**e**	l'insegnant**e**
l'interpret**e**	l'interpret**e**
il cantant**e**	la cantant**e** *singer*
il giudic**e**	la giudic**e** *judge*

maschile	femminile
l'avvocat**o**	l'avvocat**essa** *lawyer*

maschile	femminile
il camerier**e**	la camerier**a**
il cassier**e**	la cassier**a**
l'infermier**e**	l'infermier**a** *nurse*
il parrucchier**e**	la parrucchier**a** *hair dresser*
il ragionier**e**	la ragionier**a** *accountant*

maschile	femminile
l'at**tore**	l'at**trice**
il diret**tore**	la diret**trice**
il pit**tore**	la pit**trice**
lo scrit**tore**	la scrit**trice**
il programma**tore**	la programma**trice**

maschile	femminile
il dottor**e**	la dottor**essa**
il professor**e**	la professor**essa**
lo student**e**	la student**essa**

maschile	femminile
il medic**o**	il medic**o**
l'architett**o**	l'architett**o**

---

13. Look at the pictures and write the corresponding profession nouns.

LA LEGGE E' UGUALE PER TUTTI

1. *l'infermera*   3. *il programmatore*   5. *il giudice*   7. *il cuoco*
2. *il medico*   4. *il giornalista*   6. *il barista*   8. *la cameriere*

14. Match each word with the corresponding definition.

1. Il farmacista...
2. Il giornalista...
3. L'insegnante...
4. L'interprete...
5. L'architetto...
6. Il cuoco...
7. L'impiegato...
8. La commessa...
9. Il cameriere...
10. L'infermiera...

a. [9] ...serve in bar e ristoranti.
b. [3] ...insegna agli studenti.
c. [7] ...lavora in uffici pubblici o privati. *design*
d. [4] ...traduce da una lingua all'altra.
e. [5] ...progetta e realizza case.
f. [8] ...è addetta alla vendita in un negozio. *to sell hotel*
g. [1] ...vende medicinali.
h. [6] ...cucina in ristoranti e alberghi. *to cook*
i. [2] ...lavora in un giornale.
j. [10] ...assiste i malati in ospedale. *ill/sick*

15. Find seven profession nouns in the word search.

F	G	I	R	L	P	O	C	S	E
A	P	M	E	D	I	C	O	I	L
R	Z	A	T	L	N	O	M	N	F
M	N	E	R	V	E	M	M	E	Z
A	T	S	E	Z	I	M	E	P	D
C	F	T	A	S	S	I	S	T	A
I	S	R	P	T	Z	S	S	E	A
S	P	A	V	V	O	C	A	T	O
T	P	Z	H	I	D	S	R	L	O
A	R	C	H	I	T	E	T	T	O

16. Write down the six abbreviated job titles listed in the telephone directory below, and then write the corresponding professions in full.

dott.sa Rava Ernesta
Via De Pretis Agostino, 46
☎ 02 8135694
rag. Rava Fabio
Via Bra, 12
☎ 02 27209272
ing. Ravasi Fabrizio
Via Severoli Filippo, 9
☎ 02 41271614
avv. Ravasi Flavio Rinaldo
Via Amadeo, 32
☎ 02 7388444
prof. Ravasi Galliano
Viale Omero, 15
☎ 02 57405746

arch. Ravasio Gianfranco
Via Gallarate, 99
☎ 02 3086391
dott.sa Ravasio Gianna
Via Arona, 16
☎ 02 317933
geom. Ravasio Gianpaolo
Via Orsini, 2
☎ 02 40090678
avv. Ravasio Giordano
Via Zuretti Gianfranco, 8
☎ 02 66982768
prof.sa Ravasio Giorgia
Via Tiziano Vecellio, 9/A
☎ 02 48005972

1. ....
2. ....
3. ....
4. ....

5. ....
6. ....
7. ....
8. ....

The cluster **gl**

When followed by the vowel **i** it represents the sound /ʎ/ as in the examples:

gli (the), *famiglia* (family), *moglie* (wife), *figlio* (son), *luglio* (July), *bagaglio* (luggage), *portafoglio* (wallet).

When followed by any vowel but **i**, the consonant **g** keeps the sound /gl/ as in the examples:

inglese (English), *globo* (globe).

1 28

17. Listen to the sentences. Pay attention to the pronunciation and intonation.

1. Attenzione al portafoglio!
2. Ho un maglione nuovo.
3. Avete molti bagagli?
4. Il signor Fogliani ha moglie e tre figli.
5. Hai una bella maglia, Gloria.

1 28

18. Now listen once again and repeat each sentence, imitating the native speaker as best as you can.

The cluster **gn**

It represents the sound /ɲ/ as in the examples:

signora (lady); *ingegnere* (engineer), *insegnante* (teacher), *giugno* (June), *impegno* (engagement), *campagna* (countryside).

1 29

19. Listen to the sentences. Pay attention to the pronunciation and intonation.

1. Tu parli lo spagnolo?
2. La signora fa l'insegnante.
3. Il mio cognome è Agnelli.
4. Come si chiama il tuo compagno di banco?
5. Il signor Mignini ha un impegno di lavoro a Bologna.

1 29

20. Now listen once again and repeat each sentence, imitating the native speaker as best as you can.

1ª coniugazione regolare (-are): indicativo presente

(io)	parl**o**	lavor**o**		**-o**	
(tu)	parl**i**	lavor**i**		**-i**	
(lui)					
(lei)	parl**a**	lavor**a**	molto	**-a**	
(Lei)					
(noi)	parl**iamo**	lavor**iamo**		**-iamo**	
(voi)	parl**ate**	lavor**ate**		**-ate**	
(loro)	parl**ano**	lavor**ano**		**-ano**	

＊ The subject pronoun (*io*, *tu* etc.) is optional because the verb ending already indicates who is carrying out the action.

21. Complete the dialogues with the correct form of the verb parlare.

1. Lei *parla* solo l'italiano, signorina? No, *parlo* anche lo spagnolo.

2. Voi *parlate* anche il tedesco? No, *parliamo* solo l'inglese.

3. I vostri amici *parlano* solo il francese? No, *parlano* anche l'inglese.

4. Tu quante lingue *parli* ? *parlo* due lingue: il francese e lo spagnolo.

5. Complimenti, Lei *parla* bene l'italiano. Grazie, *parlo* italiano da due anni.

22. Complete the sentences with the correct form of the verbs in brackets.

1. Luca (*lavorare*) *lavora* come barista da due anni.

2. Anna e Paola (*studiare*) *studiano* insieme per l'esame di francese.

3. Noi (*guardare*) *guardiamo* la tv solo un'ora al giorno.

4. Quando (*preparare*) *prepariamo*te valigie, Carla?

5. Anna (*telefonare*) *telefona* a Simone.

6. I miei amici (*frequentare*) *frequentano* un corso d'italiano.

7. Peter (*aspettare*) *aspetta* Jane per andare al cinema.

8. Loro (*arrivare*) *arrivano* a New York alle otto e un quarto.

to wait for.

attend

GRAMMAR SOS GRAMMAR Unlike English, in Italian:
• the verb *aspettare* is not followed by a preposition: *Aspetto Paolo / un amico.*
• the verb *telefonare* is followed by the preposition *a*: *Telefono a Paolo / a un amico.*

chiamare : to call

verbi riflessivi e pronominali: indicativo presente di **chiamarsi** *= to call oneself*

(io)	mi chiam**o**	Aldo / Maria / Bianchi
(tu)	ti chiam**i**	Mario / Angela?
(lui)		Marco
(lei)	si chiam**a**	Rita
(Lei)		Donati?
(noi)	ci chiam**iamo**	Martini
(voi)	vi chiam**ate**	Rossetti?
(loro)	si chiam**ano**	Teodori

(tu)		**ti chiami?**		Carlo
	Come		**Mi chiamo**	
(Lei)		**si chiama?**		Aldo Martini

23. Complete the sentences with the correct form of the verb chiamarsi.

1. Scusa, come *ti chiamo* ? *Mi chiamo* Luca.

to wash = lavare

to wash oneself = lavarsi

2. Il mio nome è Martini, e Lei come *si chiama*? *Vi chiamate* Landi.

3. Voi *vi chiamate* Rossi, vero? No, *ci chiamano* Sandri: Paolo e Rita Sandri.

4. Quella ragazza non *si chiama* Allegra? No, *si chiama* Alessia.

5. Come *si chiamano* i tuoi amici di Roma? Lui *si chiama* Aldo e lei Roberta.

grammatica

coniugazione irregolare: indicativo presente di fare

to do/make (handwritten)

tozo to give to stay (handwritten)

(io)	**faccio**	il medico
(tu)	**fai**	il / la farmacista?
(lui)		
(lei)	**fa**	il / la dentista?
(Lei)		
(noi)	**facciamo**	lo stesso lavoro
(voi)	**fate**	i tassisti?
(loro)	**fanno**	gli ingegneri

* *Fare*, *andare*, *dare* and *stare* are the only four irregular verbs of the 1st conjugation.
* You can also use the verb *essere* to say what job you do. In this case, however, the noun is not preceded by the article: *Che lavoro fai? Faccio il medico*; but, *Sono medico*.

Espressioni con *fare*
The verb *fare* is used in some expressions that in English take other verbs. For example:
fare attenzione (pay attention)
fare colazione (have breakfast)
fare la doccia (take a shower)
fare una domanda (ask a question)
fare una festa (have a party)
fare una foto (take a photograph)
fare una passeggiata (go for a walk)
You also use the verb *fare* when talking about the weather:
Che tempo fa? (What's the weather like?)
Fa caldo (It's warm / hot)
Fa freddo (It's cold)
Fa bel tempo (It's fine / nice)
Fa brutto tempo (It's bad)

24. Complete the sentences with the correct form of the verb fare.

1. Luigi ...*fa*... questo lavoro da pochi mesi.
2. Che lavoro ...*fanno*... i tuoi genitori?
3. Ragazzi, perché non ...*fate*... le valigie? Cosa aspettate?
4. Sabato ...*facciamo*... una festa e invitiamo tutti gli amici.
5. Mi chiamo Rossi e ...*faccio*... l'architetto.

usi dell'indicativo presente: **presente + da** (azioni presenti, iniziate nel passato)

How long have you been working? (handwritten)

Da quanto tempo **lavora**?	**Lavoro da** *I have worked.* (handwritten)	sei mesi gennaio

* When followed by the preposition **da**, the present indicative expresses actions that began in the past but have not ended at the time of speaking. In this case the preposition **da** means both "for" and "since": *Lavoro da sei mesi / da gennaio* (I have been working for six months / since January)

25. Complete the sentences with the correct form of the verbs below.

● avere ● fare ● guardare ● lavorare ● studiare

1. Il bambino ...*guarda*... la tv da tre ore: è davvero troppo!
2. Marta ...*studia*... l'inglese da un anno.
3. Noi ...*abbiamo*... questa casa da molti anni.
4. I nostri figli ...*fanno*... sport solo da pochi mesi.
5. Lei ...*lavora*... da molto tempo in questo ufficio?

mandatory, must use article ex: Questa penna è la loro (handwritten)

possessivi: **nostro, vostro, loro**
aggettivi

	maschile				femminile			
singolare	È	**il**	nostro / vostro / loro	libro	È	**la**	nostra / vostra / loro	casa
plurale	Sono	**i**	nostri / vostri / loro	CD	Sono	**le**	nostre / vostre / loro	borse

pronomi

	maschile			femminile		
singolare	Il libro	è	nostro / vostro / **loro**	La casa	è	nostra / vostra / **loro**
plurale	I dischi	sono	nostri / vostri / **loro**	Le borse	sono	nostre / vostre / **loro**

* In Italian, possessive adjective and possessive pronoun forms are exactly the same.
* Possessive adjectives and possessive pronouns agree in gender (m/f) and number (sing./pl.) with the possession.
* Generally the possessive adjective precedes the noun it refers to.
* Possessive adjectives almost always require an article (definite or indefinite). The article is omitted only in front of a singular noun indicating a family relationship (sing. *nostro padre, nostra madre, vostro fratello, vostra cugina*; but: *i nostri genitori, i nostri fratelli, le nostre sorelle*).
* The possessive adjective **loro** is invariable and always retains the article, regardless of the noun type it refers to (*il loro padre, la loro madre, il loro amico, la loro casa*).

26. Complete the sentences with the correct form of the possessive adjective and, where necessary, the definite article.

1. Scusate, è ....*vostro*.... quel giornale? No, non è ....*nostro*.... .
2. Anna e Carla ascoltano Ligabue, ...*il loro*.... cantante preferito.
3. Ragazzi, quanti anni ha ....*vostro*.... padre?
4. Prepariamo noi le valigie, perché ....*nostra*.... madre non ha tempo.
5. Voi lavorate nella ....*vostra*.... città o in un'altra?

[handwritten margin notes:]
ascoltare = to listen to
I have lived in Boston for 3 years
Io vivo a Boston da 5 anni
- lavare = to wash
- lavarsi = to wash oneself
- chiudere = to close

imperativo regolare: formale e informale

	Lei (formale)	tu (informale)	voi (formale e informale)
parl**are**	parl**i**!	parl**a**!	parl**ate**!
scus**are**	scus**i**!	scus**a**!	scus**ate**!
accomod**arsi**	**si** accomod**i**!	accomod**ati**!	accomod**atevi**!

* The 2nd person singular of verbs ending in -are is formed by taking off the -re ending from the infinitive (*parlare - parla*).

27. Ask someone first in an informal way and then in a formal way to:

[handwritten: attenzione]

1. ascoltare con attenzione   (listen carefully)   *ascoltate con ...!*   *ascolti con attenzione!*
2. telefonare a casa   (call home)   *telefonate a casa!*   *telefona a casa!*
3. chiamare il medico   (call a doctor)   *chiamate il medico!*   *chiama il medico!*
4. aspettare un momento   (wait a moment)   *aspetti un momento!*   *aspettate un momento!*
5. studiare di più   (study more)   *studiate di più!*   *studia di più!*
6. parlare più forte   (speak up)   *parlate più forte!*   *parla di più!*
7. restare ancora un po'   (stay a little longer)   *restate ancora!*   *resta ancora!*
8. chiamare un taxi   (call a taxi)   *chiamate un taxi!*   *chiama un taxi!*

sviluppiamo le abilità

comprensione scritta

28. *Read the following text and try to understand the general meaning. If you need any help, ask your teacher.*

Gli italiani e il bar

Andare al bar rappresenta un momento importante nella giornata degli italiani di ogni età. Al mattino si va al bar per fare colazione, nella pausa pranzo per mangiare qualcosa, la sera per prendere un aperitivo o bere un cocktail con gli amici. Ci sono bar molto piccoli e altri molto grandi, moderni o antichi, come i "caffè storici". Fra questi, l'Antico Caffè Greco di Roma, luogo di ritrovo di artisti e intellettuali, e il Caffè Florian di Venezia, il più antico caffè italiano.

I bar e i caffè fanno parte del costume e della cultura italiana. In Italia c'è un bar ogni 400 abitanti. Per bere qualcosa normalmente stai in piedi al bancone. Per ordinare qualcosa, vai prima alla cassa per pagare la consumazione e poi dai lo scontrino al barista. Se al bar ti siedi a un tavolo, ordini al cameriere e paghi il conto a lui. Molti bar hanno uno spazio esterno (*déhors*) con ombrelloni o verande.

29. *Based on what you have just read, decide whether* **ⓐ** *or* **ⓑ** *is correct.*

1. Per gli italiani andare al bar è... ⓐ un'abitudine quotidiana. ⓑ un evento eccezionale.

2. Il Caffè Florian di Venezia... ⓐ è un bar moderno. ⓑ è il più antico d'Italia.

3. In Italia... ⓐ ci sono 400 bar. ⓑ c'è un bar ogni 400 abitanti.

4. Se ti siedi a un tavolo... ⓐ paghi al cameriere. ⓑ paghi alla cassa.

produzione scritta

30. *Imagine you are living in Italy and you want to join a cultural association. Write a brief letter of introduction, specifying the following:*

▶ nome e cognome

▶ età

▶ nazionalità

▶ professione

▶ stato civile (single / sposato)

▶ figli (sì / no)

....
....
....
....
....
....
....
....

comprensione orale

31. Mr Bruni is talking to Monica. Listen to the conversation and decide whether ⓐ, ⓑ or ⓒ is correct.

1. Per Monica non è facile...   ⓐ lavorare.   ⓑ studiare.   ⓒ studiare e lavorare insieme.

2. Monica frequenta...   ⓐ la scuola media. *middle school*   ⓑ la scuola superiore. *high school*   ⓒ la facoltà di Lingue. *faculty*

3. Monica lavora...   ⓐ tutto il giorno.   ⓑ solo di mattina.   ⓒ solo di pomeriggio.

4. Monica pensa di insegnare...   ⓐ il francese.   ⓑ l'inglese.   ⓒ lo spagnolo.

32. Listen to the CD and decide whether the following sentences are declarative ⊙, interrogative ⟨?⟩ or exclamatory ⟨!⟩

1.   ⊙   ⟨?⟩   ⟨!⟩   3.   ⊙   ⟨?⟩   ⟨!⟩   5.   ⊙   ⟨?⟩   ⟨!⟩

2.   ⊙   ⟨?⟩   ⟨!⟩   4.   ⊙   ⟨?⟩   ⟨!⟩   6.   ⊙   ⟨?⟩   ⟨!⟩

produzione orale

33. Look at the results of a survey about the kinds of jobs young people in Italy would like to do. Then, in Italian, say what your current occupation is and what you would dream of doing, as in the example.

● Io sono uno studente, ma sogno di fare il medico perché è una professione utile.

Il lavoro che sogno di fare *to dream about*
(primi 10 risultati - totale campione: 1.542 - femmine: 895, maschi: 647)

insegnante	5.9 %	f 9,39%	m 1,08%	|||||||||||||||||||
cuoco	4.7 %	f 3,91%	m 5,87%	|||||||||||||||||
medico	4.3 %	f 4,36%	m 4,33%	||||||||||||||||
veterinario	4.2 %	f 5,92%	m 1,70%	||||||||||||||||
avvocato	3.2 %	f 3,35%	m 3,09%	||||||||||||
informatico	3.2 %	f 1,79%	m 5,10%	||||||||||||
meccanico	3.0 %	f 0,11%	m 7,11%	||||||||||||
ingegnere	2.3 %	f 0,11%	m 5,41%	||||||||||
calciatore	2.3 %	f 0,45%	m 4,95%	||||||||||
parrucchiere	2.2 %	f 3,35%	m 0,62%	||||||||
Totale	**35.3 %**			

▶ *Use the following words:*

bello   ben pagato
interessante   di moda
utile   creativo
manuale   intellettuale
tecnologico   educativo
divertente
prestigioso

34. Talk about your family in Italian. Describe each person, indicating his/her name, age and profession.

mondo italiano

L'auditorium di Roma

Il porto di Genova

1. *Read the following interview with the famous architect Renzo Piano and try to understand the general meaning. If you need any help, look at the glossary or ask your teacher.*

GLOSSARIO

cacciare: *to hunt*

pescare: *to fish*

ricerca: *search*

dimora: *home*

rifugi: *shelters*

ormai: *now*

si svolge: *takes place*

è nato: *you were born*

porto: *harbour*

sfondo: *background*

è rimasta: *is still*

non riesco a: *I can't*

Professione: architetto

Che cos'è per lei la professione di architetto?

Quello dell'architetto è un mestiere antico come **cacciare**, **pescare**, coltivare ed esplorare. Dopo la **ricerca** del cibo viene la ricerca della **dimora**. Ad un certo punto l'uomo, insoddisfatto dei **rifugi** offerti dalla natura, è diventato architetto.

Ormai la sua carriera professionale *si svolge* più all'estero che in Italia. Cosa rappresenta per lei Genova, la città dove *è nato*?

Genova rappresenta per me due cose diametralmente opposte: il **porto** e la città antica. Genova è il più grande centro storico d'Europa.

Nei suoi lavori è costante la presenza dell'acqua, come *sfondo* o come parte integrante del progetto.

L'acqua ha una bellezza immediata, istintiva, ha un valore espressivo universale.

Più che Genova, è Milano la sua vera città di formazione.

Ho adottato Milano come città di formazione a vent'anni. Per me Milano **è rimasta** una città generosa, che **non riesco a** ricordare grigia.

In quale città abita attualmente?

Vivo a Parigi dal 1971, ma ora abito a New York, una città fatta di tante realtà, molto complessa e ricca sul piano culturale.

Ci ricordi alcuni dei suoi lavori...

Il Centre George Pompidou a Parigi, la ristrutturazione del Lingotto a Torino, l'aeroporto di Osaka, la ristrutturazione del Porto antico di Genova, il parco della musica a Roma, il grattacielo del New York Times a Manhattan...

Lingotto di Torino　　　　*Il Centre Pompidou di Parigi*

2. Based on what you have just read, decide whether ⓐ or ⓑ is correct.

1. Secondo Renzo Piano il mestiere dell'architetto è...

　ⓐ molto antico.　ⓑ recente.

2. Renzo Piano è un architetto famoso che lavora...

　ⓐ in Italia e all'estero.　ⓑ solo in Italia.

3. Renzo Piano è nato...

　ⓐ a Genova.　ⓑ a Milano.

4. Attualmente Renzo Piano abita...

　ⓐ a Parigi.　ⓑ a New York.

5. Renzo Piano ha progettato l'aeroporto...

　ⓐ di Roma.　ⓑ di Osaka.

(handwritten notes:)
- All'estero = abroad
- Attualmente = currently
- In realtà = actually
- Diventare = to become
- Ricordare = to remember

3. The "carta d'identità" is the most common form of identification for Italian citizens. Look at Renzo Piano's identity card; then choose a famous person and complete his / her identity card.

Cognome **PIANO**
Nome **RENZO**
nato il **14/09/1937**
a **GENOVA** (　　)
Cittadinanza **ITALIANA**
Residenza
Via
Stato Civile
Professione **ARCHITETTO**

CONNOTATI E CONTRASSEGNI SALIENTI
Statura
Capelli
Occhi
Segni particolari

Firma del titolare

Impronta del dito indice sinistro　　IL SINDACO

fac-simile

Cognome
Nome
nato il
a (　　)
Cittadinanza
Residenza
Via
Stato Civile
Professione

CONNOTATI E CONTRASSEGNI SALIENTI
Statura
Capelli
Occhi
Segni particolari

Firma del titolare

Impronta del dito indice sinistro　　IL SINDACO

4. The identity card includes other personal data as well. Try to match each item with the corresponding definition.

1. [b] stato civile　　　　a indica l'appartenenza di una persona a uno Stato

2. [c] residenza　　　　　b indica se una persona è sposata o no

3. [a] cittadinanza　　　　c indica il luogo dove una persona abita

verifichiamo le abilità

reading

1. Read the following text and try to understand the general meaning.

Fratelli d'arte

Gabriele Muccino è un famoso regista e sceneggiatore: nasce a Roma nel 1967. Nel suo primo film, *Come te nessuno mai* (1999), recita per la prima volta suo fratello Silvio.
I due fratelli lavorano insieme anche in altri due film di successo: *L'ultimo bacio* (il remake americano, *The Last Kiss*, è del 2006) e *Ricordati di me*.
Nel 2006 Will Smith chiama Gabriele Muccino come regista del suo film *La ricerca della felicità*, ed è un successo internazionale. Il regista italiano dirige l'attore americano anche in *Seven Pounds* (2008). Silvio, invece, diventa un idolo degli adolescenti italiani e, da qualche anno, è anche scrittore e regista.

2. Based on what you have just read, decide whether (a) or (b) is correct.

1. Silvio Muccino è...   (a) il fratello di Gabriele.   (b) il cugino.

2. Gabriele è regista di...   (a) un film con Will Smith.   (b) due film con Will Smith.

3. The *Last Kiss* è...   (a) il remake de *L'ultimo bacio*.   (b) il titolo di un libro.

4. Silvio Muccino è...   (a) solo un attore.   (b) anche scrittore e regista.   **PUNTI** [4]

writing

3. Complete the conversation with the appropriate words.

Valli	*Prego* ......, si accomodi!		**Forti**	*Per* ...... affari.
Forti	*Grazie* ......!		**Valli**	*Di* ...... dov'è?
Valli	Piacere, Luca Valli.		**Forti**	*Sono* ...... di Torino. E Lei?
Forti	*Piacere* ...... Andrea Forti.		**Valli**	*Sono di* ...... Milano.
Valli	*Sei e* ...... a Roma per affari o per turismo?		**Forti**	*Che* ...... lavoro *fa* ......?
			Valli	Sono avvocato.

 1 | 32

4. Now listen to the CD and check your answers.   **PUNTI** [10]

listening

1 | 33

5. Listen to the conversation and number the pictures referring to the professions you hear mentioned.

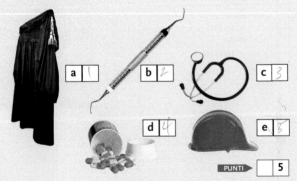

a | 1   b | 2   c | 3   d | 4   e | 5

1 | 33

6. Now listen once again to the CD and check your answers.   **PUNTI** [5]

speaking

7. First ask a classmate and then your teacher the following:

► come si chiama   ► di dove è   ► dove abita   ► se è sposato
► da quanto tempo studia / insegna l'italiano   ► che lingue parla   **PUNTI** [6]

PER OGNI RISPOSTA CORRETTA: PUNTI 1 • PER OGNI RISPOSTA ERRATA: PUNTI 0 • PER OGNI RISPOSTA NON DATA: PUNTI 0   PUNTEGGIO FINALE ▶ [25]

TEMPO LIBERO

Sabrina

discoteca

Lucia

c

piscina

Carlo   b

palestra

a

▶ *Look at the pictures and complete the sentences.*

1. Sabrina sta andando in ...discoteca...

2. Carlo sta andando in ...palestra... .

3. Lucia è in ...piscina... .

▶ *Match the following actions with the correct places.*

nuotare → ...piscina...   ballare → ...discoteca...   fare ginnastica → ...palestra...

▶ *Now match the following items with the people in the pictures.*

1. scarpe da ginnastica [b]   2. costume da bagno [c]   3. minigonna [a]

Here is what you are going to learn in this Unit:

Communicative goals	offering, accepting, refusing, talking about quantities, talking about habitual and future actions, talking about ongoing actions
Grammar	• 2ª coniugazione regolare (-*ere*): indicativo presente • coniugazione irregolare: indicativo presente di *andare, stare, bere* • verbi modali (1): indicativo presente di *volere* • forma perifrastica: *stare* + gerundio • pronomi diretti (1) • partitivi *di* e *ne* (1) • uso delle preposizioni (1): *a, in*
Lexical area	leisure activities and places, quantities, food and drink (1)

🔵 1 | 34 | *1. Listen to the dialogue between Stefano and Andrea and try to find out why Stefano is in a hurry.*

UN SABATO POMERIGGIO

Stefano	Ciao, Andrea!
Andrea	Ciao! Che bella sorpresa!
Stefano	Disturbo?
Andrea	No, anzi. Entra pure! Accomodati!
Stefano	Solo pochi minuti.
Andrea	Perché tanta fretta?
Stefano	Sto andando in palestra e non ho molto tempo.
Andrea	Prendi un caffè?
Stefano	Volentieri, grazie.
Andrea	Lo preparo subito. Anzi, ne faccio due, così ne prendo uno anch'io.
Stefano	Per me con un po' di latte, per favore.
Andrea	Ecco qui. Vuoi dei biscotti?
Stefano	No, grazie, non li voglio.
Andrea	Allora, Stefano, come va? Hai delle novità?
Stefano	Niente di speciale, sto prendendo lezioni d'inglese.
Andrea	Ah, sì? E come mai?
Stefano	Perché l'estate prossima vado in America con una borsa di studio.
Andrea	Fantastico! Beato te!
Stefano	Vedo che il computer è acceso: che cosa stai facendo di bello?
Andrea	Sto lavorando.
Stefano	Anche di sabato? E non fai dello sport?
Andrea	Qualche volta vado in piscina. Il fatto è che non ho tempo...
Stefano	A chi lo dici! Ora devo proprio andare. Sono in ritardo...
Andrea	Se è così, non insisto. Allora ciao, e... a presto!
Stefano	Ci vediamo! Ah, grazie per il caffè!
Andrea	Figurati!

Handwritten annotations:
- I devo andare: I have to go
- Why are you in a hurry?
- now with pleasure
- scholarship
- or
- Sometimes
- don't tell me

(1 34

2. Listen again and decide whether the following statements are true (vero=V) or false (falso=F).

1. Andrea va a trovare Stefano. **V F**

2. Stefano sta andando in palestra. **V F**

3. Stefano sta studiando inglese. **V F**

4. Andrea prepara il caffè solo per Stefano. **V F**

5. Andrea ha molto tempo libero. **V F**

(1 34

3. Listen once again while reading along with the text. Then write the sentences that are used in the dialogue to express the following communicative goals:

1. offrire e accettare
(*offering and accepting*)

....

2. rifiutare
(*refusing*)

....

3. parlare di azioni in corso
(*talking about ongoing actions*)

....

4. parlare di quantità
(*talking about quantities*)

....

5. parlare di azioni abituali e future
(*talking about habitual and future actions*)

....

(1 34

4. Listen and repeat. Pay attention to your pronunciation and intonation.

5. Complete the following sentences from the dialogue with the appropriate words.

1. .... un caffè?

2. .... , grazie.

3. Allora, Stefano, ... ?

4. Sto .... lezioni d'inglese.

OFFRIRE, ACCETTARE, RIFIUTARE

6. Match each noun with the corresponding picture.

1. ☐ una birra
2. ☐ un tè al limone
3. ☐ un caffè lungo
4. ☐ un bicchiere di vino
5. ☐ un gelato
6. ☐ un panino
7. ☐ un cappuccino
8. ☐ un succo di frutta
9. ☐ un latte macchiato
10. ☐ un caffè ristretto

VOCABULARY SOS VOCABULARY

Che cosa significa?

latte macchiato = a milk-based drink containing a bit of coffee.
caffè ristretto = a strong concentrated *espresso*.
caffè lungo = a weak *espresso* made with extra water.
caffè macchiato = an *espresso* with a dash of milk.
cappuccino = a coffee-based drink prepared with *espresso*, hot milk, and milk foam.
In Italy if you order a *caffè*, you will automatically be served an *espresso*.

7. Work in pairs. Offer and reply, as in the example.

● Vuoi un caffè?
■ Grazie, lo prendo volentieri.
● Come lo vuoi, lungo o ristretto?
■ Macchiato, grazie.

● memo	
(io)	prend**o**
(tu)	prend**i**
(lui / lei / Lei)	prend**e**

8. Work in groups of three. Choose a drink from those listed above and then ask and answer questions, as in the example.

● Tu cosa prendi?
■ Prendo volentieri un caffè.
● Prende anche Lei un caffè, signora?
◆ No, grazie, per me un succo di frutta.

● memo	
M	F
lo	la

PARLARE DI QUANTITÀ

9. Work in pairs. Looking at the pictures, offer and reply, as in the example.

● Vuoi del vino?
■ Sì, grazie, ne prendo un po'. / No, grazie, basta così.
● Vuoi della birra?
■ No, grazie, non bevo birra.. / Sì, grazie, ne prendo un po'.

● memo		
	un po' di...	
del	dello	della

10. Look at the pictures and assign the appropriate quantity to each one.

carne	pesce	pasta 
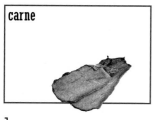

▶ Use the following words:

tanto
tanta
poco
poca

1. .... 2. .... 3. ....

pane 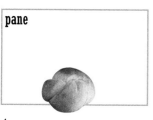	verdura	frutta

4. .... 5. .... 6. ....

11. Work in pairs. First, think about your normal diet and then talk about it, as in the example.

● Tu mangi tanta pasta?
■ No, ne mangio poca.
● Io, invece, ne mangio tanta.

PARLARE DI AZIONI ABITUALI E FUTURE

12. Each of you says how often you go to the places pictured below, as in the example.

● Io vado spesso in piscina, ma non vado mai in discoteca.

in piscina 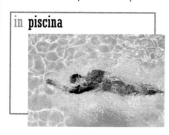	in palestra 	in discoteca 

▶ Use the following adverbs:

sempre (always)
spesso (often)
mai (never)
qualche volta (sometimes)
raramente
(seldom)

a teatro 	al cinema 	al ristorante 

al bar 	al parco 	a un concerto 

GRAMMAR SOS GRAMMAR

Unlike English,
the adverbs
sempre and *mai*
usually follow the verb;
mai is preceded by the verb
in the negative form (*Non
vado **mai** al cinema*).

13. Work in groups of four. Looking at the pictures in exercise 12, think about what you are going to do tomorrow. Then talk about it, as in the example.

- Vai in piscina domani?
- No, vado in palestra.
- E voi dove andate?
- +▲ Andiamo anche noi in palestra.

> **GRAMMAR SOS** The present indicative often replaces the simple future to express an action which hasn't yet taken place at the time of speaking. In this case the notion of time is transmitted by an adverb (*domani*, *stasera*, etc.) or other expressions of time (*fra tre giorni*, *la prossima domenica*, etc.).

PARLARE DI AZIONI IN CORSO

14. Look at the picture and say what each person is doing, as in the example.

- La ragazza sta correndo.

> **VOCABULARY SOS** Both of the Italian verbs *giocare* and *suonare* correspond to the English verb "to play".
> *I ragazzi stanno giocando a pallone.* (The boys are playing football)
> *La ragazza sta suonando il pianoforte.* (The girl is playing the piano)

memo		
andare	and-	
ascoltare	ascolt-	
giocare	gioc-	ando
mangiare	mangi-	
telefonare	telefon-	
suonare	suon-	
correre	corr-	
fare (fac-ere)	fac-	endo
leggere	legg-	

15. Work in pairs. Each of you chooses one of the actions from the previous exercise; then imagine you are talking about it on the phone, as in the example.

- Cosa stai facendo?
- Sto leggendo un libro. E tu?
- Sto ascoltando la musica.

il tempo libero

16. Match each action with the corresponding place.

1. fare ginnastica ☐
2. leggere ☐
3. ballare ☐
4. correre ☐
5. nuotare ☐
6. mangiare una pizza ☐
7. fare compere ☐
8. guardare la televisione ☐
9. vedere un film ☐
10. passeggiare ☐

a **in biblioteca**

b **in discoteca**

c **in palestra**

e **in piscina**

f **in pizzeria**

d **al parco**

in centro città

g **a casa**

h

i **in un negozio**

j **al cinema**

17. Match the verbs in A with the words or phrases in B.

A

1. andare
2. ascoltare
3. praticare
4. suonare
5. leggere
6. giocare
7. andare

B

a ☐ uno sport
b ☐ musica
c ☐ un libro
d ☐ in palestra
e ☐ uno strumento musicale
f ☐ in piscina
g ☐ a tennis

18. Choose the correct words from below to complete the captions.

 pane

 birra

zucchero

acqua minerale

 pasta

 biscotti

torta

caffè

 vino

tè

1. due zollette di...............................

2. tre fette di...............................

3. una lattina di...............................

4. un sacchetto di...............................

5. un pacchetto di...............................

6. un bicchiere di...............................

7. un piatto di ....

8. una bottiglia di ....

9. una tazza di ....

10. un pezzo di...............................

---

19. Complete the following sentences with the appropriate words.

1. Un bicchiere di .... bianco o rosso.

2. Una .... piccola o media.

3. Un .... al latte o al limone.

4. Un .... lungo, ristretto o macchiato.

5. Un' .... naturale o gassata.

6. Un piatto di .... al sugo o in bianco.

---

20. Choose the correct words in the circles to complete the sentences.

bicchiere

macchiato

zucchero

acqua

limone

pesce

latte

birra

succo

1. Lei, signora, prende un .... di frutta?

2. Per me un tè al .... , grazie!

3. Tu cosa prendi? Un latte .... , grazie.

4. Preferite mangiare della carne o del .... ?

5. Vuoi un .... di vino o preferisci una .... ?

6. Nel caffè metti lo .... o lo prendi senza?

7. Io bevo soltanto .... minerale.

8. Anna prende il caffè con un po' di ....

The cluster *sci*

When followed by the vowels **e** or **i** it represents the English /ʃ/ sound in "shock", as in the examples: *sci* (ski), *sciare* (to ski), *sciarpa* (scarf), *sciocco* (silly), *scienza* (science), *piscina* (swimming pool), *ascensore* (lift).

When followed by the vowels **a**, **o**, **u** or the letter **h** + **e** or **h** + **i**, it represents the English /sk/ sound in "skin", as in the examples: *scarpe* (shoes), *discoteca* (discotheque), *scuola* (school), *scusa!* (sorry!), *biscotti* (cookies), *dischi* (discs), *maschio* (male), *schiuma* (foam).

🎧 **1** 35

21. Listen to the sentences. Pay attention to the pronunciation and intonation.

1. Gli Etruschi sono un popolo dell'Italia antica.
2. Francesca non ha scarpe con tacchi.
3. Tu, Natascia, conosci l'inglese o il tedesco?
4. Scusi, è Sua questa penna?
5. Carla sta andando in piscina.
6. Io prendo un cappuccino senza schiuma.
7. Mangiamo il pesce due volte alla settimana.
8. Ho una bella sciarpa a strisce di vari colori.
9. I miei amici tedeschi hanno una casa in Toscana.
10. In montagna i nostri figli vanno a scuola di sci.

🎧 **1** 35

22. Now listen once again and repeat each sentence, imitating the native speaker as best as you can.

🎧 **1** 36

23. Listen to the following words and write them next to the corresponding sound, as in the example.

1. /ʃ/ piscina ....
2. /sk/ discoteca ....

grammatica

2ª coniugazione regolare (-ere) indicativo presente

	prendere	leggere		
(io)	prend**o**	legg**o**		**-o**
(tu)	prend**i**	legg**i**		**-i**
(lui) (lei) (Lei)	prend**e**	legg**e**	molti giornali	**-e**
(noi)	prend**iamo**	legg**iamo**		**-iamo**
(voi)	prend**ete**	legg**ete**		**-ete**
(loro)	prend**ono**	legg**ono**		**-ono**

coniugazione irregolare: indicativo presente di **andare**, **stare** e **bere**

	andare	stare		bere	
(io)	**vado**	**sto**		**bevo**	un caffè
(tu)	**vai**	**stai**		**bevi**	
(lui) (lei) (Lei)	**va**	**sta**	a casa	**beve**	un po' di vino
(noi)	**andiamo**	**stiamo**		**beviamo**	molta birra
(voi)	**andate**	**state**		**bevete**	
(loro)	**vanno**	**stanno**		**bevono**	

24. Complete the sentences with the correct form of the verbs in brackets.

1. Sabato sera io e Marco (*andare*) .... al concerto di Zucchero.

2. Molte persone (*prendere*) .... la metropolitana per andare al lavoro.

3. Domenica io (*andare*) .... a Firenze, dove (*vivere*) .... i miei genitori.

4. Buonasera, signora, come (*stare*) .... ? – Bene, grazie, e Lei?

5. Noi (*bere*) .... solo acqua.

6. Francesco (*leggere*) .... il giornale tutte le mattine.

7. Loro non (*bere*) .... mai bevande alcoliche.

8. Nel tempo libero io (*leggere*) .... molto.

9. Perché (*correre*) .... tanto, Fabio? – Perché ho fretta.

10. I miei amici (*andare*) .... in Australia per due settimane.

verbi modali: indicativo presente di **volere**

(io)	**voglio**	
(tu)	**vuoi**	
(lui) (lei) (Lei)	**vuole**	prendere un caffè
(noi)	**vogliamo**	
(voi)	**volete**	un caffè
(loro)	**vogliono**	

✳ Modal verbs like *volere* (to want) are those that usually come right before another verb in the infinitive form.

✳ Unlike other modal verbs (see unità 5), however, the verb *volere* can also be used as an independent verb. In this case, it is followed by a noun (*Voglio* **un caffè**).

25. Complete the sentences with the correct form of the verb volere.

1. Chiedi a Giulio se .... restare con noi.

2. Anna, ... bere qualcosa?

3. Oggi noi .... mangiare la pasta.

4. Ragazzi, se .... restare qui, non c'è problema.

5. Andrea e Sara .... andare al cinema.

6. .... un caffè, signora?

forma perifrastica: **stare** + gerundio

(io	**sto**	mangi**ando**	un panino
(tu)	**stai**	telefon**ando**	a Matteo?
(lui) (lei) (Lei)	**sta**	and**ando** scriv**endo** prend**endo**	in piscina al computer lezioni di nuoto?
(noi)	**stiamo**	legg**endo**	il giornale
(voi)	**state**	fac**endo**	i compiti?
(loro)	**stanno**	bev**endo**	il caffè

* The form **stare** + gerundio corresponds to the English present continuous: *Leggo il giornale tutti i giorni* (habitual action); **sto leggendo** *il giornale* (action in progress at the time of speaking).
* The **gerund** is formed by substituting the infinitive ending with: **-ando** for **-are** verbs; **-endo** for **-ere** and **-ire** verbs.
* Verbs in **-giare** (*mangiare*) keep the "i" of the root in the *gerundio* form.
* The verbs *bere* and *fare* form the *gerundio* from the Latin infinitives: **bev**-*ere* and **fac**-*ere*.

GRAMMAR SOS GRAMMAR The preposition *da* is used when the verb *andare* (or other verbs of state or motion) is followed by a person's name, personal pronouns or a profession noun: *Anna va da Sara* | *va da lei* | *va dal medico.*

26. Change the habitual action in the sentences into an ongoing action.

1. Carlo legge molto. → .... anche adesso.

2. Antonio fa sempre molto sport. → .... sport anche oggi.

3. I due bambini giocano spesso insieme. → .... insieme anche adesso.

4. Anna va ogni giorno da Sara. → .... da lei anche ora.

5. Ugo mangia sempre troppo. → .... troppo anche in questo periodo.

6. Giovanni guarda spesso la televisione. → .... la televisione anche questa sera.

pronomi diretti: **lo**, **la**, **li**, **le**

	singolare					plurale				
maschile	Tu bevi	**il vino?**	Sì, No, non	**lo**	bevo	Tu leggi	**i giornali?**	Sì, No, non	**li**	leggo
femminile	Lei beve	**la birra?**	Sì, No, non	**la**		Lei legge	**le riviste?**	Sì, No, non	**le**	

* The direct object pronouns **lo**, **la**, **li** and **le** refer to people or things and usually come right before the verb.
* The singular forms (*lo* and *la*) can be elided before verbs beginning with a vowel. An apostrophe (') marks the place where the vowel is elided: *Prendi un caffè / un'aranciata? Grazie, l'accetto volentieri.*
* Besides substituting a masculine noun, *lo* can also refer to an entire sentence: *Il fatto è che non ho tempo... A chi lo dici!*

grammatica

27. Complete the dialogues with the correct pronoun (lo, la, li or le).

1. Chi compra la frutta, tu o Luisa? .... compro io.

2. Quando vedi i tuoi genitori? .... vedo questo fine settimana.

3. Voi bevete il vino? Sì, ma .... beviamo solo a cena.

4. Qualcuno di voi vuole delle zollette di zucchero? Sì, ... vogliamo io e Marco.

5. È molto che aspetti l'autobus? .... aspetto da circa dieci minuti.

6. Studi con le tue amiche? Sì, ... aspetto in biblioteca.

partitivi **di** e **ne**

di

un po' di...

Vuoi Vuole Volete	**del**	pane?
	della	pasta?
	degli	spaghetti?
	delle	lasagne?

alcuni / alcune

Ho	**dei**	libri
	degli	amici
	delle	penne

* The partitive **di** is used to indicate an undefined quantity of either an uncountable noun (*pasta, spaghetti*) or a countable noun (*libro / libri*). It corresponds to some / any.
* The preposition **di** becomes **de** when it contracts with the definite articles *lo, l', la* and *le*, and the consonant is doubled. Exception: *il, i* and *gli* (*del, dei, degli*).
* With countable nouns we can use the indefinite article *un / una* and the partitive **di** in the plural form (**un** amico / **degli** amici; **un** libro / **dei** libri; **una** penna / **delle** penne).
  With uncountable nouns we do not usually use the indefinite article *un / una*. We cannot say "un pane" or "un'acqua", but we can say
  un pezzo di pane   (*a piece of bread*)
  una bottiglia d'acqua   (*a bottle of water*)
  un piatto di pasta   (*a plate of pasta*)
* With uncountable nouns we can use the partitive **di** in the singular form (**del** pane, **del** sale, **della** pasta, etc.).

ne

singolare

Quanto vino	bevi?	**Ne**	bevo	poco / tanto/ due bicchieri	Non	**ne**	bevo	**affatto**
Quanta birra				poca / tanta / una lattina				

plurale

Quanti caffè	bevi?	**Ne**	bevo	uno / tanti / tre / pochi	Non	**ne**	bevo	nessun**o**
Quante birre				una / tante / due / poche				nessun**a**

* The partitive **ne** corresponds to the English "of it / of them". It is normally used to answer a question beginning with an interrogative such as *quanto/a/i/e*? It replaces the noun used in the question and is followed by an expression of quantity (*molto, poco, un po', affatto* etc.): *Quanto vino bevi?* **Ne** *bevo un po'* / *Non* **ne** *bevo affatto. Quanti caffè bevi al giorno?* **Ne** *bevo quattro.*
* The partitive *ne* can also be used to answer other questions when you want to indicate a part or fraction of a whole quantity: *Tu bevi il vino? Sì, ma* **ne** *bevo poco.*

Bevi il vino / la birra?	Sì,	**lo**	bevo,	ma	**ne**	bevo	**poco**
		la					**poca**

* You use the direct object pronoun **lo, la, li, le** to indicate something in its wholeness.
* You use the partitive **ne** to indicate a quantity of something.

28. Complete the dialogues with the correct partitive or pronoun.

1. Vuole .... vino, signora?   No, grazie, non .... bevo mai.

2. Quanti mezzi prendi per andare in ufficio?   .... prendo due.

3. Conosci questi ragazzi?   No, ... conosco solo uno.

4. Vuoi .... spaghetti, Carla?   Sì, grazie, ma .... prendo pochi.

5. Ho .... libri d'arte molto belli.   Io, invece, non .... ho nessuno.

6. Quanti anni ha tua figlia?   .... ha dieci.

7. Davvero non volete .... birra?   No, grazie, non .... beviamo.

8. Quanti caffè bevi al giorno?   .... bevo due.

uso delle preposizioni: a, in

Sono / vado	a	casa scuola teatro Torino / Firenze	al	mare lavoro cinema bar parco	all'	estero università
	in	palestra / piscina albergo centro Toscana Italia America	nell'	Italia del Sud	negli	Stati Uniti

* City names always take the preposition *a*. However, if the word *città* is used, the preposition becomes *in*: Vivi in una grande città? Sì, vivo a Milano.
* Country names take the preposition *in*. However, if the country name consists of more than one word or has an adjective, the *preposizione articolata* (contracted preposition) is used (*in Italia*, but: *negli Stati Uniti*).
* The preposition *a* contracts with the definite articles *lo, l', la* and *le*, and the consonant is doubled. Exception: *il, i* and *gli* (*al, ai, agli*).
* The preposition *in* becomes *ne* when it contracts with the definite articles *lo, l', la* and *le*, and the consonant is doubled. Exception: *il, i* and *gli* (*nel, nei, negli*).

VOCABULARY SOS VOCABULARY *Andare a trovare qualcuno* correspond to go to someone's: *Stefano va a trovare Andrea / va da Andrea.* (Stefano goes to Andrea's).

29. Complete the sentences with the correct preposition (simple or contracted).

1. Sono .... Francia per studiare il francese.

2. D'estate andiamo .... mare .... Sicilia.

3. Molti giovani vanno a studiare .... estero, soprattutto .... Paesi di lingua inglese.

4. Viviamo .... Udine, ... Italia del Nord.

5. A che ora vai .... piscina?

6. Quest'anno vado .... vacanza .... Stati Uniti.

7. Lavoro .... Milano, ma abito vicino .... lago di Como.

8. Andiamo .... cinema o .... teatro?

comprensione scritta

30. Choose the correct words in the circles to complete the text.

(berne) (bevande) (espresso) (italiana) (latte) (mondo) (colazione)

Caffè o cappuccino?

"Dolce come l'amore, puro come un angelo, caldo come l'inferno". Queste sono le parole scritte in un bar del centro di Torino. Il caffè e il cappuccino sono le
[1]................................ più bevute al bar. Da secoli l'uomo trae piacere dal caffè, dal suo gusto e dal suo profumo, che producono un effetto "stimolante". Il caffè aumenta la capacità di attenzione e di concentrazione e migliora l'umore. Ma non bisogna [2]................................ troppo!
Anche il modo di preparare il caffè ha la sua importanza: può essere [3]................................ , macchiato, lungo, oppure fatto in casa con la caffettiera che si chiama "moka".
Anche fare un buon cappuccino è un'arte. Questa bevanda calda di origine [4]................................ è diffusa in ogni parte del [5]................................ . È composta principalmente di caffè espresso e [6]................................ "montato a schiuma".
Cappuccino e brioche è la [7]................................ preferita dagli italiani.

[da "Il punto"]

31. Based on what you have just read, decide whether the following statements are true (V) or false (F).

1. Il caffè aumenta la capacità di attenzione e di concentrazione.   V   F

2. Il caffè fatto in casa si chiama "moka".   V   F

3. Il cappuccino è apprezzato in tutto il mondo.   V   F

produzione scritta

32. Complete the dialogue with the missing questions. Use the polite form (Lei).

Sarti .... ?

Rossi No, il sabato non lavoro.

Sarti .... ?

Rossi Di solito resto in casa.

Sarti .... ?

Rossi Beh, guardo la tv, leggo o ascolto musica

Sarti .... ?

Rossi Mia moglie, invece, va in palestra o a fare compere con le amiche.

Sarti .... ?

Rossi La domenica mattina vado a correre al parco.

Sarti .... ?

Rossi La domenica sera di solito andiamo al cinema.

33. Now write a short paragraph about what you usually do during the weekend.

....

....

....

comprensione orale

🎧 **1** 37

34. Complete the conversation while listening to the CD. Each blank corresponds to one word.

Marisa Salve!

Laura Ciao, Marisa! Come mai a .... ?

Marisa Disturbo?

Laura No, ..., entra pure!

Marisa Che cosa .... facendo?

Laura Sto .... un tè: .... un po' anche tu?

Marisa Grazie, lo prendo ....

Laura Allora, ... va?

Marisa Bah! Non .... bene.

Laura Perché? .... male?

Marisa No, male no. Ma sono un .... nervosa. Non so che cosa .... nel fine settimana.

Laura Vuoi dire che non .... più al mare con Matteo?

Marisa .... Lui ha un problema con suo padre che non .... bene.

Laura Io non .... programmi. Se ...., passiamo il fine settimana .... tu e io. Sabato andiamo alla .... di Caravaggio e domenica in piscina. .... conosco una proprio bella.

Marisa D'accordo. Non è come andare al ...., ma va bene lo stesso.

🎧 **1** 37

35. Now listen again to the CD and check your answers.

🎧 **1** 38

36. Listen to the CD and decide whether the following sentences are declarative (.) , **interrogative** (?) **or exclamatory** (!).

1. ___ (.) (?) (!)   3. ___ (.) (?) (!)   5. ___ (.) (?) (!)

2. ___ (.) (?) (!)   4. ___ (.) (?) (!)   6. ___ (.) (?) (!)

produzione orale

37. Work in pairs. One of you is Giorgio, the other one Matteo. Act out the situation described below.

1 Giorgio va a trovare Matteo e lo saluta.

Matteo risponde al saluto, invita Giorgio a entrare e gli chiede se vuole bere qualcosa.

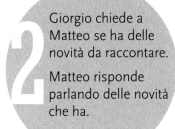

2 Giorgio chiede a Matteo se ha delle novità da raccontare.

Matteo risponde parlando delle novità che ha.

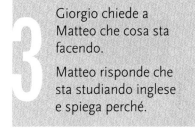

3 Giorgio chiede a Matteo che cosa sta facendo.

Matteo risponde che sta studiando inglese e spiega perché.

mondo italiano

1. *Read the following text and try to understand the general meaning. If you need any help, look at the glossary or ask your teacher.*

GLOSSARIO

in calo: *in decline*

indagine: *survey*

resta: *remains*

viene superato: *is surpassed*

si svolgono: *take place*

frequentatori: *users*

Sempre più italiani in palestra

Il fitness "supera" il calcio

Il calcio perde il primato dello sport più praticato in Italia. Al primo posto, ginnastica, aerobica, fitness e cultura fisica.

IL SORPASSO - **In calo** rispetto alle precedenti **indagini**, il calcio **resta** comunque uno degli sport più praticati con 4 milioni e 152 mila persone, ma **viene superato** da ginnastica, aerobica, fitness e cultura fisica con i loro 4 milioni 320 mila praticanti: se a questo numero si aggiungono anche la danza e il ballo (1 milione e 80 mila persone), discipline che **si svolgono** sempre all'interno delle palestre, il totale arriva a 5 milioni e 300 mila persone, pari al 31 per cento degli sportivi praticanti.

Le motivazioni principali dei **frequentatori** di palestre sono il benessere fisico, sentirsi alla moda e raggiungere il peso forma.

ITALIANI SEDENTARI - Rimane alto il numero dei sedentari, ossia coloro che dichiarano di non praticare sport né attività fisica nel tempo libero: 23 milioni e 300 mila, pari al 41 per cento della popolazione italiana. Gli italiani preferiscono leggere la "Gazzetta dello Sport" o guardare una partita in TV!

[Da il "Corriere della sera", 20 giugno 2007]

2. *Guess the meaning of the Italian words, using the English words in the circles to help you.*

il calcio = ...

il ballo = ...

la palestra = ...

il benessere = ...

l'interno = ...

motivazioni = ...

il peso = ...

praticare sport = ...

sedentario = ...

gym

do sport

well-being

inside

weight · sedentary

football · dancing

reasons

3. Based on what you have just read, decide whether (a) or (b) is correct.

1. Il calcio è...

(a) lo sport più praticato in Italia. (b) uno degli sport più praticati in Italia.

2. Le discipline che si svolgono nelle palestre sono praticate...

(a) da più di 5 milioni di persone. (b) da più di 4 milioni di persone.

3. Il numero degli italiani che fanno sport...

(a) è superiore a quelli che non lo praticano. (b) è più basso di quelli che non lo praticano.

4. Read the text and decide whether the following statements are true (V) or false (F).

Parole "in palestra"
Molte sono le parole relative allo sport e alla danza che la lingua inglese ha prestato all'italiano. La moda della palestra è spesso associata a un lessico caratteristico in cui sono rari i termini italiani. Parole come *body building, fitness* e *wellness* sono ormai diventate familiari per gli italiani che frequentano la palestra e sostituiscono normalmente le forme corrispondenti *culturismo, forma fisica* e *benessere fisico*.

1. In italiano molte parole del linguaggio della palestra sono in inglese.   V   F

2. Culturismo è una parola molto comune.   V   F

3. *Wellness* corrisponde a *benessere fisico*.   V   F

5. Now, speaking in Italian, say whether you regularly go to the gym and, if so, what kind of physical training you do.

giocare a golf

andare in mountain bike · giocare a pallacanestro · fare ginnastica · correre · andare a cavallo · giocare a tennis · fare yoga

verifichiamo le abilità

reading

1. Read the following self-introductions and decide whether ⓐ or ⓑ is correct.

Sono Alessandro, ho 25 anni e vivo a Genova. Nel tempo libero vado al mare a nuotare o faccio vela. In inverno, invece, vado in piscina... ma non è la stessa cosa!

Mi chiamo Enrica Ferraris, sono di Torino. Lavoro molto e non ho tanto tempo libero. Quando posso vado in palestra, voglio tenermi in forma! E nel fine settimana vado a correre al Valentino, un parco in riva al fiume.

Buongiorno, il mio nome è Lorenzo Bianchi, abito in un paese della Toscana. Viaggio molto per lavoro, ma quando sono a casa leggo un buon libro o ascolto musica... mi rilassa molto.

1. Per Alessandro è meglio nuotare...   ⓐ in piscina.   ⓑ al mare.

2. Per stare in forma, Enrica...   ⓐ va in palestra.   ⓑ va a correre al parco.

3. Lorenzo si rilassa molto quando...   ⓐ viaggia per lavoro.   ⓑ legge un libro o ascolta musica.   **PUNTI ▶** `3`

writing

2. Write six sentences about Italian food or drinks you like or that are popular in your country.

1. ....   4. ....

2. ....   5. ....

3. ....   6. ....

PUNTI ▶ `6`

3. Complete the dialogues with the partitive ne or the direct object pronoun (lo, la, li or le) and the correct form of the verb.

1. Voi bevete la birra?   No, non .... mai.

2. Da quanto tempo aspetti l'autobus?   .... da dieci minuti.

3. Quanti anni hai, Clive?   .... diciotto.

4. Vai dal parrucchiere per lavare i capelli?   No, ... da sola.

5. Hai degli amici italiani?   Sì, ... uno, si chiama Luca.

6. Vuoi ancora del caffè?   No, non .... più.   **PUNTI ▶** `6`

listening

🔊 1 39

4. Listen to the four dialogues and match them with the corresponding pictures. Listen once again if necessary.

1. ☐   2. ☐   3. ☐   4. ☐

PUNTI ▶ `4`

speaking

5. Talk about your free time, saying in Italian:

▶ se durante la settimana lavori o studi   ▶ se hai molto tempo libero

▶ se sei felice quando hai tempo libero   ▶ che cosa fai durante il tempo libero

▶ che cosa fai di solito il sabato e la domenica   ▶ con chi trascorri il tuo tempo libero

PUNTI ▶ `6`

PER OGNI RISPOSTA CORRETTA: PUNTI 1 • PER OGNI RISPOSTA ERRATA: PUNTI 0 • PER OGNI RISPOSTA NON DATA: PUNTI 0   **PUNTEGGIO FINALE ▶** `25`

IN GIRO PER LA CITTÀ

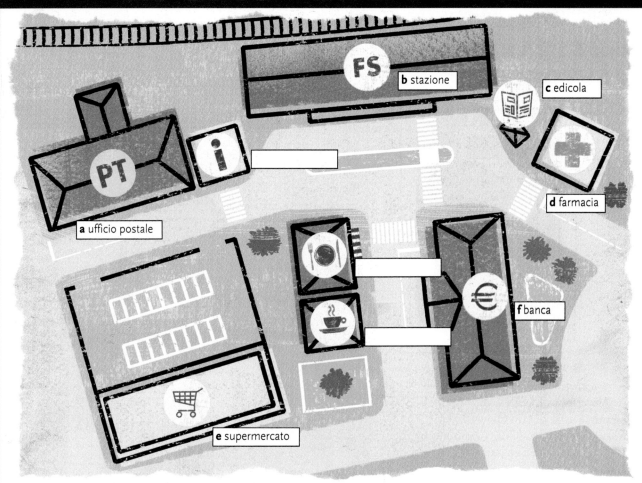

b stazione
c edicola
d farmacia
a ufficio postale
f banca
e supermercato

▶ *Look at the pictures and match the objects (1-6) with the places (a-f).*

1 cartoline ☐ **2** medicinali ☐ **3** carrello ☐ **4** giornale ☐ **5** soldi ☐ **6** treno ☐

Here is what you are going to learn in this Unit:

Communicative goals	locating services, asking for and giving directions, expressing possibility or necessity
Grammar	• 3ª coniugazione regolare (*-ire*): indicativo presente • coniugazione irregolare: indicativo presente di *dire, salire, sapere* • particella *ci* (1) con i verbi *essere* e *volere* • particella *ci* (2) avverbio di luogo • verbi modali (2): indicativo presente di *dovere* e *potere* • pronomi diretti (2) e *ne* (2) con i verbi modali e l'infinito • uso delle preposizioni articolate: *al, allo, alla, all'* • forma impersonale (1) con la particella *si* • imperativo regolare (2)
Lexical area	means of transport, places in the city

1 | 40 | **1. Listen to the dialogue between Margaret and a passer-by and try to find out what Margaret does.**

ASPETTANDO L'AUTOBUS

Margaret Scusi, che autobus devo prendere per andare in piazza San Silvestro?

passante Può prendere il 52.

Margaret Passa di qui? Da via Crispi?

passante No, credo di no. Comunque passa qui vicino, in piazza Barberini.

Margaret Piazza Barberini? E come ci arrivo?

passante Guardi, vada dritto fino al semaforo e giri a destra in via Sistina. Poi alla seconda traversa giri a sinistra.

Margaret Dunque: dritto fino al semaforo, poi a destra, poi giro a sinistra alla prima.

passante No, attenzione: deve girare alla seconda traversa!

Margaret È molto distante da qui?

passante No, a piedi ci vogliono circa dieci minuti.

Margaret E... a quale fermata devo scendere? Lei lo sa?

passante È facile, non può sbagliare: deve scendere al capolinea.

Margaret Come dice, scusi?

passante Al capolinea, cioè all'ultima fermata. Senta, lo sa che non si può salire senza biglietto?

Margaret Oh...! E dove posso comprarlo?

passante All'edicola o dal tabaccaio.

Margaret Grazie mille!

passante Prego, non c'è di che.

(1 40

2. Listen again and decide whether the following statements are true (vero = V) or false (falso = F).

1. Margaret vuole andare in piazza San Silvestro con l'autobus.   V   F

2. La fermata del 52 non è molto lontana.   V   F

3. Margaret deve scendere alla seconda fermata.   V   F

4. Margaret ha già il biglietto dell'autobus.   V   F

5. Il biglietto si compra dal tabaccaio o in edicola.   V   F

(1 40

3. Listen once again while reading along with the text. Then write the sentences that are used in the dialogue to express the following communicative goals:

1. chiedere e dare indicazioni di percorso (*asking for and giving directions*)

....

2. esprimere possibilità (*expressing possibility*)

....

3. esprimere necessità (*expressing necessity*)

....

(1 40

4. Listen and repeat. Pay attention to your pronunciation and intonation.

5. Complete the following sentences from the dialogue with the appropriate words.

1. Piazza Barberini? E come ci .... ?

2. Guardi, vada .... fino al semaforo e .... a destra in via Sistina.

3. È molto .... da qui?

4. E... a quale .... devo scendere?

5. Al .... , cioè all'ultima fermata.

LOCALIZZARE SERVIZI

6. Look at the map on page 91 and decide whether the following statements are true (V) or false (F).

1. L'edicola è vicino alla stazione. **V** **F**

2. La banca è di fronte all'ufficio postale. **V** **F**

3. Il supermercato è a sinistra, di fronte alla farmacia. **V** **F**

4. La farmacia è fra l'edicola e la banca. **V** **F**

7. Correct the false statements in exercise 6 orally.

8. Use the information below and the letters g-h-i to mark the location of the ufficio informazioni, the bar and the ristorante on the map on page 91.

1. L'ufficio informazioni (g) è nella prima traversa a destra, di fronte all'edicola.

2. Il bar (h) è vicino al supermercato.

3. Il ristorante (i) è di fronte alla banca.

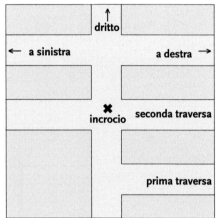

memo

è:

a destra — a sinistra

vicino a — di fronte a

fra

dritto

← a sinistra — a destra →

✖ incrocio — seconda traversa

prima traversa

9. Work in pairs. Look at the map on page 91. Then ask and answer questions in a formal way, as in the example.

● Scusi, c'è una banca qua vicino?

■ Sì, è a destra, vicino alla stazione ferroviaria.

● Grazie.

■ Prego, non c'è di che.

10. Work in pairs, as in the example. Imagine you are both at the point indicated on the map. One of you is looking for a bank, a chemist's, a supermarket and a newsagent's and asks for directions; the other student gives directions, using the map below.

● Scusi, c'è una farmacia in questa zona?

■ Sì, vada sempre dritto. Poi, in piazza Fiume, giri in via Mazzini.

 banca

 supermercato

 farmacia

 edicola

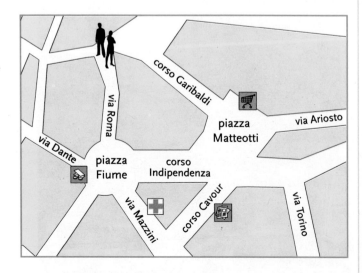

CHIEDERE E DARE INDICAZIONI DI PERCORSO

11. Work in groups of three, as in the example. You and a friend are in Florence and have decided to visit the Museo antropologico, the Battistero and Palazzo Salviati. You stop a passer-by and in turn ask him/her for directions. Looking at the map below, the passer-by tells you how to get from where you are now (✗) to each of the places.

● Scusi, dov'è il Museo antropologico?
■ È in via del Proconsolo.
◆ E come ci arriviamo?
■ Andate sempre dritto, poi girate a sinistra alla quinta traversa.

● memo	
gir**are**	**giri**
and**are**	**vada**

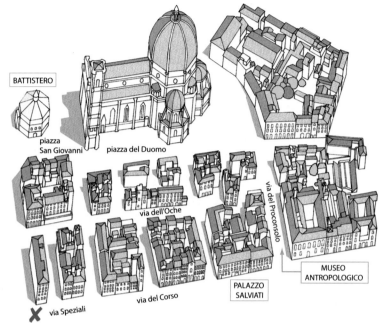

ESPRIMERE POSSIBILITÀ, NECESSITÀ

12. Work in pairs, as in the example. You are in Milan. You have to go to the Stazione Centrale, the Scala and the Duomo and ask a passer-by for information. He/she supplies the necessary information, looking at the pictures below.

● Quale linea della metro devo prendere per la Stazione Centrale?
■ Può prendere la linea gialla, o l'autobus numero 60.

● memo	
dovere	**potere**
devo	posso
devi	puoi
deve	può

13. Complete the sentences with the correct form of the verb _volerci_ and the missing words.

1. Per prendere l'autobus .... il ....

2. Per telefonare da un telefono pubblico .... una ....

3. Per guidare la macchina .... la ....

biglietto

scheda

patente

14. Look at the map and complete the sentences with the appropriate form.

1. Per andare a piedi da piazza San Babila alla Pinacoteca di Brera ....

2. Per andare con la metro da piazza del Duomo a piazza San Babila ....

3. Per andare a piedi da piazza San Babila a via della Spiga ....

Pinacoteca
di Brera

via Brera

via Monte di Pietà

10 minuti

via Sant'Andrea

via della Spiga

● memo
ci vuole
ci vogliono

via Verdi

via Manzoni

via Bigli

via Verri

via Montenapoleone

corso Venezia

½ ora

piazza
della Scala

corso Matteotti

piazza
San Babila

Galleria Vittorio Emanuele

corso Vittorio Emanuele II

5 minuti

M

piazza del Duomo

Pinacoteca
Accademia
Biblioteca Braidense
Ufficio Esportazione

15. Complete the sentences by matching the words in each column.

1. Per comprare le medicine — ci vogliono — due francobolli.

2. Per spedire queste cartoline — ci vuole — un carrello.

3. Per fare la spesa nel supermercato — ci vuole — una piantina.

4. Per vivere in una grande città — ci vuole — la ricetta del medico.

5. Per girare una città come turista — ci vogliono — molti soldi.

GRAMMAR SOS

The particle "ci"
When linked to the verbs _essere, stare, andare, arrivare_ or _tornare_, _ci_ means "here" or "there". When linked to the verb _volere_, _ci_ means "it takes". Unlike English, the verb agrees with the noun it refers to (_Ci vuole un'ora_ - _Ci vogliono molti soldi_).

un mondo di parole

16. Match each place in the picture with the corresponding noun.   **la città**

1. ☐ corso (grande strada)   6. ☐ metropolitana   11. ☐ pizzeria   16. ☐ parcheggio
2. ☐ via   7. ☐ chiesa   12. ☐ teatro   17. ☐ Municipio
3. ☐ piazza   8. ☐ ufficio postale   13. ☐ biblioteca   18. ☐ museo
4. ☐ ospedale   9. ☐ strisce pedonali   14. ☐ farmacia   19. ☐ cinema
5. ☐ fermata dell'autobus   10. ☐ bar   15. ☐ incrocio   20. ☐ semaforo

17. Match the nouns for the following means of transport with the corresponding pictures.

1. ☐ treno
2. ☐ tram
3. ☐ motorino
4. ☐ macchina
5. ☐ autobus
6. ☐ metro

un mondo di parole

---

18. Complete the words with the missing letters.

1. c....pol....nea
2. se...a....oro
3. ....ist....rante

4. ....er....ata
5. bi....lie....to
6. in....ro....io

7. far....ac....a
8. t....ave....sa
9. si...i....tra

10. e...i....ola
11. v...gil....
12. d....s....ra

---

19. Write the nouns that correspond to the following definitions:

1. punto di vendita di giornali e riviste   ....

2. negozio dove si acquistano medicine   ....

3. strada a destra o a sinistra di una principale   ....

4. ultima fermata di un mezzo pubblico   ....

5. apparecchio per regolare il traffico   ....

CULTURE · SOS · CULTURE

Il vigile urbano
This policeman is a typically Italian figure. His duties include controlling the traffic, and therefore also levying fines, e.g. for parking in a no parking zone, or for riding a motorcycle without a helmet. He is also responsible for environmental protection and for enforcing local laws and regulations (such as those regarding opening hours and the prices charged by commercial business).

20. Match the verbs in A with the words in B.

A

1. salire
2. prendere
3. andare
4. girare
5. attraversare
6. scendere

B

a ☐ dal tram
b ☐ a piedi
c ☐ la strada
d ☐ sull'autobus
e ☐ la metro
f ☐ a destra

---

21. Match each road sign with the corresponding definition.

1. ☐ divieto di sorpasso
2. ☐ dare la precedenza
3. ☐ divieto di sosta
4. ☐ attraversamento pedonale

5. ☐ incrocio
6. ☐ senso obbligatorio
7. ☐ senso vietato
8. ☐ divieto di transito

a

b

c

d

e

f

g

h

3ª coniugazione regolare (-ire): indicativo presente

	partire	finire		
(io)	parto	finisco		-o
(tu)	parti	finisci		-i
(lui) (lei) (Lei)	parte	finisce	alle dieci	-e
(noi)	partiamo	finiamo		-iamo
(voi)	partite	finite		-ite
(loro)	partono	finiscono		-ono

* Some third conjugation verbs have an additional *-isc-* in front of the following endings: *-o* (1st person singular), *-i* (2nd person singular), *-e* (3rd person singular) and *-ono* (3rd person person plural). This is the case of the verbs *finire, capire* and *preferire*.
* The verb **partire** can be followed by the prepositions: **da** (Parto **da** Roma), **per** (Parto **per** Firenze), **in** (Parto **in** treno / **in** macchina / **in** aereo), **con** (Parto **con** il rapido delle tre / **con** la macchina di mio fratello), **a** (Parto **a** mezzogiorno / **alle** tre). You can say: Vado **a** Firenze, but not Parto **a** Firenze.

22. Complete the sentences with the correct form of the verbs partire or finire.

1. Io .... in treno e loro .... in macchina.

2. Lei, signora, ... per Milano?

3. I miei genitori .... di lavorare tardi.

4. Marta .... l'università quest'anno.

5. Voi quando .... per Venezia?

VOCABULARY SOS VOCABULARY

There are four verbs in Italian that correspond to the verb "to leave" in English:
partire (to leave, to depart, to go on a trip);
lasciare (to leave a person, place or thing);
uscire (to go out of a place);
andare via (to go away).

23. Complete the sentences with the correct form of the verbs capire, finire or preferire.

1. Lei .... il treno o la macchina, signora?

2. Quando parli in fretta, non ti ....

3. Paolo e Anna .... restare a casa.

4. Quei ragazzi sono stranieri e non .... l'italiano.

5. Quando .... la scuola quest'anno?

coniugazione irregolare: indicativo presente di dire, salire, sapere

	dire		salire		sapere	
(io)	dico		salgo		so	
(tu)	dici		sali		sai	
(lui) (lei) (Lei)	dice	di sì	sale	a piedi	sa	dov'è il museo
(noi)	diciamo		saliamo		sappiamo	
(voi)	dite		salite		sapete	
(loro)	dicono		salgono		sanno	

* In answers, the verb **sapere** is preceded by the direct object pronoun **lo**, which substitutes the whole sentence: **Sa** dove posso trovare un parcheggio? No, mi dispiace, non **lo so**.

24. Complete the conversation with the correct form of the verb dire.

Luca Marco, ... a te, mi senti?

Marco Come .... , scusa?

Luca Carlo e io non abbiamo tempo. Devi andare tu a fare i biglietti per tutti.

Marco D'accordo, ma Gianni che .... ? Siamo sicuri che vuole partire anche lui in treno?

Carlo Be', veramente lui preferisce andare in macchina, ma i suoi genitori .... che sono più tranquilli se parte in treno con noi.

Marco Insomma, voi .... che Gianni parte con noi?

Luca Be', noi .... di sì.

Marco Ok, allora vado subito a fare i biglietti.

There are three verbs in Italian that correspond to the verb "to tell" in English:
dire (to say or tell);
parlare (to speak or talk)
raccontare (to tell, in the sense of narrating).

25. Complete the sentences with the correct form of the verb sapere.

1. Scusi, ... dov'è la fermata dell'autobus?

2. Marco, ... dove posso trovare una farmacia aperta a quest'ora?

3. Forse voi non .... che il sabato le banche sono chiuse.

4. Non .... come si arriva alla stazione, perciò prendiamo un taxi.

5. Io non .... come si arriva in centro.

6. Laura non .... dov'è la Galleria degli Uffizi.

7. Tutti .... che Firenze è una città d'arte.

8. Tu .... che linea della metro dobbiamo prendere?

la particella ci con i verbi essere e volere

con il verbo essere

C'è	una banca un'edicola un museo
Ci sono	diverse banche molti mezzi due semafori

con il verbo volere

Ci vuole	(una) mezz'ora molto tempo un documento
Ci vogliono	due ore molti giorni molti soldi

* When the particle *ci* is linked to the verb *essere*, it indicates the existence or presence of something (*c'è*) or more than one thing (*ci sono*); *c'è* and *ci sono* can also refer to people: *C'è Marisa?* (Is Marisa there?)

* When the particle *ci* is linked to the verb *volere* it indicates the necessity for something (*ci vuole*) or more than one thing (*ci vogliono*): *Per andare da qui al Duomo ci vuole* (it takes) *mezz'ora*; *Per andare da qui al Colosseo ci vogliono* (it takes) *venti minuti*.

particella ci avverbio di luogo

Da quanto tempo	abiti	**a Firenze?**	**Ci**	abito	da tre anni
Quando	vai			vado	domani

* The particle *ci* is used to refer to a place mentioned previously.

* When linked to stative or motion verbs, the particle *ci* refers to a place: *Da quanto tempo vivi a Firenze? Ci vivo da 3 anni.* (How long have you been living in Florence? I've been living **here** for 3 years). *Quando vai a Roma? Ci vado domani.* (When are you going to Rome? I'm going **there** tomorrow).

26. In each sentence choose the correct form of the particle ci + essere.

1. Davanti alla mia casa *c'è* / *ci sono* una piccola piazza.

2. In quest'albergo *c'è* / *ci sono* persone di varie nazionalità.

3. Scusi, sa se *c'è* / *ci sono* una banca qui vicino?

4. In questa traversa *c'è* / *ci sono* due semafori.

5. In questa zona *c'è* / *ci sono* un solo supermercato.

27. In each sentence choose the correct form of the particle ci + volere.

1. Per finire il lavoro *ci vuole* / *ci vogliono* molti giorni.

2. Per arrivare in centro *ci vuole* / *ci vogliono* ancora dieci minuti.

3. Per comprare una casa *ci vuole* / *ci vogliono* molto denaro.

4. Per vivere bene *ci vuole* / *ci vogliono* molti soldi.

5. *Ci vuole* / *Ci vogliono* ancora due fermate prima di arrivare al capolinea.

28. Complete the dialogues with the particle ci and the correct form of the verbs essere, volere or andare.

1. Scusi, quanto tempo .... per la stazione?

   Se va a piedi, ... venti minuti.

2. Sai se .... una farmacia in questa zona?

   No, non lo so.

3. Lei va spesso al supermercato, signora?

   No, ... una volta alla settimana.

4. Quanti mezzi .... per arrivare in piazza del Duomo?

   Non lo so, perché io .... sempre a piedi.

5. All'edicola qui vicino .... anche giornali stranieri?

   Sì, ... sempre.

verbi modali: indicativo presente di **dovere** e **potere**

	dovere	potere	
(io)	**devo**	**posso**	
(tu)	**devi**	**puoi**	
(lui) (lei) (Lei)	**deve**	**può**	girare a sinistra voltare a destra comprare i biglietti all'edicola prendere l'autobus
(noi)	**dobbiamo**	**possiamo**	
(voi)	**dovete**	**potete**	
(loro)	**devono**	**possono**	

✳ Unlike the verb **volere** (see unità 4), **dovere** and **potere** only function as modal verbs and they are normally followed by an infinitive, which in the answer to a question can be omitted to avoid repetition. *Posso girare a destra? Sì, puoi; Devi proprio andare? Sì, devo.*

The verb **potere** corresponds to the verbs "can / be able to" and "may". *Puoi venire con noi, se vuoi. Scusate, posso fare una domanda?*
When referring to abilities and languages, the verbs **sapere** and **parlare** are used respectively. *Marco sa giocare a tennis? Lei parla anche il francese?*

The verb **dovere** corresponds to the verbs "must" and "have to". In negative sentences it can correspond either to "mustn't" or "needn't / don't have to". *Non dovete salire sull'autobus senza biglietto.* (You mustn't get on the bus without a ticket).
Non dovete prendere l'autobus, vi porto io in macchina. (You don't have to take / needn't take the bus; I'll take you there in my car).

grammatica

29. Complete the sentences with the correct form of the verbs in brackets.

1. Marta (*dovere*) .... tornare presto a casa, perché non ha le chiavi.

2. Anche loro (*volere*) .... venire con noi, ma non (*potere*) ....

3. (*Volere*) .... un caffè, signora? Grazie, ma a quest'ora non lo (*potere*) .... prendere.

4. Se tu (*volere*) .... trovare un lavoro, (*dovere*) .... cercarlo anche in altre città.

5. Scusa, (*potere*) .... aiutarmi a portare la valigia?

pronomi diretti e **ne** con i verbi modali e l'infinito

Dove posso trovare	un supermercato?		
	una farmacia?		
	dei giornali stranieri?		
	delle cartoline?		

Lo	può trovare	
	Può trovar-	**lo**
La	può trovare	
	Può trovar-	**la**
Li	può trovare	
	Può trovar-	**li**
Le	può trovare	
	Può trovar-	**le**

qui vicino

* Usually the direct object pronouns *lo*, *la*, *li* and *le* and the particle *ne* come right before the conjugated verb. However, if the conjugated verb is followed by an infinitive, the object pronouns and the particle *ne* can combine with it to form one word. In this case, the infinitive drops the final -*e*: *Lo* posso comprare / Posso comprar*lo*.

Dobbiamo prendere due mezzi?

Sì,

ne dovete prendere due
dovete prender**ne** due

30. Complete the dialogues with the appropriate direct object pronouns (lo, la, li or le) or the particle ne **and the correct form of the verbs.**

1. Dove posso comprare una bella borsa, Piero? .... in via Condotti.

2. Quante valigie posso portare? .... soltanto una, signora.

3. Quando vuole leggere il giornale, dottor Marini? .... subito.

4. Quanti biglietti volete prendere? .... cinque.

5. Dove possiamo trovare un supermercato? .... al semaforo.

preposizioni articolate: **al**, **allo**, **alla**, **all'**

Vada fino	**(a + il)**	**al**	capolinea
	(a + lo)	**allo**	stadio
	(a + la)	**alla**	prima fermata
Scenda	**(a + l')**	**all'**	angolo / incrocio
			ultima fermata

* When the preposition *a* contracts with the definite articles *lo*, *l'*, *la* or *le* the consonant is doubled. Exception: *il* and *gli* (*al*, *agli*). For a complete list of contracted prepositions, see unità 6.

31. Complete the sentences with the correct form of the prepositions (simple or contracted).

1. Devo andare .... edicola per comprare i biglietti dell'autobus.

2. Girate .... destra e poi andate dritto fino .... semaforo.

3. Svolti .... angolo e prenda la seconda traversa .... sinistra.

4. Per andare .... stadio dovete scendere .... capolinea e poi fare un po' di strada .... piedi.

5. .... incrocio si deve girare .... destra.

forma impersonale con la particella si

Qui	si	può	stare
	non si		girare
			entrare

VOCABULARY SOS VOCABULARY · Here are some cases in which the impersonal form is normally used:
Come si *dice* in italiano...?
Come si *scrive*...?
Come si *pronuncia*...?
Come si *fa* ad arrivare alla stazione da qui?
Come si *va* a piedi in centro?

* This is the most common impersonal form. It is constructed by putting the particle **si** in front of the third person singular form of a verb that is not followed by a noun.

32. Complete the sentences with the impersonal form of the verbs in brackets.

1. In treno (*viaggiare*) .... comodamente.

2. Per arrivare al parcheggio (*girare*) .... a sinistra.

3. Nell'autobus (*stare*) .... spesso in piedi.

4. Nel centro storico non (*entrare*) .... in macchina.

5. In questo bar (*potere*) .... stare fino a tardi.

6. Per il centro (*andare*) .... in quella direzione.

7. Scusi, come (*arrivare*) .... in piazza del Duomo?

8. Non prendo mai l'autobus perché (*dovere*) .... aspettare troppo.

9. Da questa via non (*potere*) .... passare perché c'è il senso vietato.

10. Per lo stadio (*scendere*) .... alla fermata prima del capolinea.

imperativo regolare

	tu (informale)	Lei (formale)	noi	voi (formale e informale)
gir**are**	gir**a**!	gir**i**!	gir**iamo**!	gir**ate**!
prend**ere**	prend**i**!	prend**a**!	prend**iamo**!	prend**ete**!
sent**ire**	sent**i**!	sent**a**!	sent**iamo**!	sent**ite**!

* For verbs ending in **-are**, the 1st and 2nd person plural forms (*noi* and *voi*) are the same as for the present indicative; the 2nd person singular (*tu*) is formed by dropping the infinitive ending **-re** of the verb (*girare - gira!*)

* For verbs ending in **-ere** and **-ire**, the 2nd person singular (*tu*) and the 1st and 2nd person plural forms (*noi* and *voi*) are the same as for the present indicative.

* The 3rd person singolar form (*Lei*) of the verb *andare* is irregular (*Vada* dritto).

33. Complete the sentences with the correct form of imperative of the verbs in brackets.

1. Se volete arrivare in tempo, (*prendere*) .... un taxi.

2. (*Scusare*) .... , lo sa che non si può girare a sinistra?

3. Quando arrivi al semaforo, (*girare*) .... subito a destra.

4. Se vuoi, (*leggere*) .... pure il mio giornale.

5. Quando vai al bar, (*comprare*) .... un panino per Ugo.

6. Se non vuoi sbagliare strada, (*guardare*) .... la piantina della città.

7. Per andare al Duomo, (*scendere*) .... alla quarta fermata, signora.

8. Ragazzi, (*uscire*) .... presto, così potete vedere più cose.

9. Se non conosci il percorso, (*chiedere*) .... indicazioni a un passante.

10. Dottore, (*telefonare*) .... a Sua moglie appena possibile.

comprensione scritta

34. Read the following text and try to understand the general meaning. Then write the words that correspond to the definitions below.

Mezzi di trasporto urbani

I mezzi più usati per muoversi in città sono gli autobus e i tram. Nelle grandi città, come Milano, Roma, Napoli e Torino, si può prendere anche la "metro", cioè la metropolitana. Lo stesso biglietto è valido per tutti i mezzi pubblici e le tariffe sono relativamente basse, al di sotto della media europea. Spesso, però, i mezzi pubblici arrivano in ritardo e sono molto affollati, e per questo motivo molta gente preferisce usare la macchina, anche se la benzina in Italia è piuttosto cara e parcheggiare in città è molto difficile. Di conseguenza, soprattutto nelle ore di punta, il traffico è congestionato e il livello di inquinamento da smog è alto.
Quando la stagione lo consente, molti usano lo scooter che, oltre a essere più economico dell'auto, permette di muoversi più agevolmente nel traffico cittadino. Soprattutto in alcune città non molto grandi anche la bicicletta è un modo di evitare il traffico.

prezzo del biglietto ....   ore della giornata di grande traffico ....

pieno di gente ....   presenza di smog e sostanze nocive ....

produzione scritta

35. Paul is looking for a bank and asks a passer-by for directions. Complete the dialogue.

Paul .... ?

passante Sì, ce n'è una in via Mazzini.

Paul .... ?

passante No, non è molto distante da qui. Ci vuole un quarto d'ora a piedi.

Paul .... ?

passante Vada dritto per questa via, attraversi la piazza e al semaforo giri a sinistra.

Paul Sono stanco di camminare con questo caldo.
.... ?

passante Allora, può andarci con l'autobus. Con il 45, credo.

Paul .... ?

passante Guardi, è laggiù, vicino all'edicola.

Paul .... ?

passante Alla seconda fermata.

Paul ....

passante Di nulla.

36. Write how you get to school from your home describing the way you go and what means of transport you have to use.

....
....

comprensione orale

🔊 1 41

37. Listen to the dialogue while looking at the map of the centre of Milan. Then mark the route that Mr. Schatz has to go to the Pinacoteca di Brera.

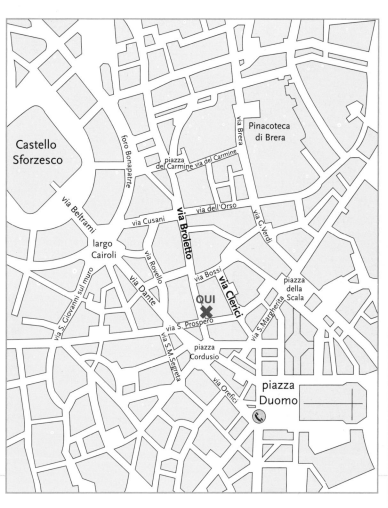

🔊 1 41

38. Now listen once again to the dialogue and check whether the route you have marked is correct or not.

produzione orale

39. Work in pairs. Look at the map above carefully and act out the following situations.

● Tu sei un turista. Sei in via Clerici e vuoi andare a vedere il Castello Sforzesco; chiedi a un passante qual è il percorso da seguire per arrivarci.

■ Tu sei il passante; dai le informazioni richieste guardando la pianta.

● Immagina di vivere nel centro di Milano; scegli un indirizzo.

■ Vuoi andare a casa di ●: lo / la chiami dal telefono pubblico segnato sulla piantina e chiedi a lui / a lei informazioni sul percorso da seguire.

● Dai le informazioni richieste.

Piazza del Campo a Siena

Piazza Navona a Roma

1. Read the following text and try to understand the general meaning. If you need any help, look at the glossary or ask your teacher.

Città italiane

La maggior parte delle città italiane ha origini millenarie: spesso **sorgono** su antiche città romane e ne **conservano** alcuni elementi. La pianta di una tipica città romana è di forma rettangolare, **presenta** due strade principali e una serie di strade più piccole che si incrociano e la dividono in **isolati** regolari; la città è inoltre circondata da mura in cui si aprono delle porte. Questo schema è tuttora visibile in città **fondate** in epoca romana, come Torino e Pavia.

L'Italia è ricca di città d'arte, che **evocano** l'atmosfera non solo di un'antica città romana, ma anche medievale, rinascimentale o barocca.

La struttura di alcune città dipende invece dal territorio su cui sorgono. Questo è evidente in città come Genova o Napoli, che **si affacciano** su un golfo, o Venezia, che **si sviluppa** su 118 piccole isole, divise da 177 canali e collegate da circa 400 piccoli ponti.

Il centro storico e la piazza

Come il centro della vita politica, sociale, economica della città romana è il foro, cioè la piazza centrale, così il cuore della maggior parte delle città italiane è rappresentato dalla zona più antica, il centro storico, dove si trovano in genere i palazzi e i monumenti principali. Qui sorgono una o più piazze, sede del potere civile (il Municipio), della fede (la chiesa Cattedrale) e del popolo, che le usa per mercati, feste e **raduni**.

Alcune piazze costituiscono uno scenario quasi intatto delle diverse epoche della città.
- Piazza del Campo è il cuore della città di Siena. Per la sua forma a conchiglia, per i palazzi che vi si affacciano, è sicuramente la più bella piazza medievale d'Italia.
- Tra le molte piazze di Torino, piazza Castello è quella che maggiormente conserva l'impronta del passato. Al centro, c'è palazzo Madama, prima porta romana, poi fortezza medievale e successivamente dimora reale. La piazza è circondata su tre lati da portici.
- Piazza Navona è la più bella piazza barocca di Roma. La sua forma è quella di un antico stadio romano. Al centro, la fontana dei Quattro Fiumi, realizzata da Gian Lorenzo Bernini.

GLOSSARIO

sorgono: *stand*

conservano: *keep*

presenta: *contains*

isolati: *blocks*

fondate: *founded*

evocano: *evoke*

si affacciano: *they overlook*

si sviluppa: *it develops*

raduni: *gathering*

lazzo Madama a Torino

2. Guess the meaning of the Italian words, using the English words in the circles to help you.

si incrociano = ...

gli isolati = ...

le mura = ...

i ponti = ...

il cuore = ...

la conchiglia = ...

l'impronta = ...

medievale = ...

rinascimentale = ...

Renaissance

intersect

bridges　　　　**shell**

walls

heart　　**mark**

blocks

medieval

3. Based on what you have just read, decide whether ⓐ or ⓑ is correct.

1. La struttura delle città di origine romana è di forma...

　ⓐ rettangolare. ⓑ circolare.

2. Il centro storico è...

　ⓐ la piazza principale di una città. ⓑ la parte più antica di una città.

3. La sede del potere civile è...

　ⓐ il Municipio. ⓑ la Cattedrale.

4. Speaking in Italian, describe some of the differences between Italian cities and those in your country.

verifichiamo le abilità

reading

1. Choose the correct words in the circle to complete the dialogue between a motorist and a traffic policeman.

automobilista	Scusi, ... si .... a Villa Borghese? Posso girare a sinistra?
vigile	No, in quella direzione non si .... andare, perché .... senso vietato.
automobilista	Allora dove devo .... ?
vigile	.... avanti ancora per cento metri e dopo il semaforo .... a destra.
automobilista	Alla prima o alla .... ?
vigile	Subito alla .... a destra.
automobilista	Bene, ma dopo dove devo .... ?
vigile	Deve .... a sinistra per entrare .... villa Borghese.
automobilista	C'è un .... per mettere l'auto, vero?
vigile	Sì, ...; è grande e .... sempre posti liberi.

ci sono
può   giri   c'è
arriva   come   è
vada   seconda   andare
prima   girare (x 2)
dentro
parcheggio

PUNTI ▶ 15

writing

2. Rearrange each set of words below to form a complete sentence.

1. Margaret / capolinea, / scendere / al / deve / ultima / cioè / fermata. / all'
....

2. non / biglietto / può / Senza / sull' / si / salire / autobus.
....

3. come / Scusi, / stazione? / ad / faccio / alla / arrivare

PUNTI ▶ 3

....

3. Choose six places in your city and write a sentence with each of them.

1. ....   4. ....
2. ....   5. ....
3. ....   6. ....

PUNTI ▶ 6

listening

4. Listen to the two dialogues and match them with the corresponding pictures.

a ☐
b ☐

PUNTI ▶ 2

speaking

5. Answer the following personal questions in Italian:

▶ per girare in città usi di solito l'autobus o la macchina, oppure vai a piedi?

▶ nella tua città il biglietto si deve acquistare prima di salire su un mezzo pubblico? Se no, come si fa?

▶ nella tua città i biglietti dell'autobus o della metro sono cari o abbastanza economici?

▶ quando non sai che strada devi prendere, preferisci chiedere informazioni a un passante o guardare la piantina della zona?

PUNTI ▶ 4

PER OGNI RISPOSTA CORRETTA: PUNTI 1 • PER OGNI RISPOSTA ERRATA: PUNTI 0 • PER OGNI RISPOSTA NON DATA: PUNTI 0   PUNTEGGIO FINALE ▶ 30

IN ALBERGO

▶ *Look at the pictures and complete the following sentences.*

● **cassettone** ● **comodino** ● **lampada** ● **poltrona** ● **porta** ● **televisore**

A

1. Il .... è vicino al letto.

2. La .... è a sinistra del letto.

3. La .... è sopra il comodino.

B

1. Il .... è di fronte al letto.

2. La .... è a destra della finestra.

3. Il .... è sopra il cassettone.

Here is what you are going to learn in this Unit:

Communicative goals	greeting people and returning greetings (2), asking and saying names, spelling words, locating objects, asking for and giving information about a place, talking about prices
Grammar	• preposizioni semplici e articolate (2): quadro generale • uso delle preposizioni (2): *a, da, di, in, su* • locuzioni preposizionali: *in fondo a, vicino a, di fronte a, davanti a, a sinistra di, a destra di, fuori di, sopra, sotto, dietro, dentro* • coniugazione irregolare: indicativo presente di *dare* • verbi in *-care* e *-gare*: indicativo presente • plurali irregolari
Lexical area	rooms, amenities

lingua in contesto

ALLA RECEPTION

receptionist	Buonasera! Desidera?
sig. Jackson	Mi chiamo Tom Jackson. Ho una camera prenotata per questa notte.
receptionist	Jack... Può ripetere il cognome lettera per lettera, per favore?
sig. Jackson	I lunga, a, ci, cappa, esse, o, enne.
receptionist	Vediamo... ah, sì, ecco: è la camera 423, una singola con bagno.
sig. Jackson	Dà sull'interno?
receptionist	No, sulla strada.
sig. Jackson	Allora è certamente rumorosa. Non c'è una camera silenziosa sull'interno?
receptionist	Spiacente, signore, per stasera tutte le singole sull'interno sono occupate. C'è una doppia...
sig. Jackson	Quanto costa a notte?
receptionist	Centodieci euro, mentre la singola costa novantasette euro.
sig. Jackson	La colazione è inclusa?
receptionist	Sì, certo.
sig. Jackson	Se non si può fare diversamente, pazienza! C'è il telefono, vero?
receptionist	Sì, ci sono tutte le comodità, anche la televisione.
sig. Jackson	Bene, allora prendo la doppia.
receptionist	D'accordo! È la camera 312, al terzo piano.
sig. Jackson	Bene. Scusi, dov'è l'ascensore?
receptionist	In fondo a destra. Ah, se crede, può cenare nel ristorante dell'albergo. Si mangia molto bene.
sig. Jackson	Ah, e a che ora si cena?
receptionist	Dalle diciannove alle ventidue.

(1 43)

2. Listen again and decide whether the following statements are true (vero = V) or false (falso = F).

1. Tom Jackson prenota una camera. **V** **F**

2. La camera singola è silenziosa. **V** **F**

3. Tom Jackson vuole una camera sull'interno. **V** **F**

4. Tom Jackson chiede dov'è il ristorante. **V** **F**

5. La colazione non è inclusa. **V** **F**

(1 43)

3. Listen once again while reading along with the text. Then write the sentences that are used in the dialogue to express the following communicative goals:

1. dire il nome
   (saying names)

   ....

2. compitare
   (spelling words)

   ....

3. localizzare oggetti
   (locating objects)

   ....

4. parlare di prezzi
   (talking about prices)

   ....

(1 43)

4. Listen and repeat. Pay attention to your pronunciation and intonation.

5. Complete the following sentences from the dialogue with the appropriate words.

1. Ho una .... prenotata per questa notte.

2. È la camera 423, una .... con bagno.

3. Quanto .... a notte?

4. Sì, ci sono tutte le ...., anche la televisione.

5. Bene. Scusi, ... l'ascensore?

6. Se crede, può .... nel ....
   dell'albergo.

SALUTARE E RISPONDERE AL SALUTO

6. *In each balloon, write a greeting that is appropriate to the situation.*

> *Ciao!*
> *Ciao!*
> *Salve!*
> *A presto!*

● memo

tu	Lei / voi
Ciao!	Buongiorno!
Salve!	Buonasera!
Ci vediamo!	Ci vediamo!
Arrivederci!	Arrivederci!
A presto!	ArrivederLa!

VOCABULARY SOS VOCABULARY

Ciao is a very common informal greeting. It is used when you arrive at/leave a place or meet/leave people you are familiar with. When talking to your teacher you can't use **ciao** if you address him/her with *Lei* and not *tu*.
Salve is an informal greeting and it is used when you arrive at a place or meet one or more than one person.
ArrivederLa is a formal way to say goodbye. It is used when you leave one person (either male or female) you aren't familiar with.
Arrivederci is informal.
Buongiorno and **buonasera** are usually used in formal situations when you arrive at/leave a place or meet/leave one or more than one person. *Buongiorno* is usually used from the morning up to early afternoon; *buonasera* is usually used from mid-afternoon to night. The shift from *buongiorno* to *buonasera* does depend, however, on both regional and individual habits.
Buonanotte is used to say goodbye to one or more than one person before going to bed.

(1 44)

7. *Now listen to the CD and check your answers.*

(1 45)

8. *Listen to the conversation and write the different greetings you hear; then circle the formal ones.*

....

....

CHIEDERE E DIRE IL NOME, COMPITARE

(1 46)

9. *Listen to the four dialogues and write the names that are spelled out.*

1. ....   2. ....   3. ....   4. ....

LOCALIZZARE OGGETTI

1 47

10. *While looking at the picture below, listen to the description of the hotel hall and decide whether the following statements are true (V) or false (F).*

1. La poltrona è di fronte al mobile TV.   V   F
2. La lampada è vicino alla poltrona.   V   F
3. Il televisore è sopra il mobile TV.   V   F
4. L'ascensore è in fondo alla hall.   V   F
5. Il receptionist è dietro il bancone.   V   F
6. Il tappeto è sotto il divano.   V   F
7. Il tavolino è a destra del divano.   V   F
8. Gli ombrelli sono dentro il portaombrelli.   V   F
9. Il divano è a sinistra della poltrona.   V   F
10. Il divano è davanti al tavolino.   V   F

11. *Work in pairs. Using the picture in exercise 10, ask and answer questions about the amenities in the hall, as in the example.*

● C'è una poltrona nella hall?
■ Sì, c'è.
● E dov'è?
■ È vicino al divano.

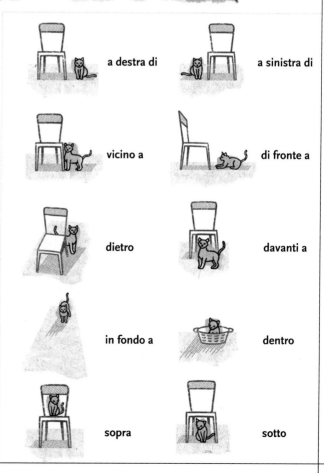

a destra di

a sinistra di

vicino a

di fronte a

dietro

davanti a

in fondo a

dentro

sopra

sotto

CHIEDERE E DARE INDICAZIONI DI LUOGO

1 48

12. Listen to the CD and complete the plan with the missing headings.

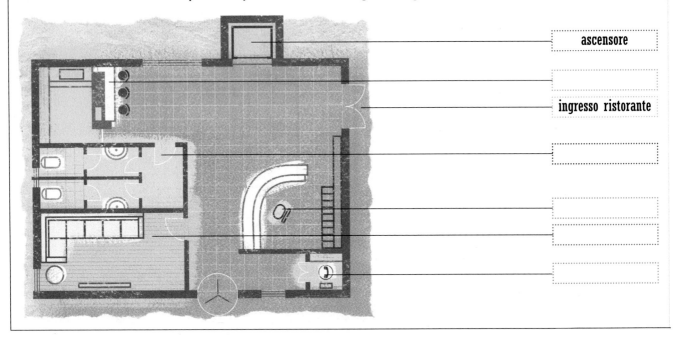

ascensore

ingresso ristorante

PARLARE DI PREZZI

13. Work in pairs. In turn ask and answer questions about the prices of the rooms listed in the different hotel brochures below, as in the example.

● Quanto costa una camera singola all'Hotel Europa?

■ Costa 150 euro al giorno. E una doppia?

● Costa...

Hotel **Europa**

Camera singola   € 150

Camera doppia   € 250

Suite   € 400

Prima colazione   € 25

Albergo
COLOSSEO

Camera singola   € 70

Camera doppia   € 95

Prima colazione   € 25

Casa Rosa

BED AND BREAKFAST

Camera singola   € 85

Camera doppia   € 120

Prima colazione inclusa

*Grand Hotel
delle Terme*

★★★★

Camera singola   € 125

Camera doppia   € 190

Prima colazione inclusa

14. Work in pairs. In turn ask and answer questions about the prices.

● Quanto costa un biglietto dell'autobus?

■ Costa un euro. E un caffè?

 € 1

 € 1

 € 10

 € 12

biglietto dell'autobus   caffè   guida turistica   biglietto del museo

un mondo di parole

15. *Match each object in the picture of the hotel room with the corresponding noun.*

la camera

1. ☐ letto
2. ☐ comodino
3. ☐ lampada
4. ☐ tavolino
5. ☐ televisore

6. ☐ scrivania
7. ☐ sedia
8. ☐ poltrona
9. ☐ cuscino
10. ☐ lenzuola

11. ☐ coperta
12. ☐ armadio
13. ☐ finestra
14. ☐ tenda
15. ☐ condizionatore

16. ☐ specchio
17. ☐ lavandino
18. ☐ doccia
19. ☐ asciugamano
20. ☐ telefono

16. *In each line, find the odd word out.*

1. poltrona	asciugamano	sedia	tavolo	divano
2. doccia	vasca	specchio	letto	lavandino
3. buongiorno	prego	buonasera	arrivederci	salve
4. asciugamano	lenzuolo	cuscino	coperta	poltrona

17. *Write the opposite of the following words.*

1. dentro ....
2. doppia ....
3. giorno ....
4. occupato ....
5. rumoroso ....
6. sinistra ....
7. sopra ....
8. economico

18. Fill in the missing words. Then complete each sentence with the correct verb.

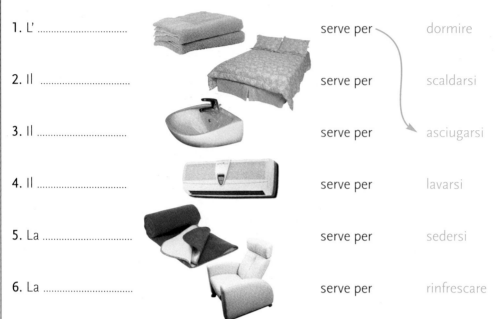

1. L' ....   serve per   dormire

2. Il ....   serve per   scaldarsi

3. Il ....   serve per   asciugarsi

4. Il ....   serve per   lavarsi

5. La ....   serve per   sedersi

6. La ....   serve per   rinfrescare

19. Complete the crossword.

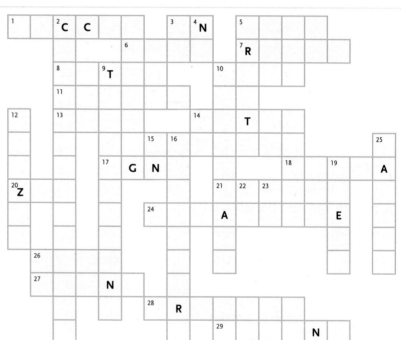

Orizzontali
1. Si trova nel bagno.
3. Preposizione.
5. Il contrario di *male*.
6. Costoso.
7. Si ascolta.
8. Viene dopo la sera.
10. Anche.
11. Il contrario di *davanti*.
13. Il giorno prima di oggi.
14. Si trova in camera.
15. Lo sono *io, tu, noi*, ecc.
17. Ciascuno.
18. Il contrario di *sotto*.
20. Il fratello del padre o della madre.
21. Di solito sono accompagnati da sedie.
24. Il primo pasto della giornata.
26. Il numero 8, in lettere.
27. Voglia di dormire.
28. Si mettono dentro gli abiti.
29. Di solito è accompagnato da poltrone.

Verticali
2. Si accende quando fa caldo.
4. Negazione.
5. Il contrario di *bello*.
9. Si accende quando fa freddo.
10. È meglio farlo per trovare posto in albergo (verbo).
12. Si chiede prima di comprare qualcosa.
14. Articolo e pronome maschile.
16. Il contrario di *andare via*.
19. Il contrario di *vuoto*.
22. Prima e ultima lettera dell'alfabeto.
23. Pronome personale plurale.
25. Negli alberghi può essere singola o doppia.

grammatica

preposizioni semplici e articolate: quadro generale

	il	lo	la	l'	i	gli	le
a	al	allo	alla	all'	ai	agli	alle
da	dal	dallo	dalla	dall'	dai	dagli	dalle
su	sul	sullo	sulla	sull'	sui	sugli	sulle
di	del	dello	della	dell'	dei	degli	delle
in	nel	nello	nella	nell'	nei	negli	nelle

con	il	i	anche	**col**	**coi**
per	lo	gli			
	l'	le			
fra (tra)	la	Le			

* The prepositions *a*, *da* and *su* contract with the definite article, which in some cases (with *lo*, *la*, *l'* and *le*) doubles the consonant.
* The prepositions *di* and *in* become *de* and *ne* when they contract with the definite article.
* The preposition *con* doesn't usually contract with the article. When it does, it contracts only with the *il* and *i* forms.
* The preposition *per* and *fra* (*tra*) never contract with the article.
* Prepositions do not contract with the indefinite article.

uso delle preposizioni: a, da, di, in, su

Dov'è	il	telefono? bar? ristorante?
	l'	ascensore? armadio? edicola?
	la	camera? chiave? tv?

È	**sul** comodino **di** fronte **al** ristorante **in** fondo **alla** hall
	in fondo **a** destra **di** fronte **alla** finestra **nella** piazza
	al terzo piano **alla** reception **a** sinistra **della** porta

Vado	**a**	casa scuola teatro
	al	cinema concerto ristorante
	dal	medico dentista panettiere
	in	albergo banca centro palestra ufficio

SOS VOCABULARY

Vado in banca (an unspecified bank)
Vado alla Banca d'Italia (a specific bank)
Vado in albergo (an unspecified hotel)
Vado all'Albergo Rossini (a specific hotel)

* With state or motion verbs followed by proper nouns, profession nouns, personal pronouns or possessives relating to people, the preposition *da* is always used (*Sono / Vado da Mario; Vado dal dentista; Torno da te; Abito dai miei amici*).

20. *Complete the answers with the correct verb and preposition.*

1. Dove vai, Marta? .... scuola.

2. Dove va, signorina? .... medico.

3. Dove va, signor Neri? .... avvocato.

4. Dove vai, Pietro? .... dentista.

5. Dove andate, ragazzi? .... centro.

21. *Complete the sentences with the correct form of the preposition (simple or contracted).*

1. Prima vado .... banca e poi .... palestra.

2. Vai .... albergo o .... casa di amici?

3. Andiamo .... tabaccaio .... angolo.

4. Marta sta andando .... fermata dell'autobus.

5. Giorgio va prima .... dentista e poi .... Franco.

grammatica

locuzioni preposizionali

in fondo	al	corridoio
vicino	all'	albergo
di fronte/davanti	alla	finestra
a sinistra	del	letto
a destra	dell'	armadio
fuori	della dalla	porta

ma

sopra	il	letto
sotto	la	finestra
dietro	la	porta
dentro	l'	armadio

22. Complete the compound prepositions in the following sentences.

1. Il bar è .... fronte .... ristorante.

2. Il telefono è davanti .... reception .... sinistra.

3. La toilette è .... fondo .... bar .... destra.

4. L'edicola è .... piazza .... fondo .... questa strada.

5. Il tabaccaio è vicino .... incrocio.

6. Le scale sono a destra .... ascensore, ... fondo alla hall.

coniugazione irregolare: indicativo presente di dare

(io) (tu)	do dai		
(lui) (lei) (Lei)	dà	la chiave la valigia	al portiere
(noi) (voi) (loro)	diamo date danno		

✳ The 3rd person singular is written with an accent (*dà*) to distinguish it from the preposition *da*.

23. Complete the sentences with the correct form of the verb dare.

1. Il sabato sera .... la macchina a mio figlio.

2. Lei a chi .... le chiavi di casa quando parte?

3. Voi quando .... l'esame?

4. Loro .... la casa al mare ai parenti e noi la .... ai nostri amici.

5. Tu a chi .... il numero dell'albergo quando arrivi?

24. Complete the answers with the direct object pronoun (lo, la, li or le) and the correct form of the verb dare.

1. A chi dai il numero del tuo cellulare? .... a poche persone.

2. Dove danno l'ultimo film di Gabriele Muccino? .... al cinema Vittoria.

3. Tuo fratello a chi dà le chiavi di casa quando parte? .... a me.

4. A chi date lavoro quando ne avete troppo? .... a un giovane architetto.

5. A chi dai la macchina quando non la usi? .... a mia sorella.

verbi in -**care** e -**gare**: indicativo presente

	cercare			pagare	
(io) (tu)	cer**co** cer**chi**			pa**go** pa**ghi**	
(lui) (lei) (Lei)	cer**ca**	un'altra casa, perché ora		paga	troppo
(noi) (voi) (loro)	cer**chiamo** cer**cate** cer**cano**			pa**ghiamo** pa**gate** pa**gano**	

✳ Verbs in -*care* and -*gare* add an "h" in the 2ⁿᵈ person singular (*tu*) and the 1ˢᵗ person plural (*noi*) in order to keep the hard /k/ and /g/ sound of the infinitive in front of the vowel *i*.

25. Complete the sentences with the correct form of the verb cercare.

1. Che cosa .... , Luca? .... le chiavi della macchina.

2. Franco .... un albergo non troppo caro.

3. Se .... un buon ristorante, vi do io l'indirizzo.

4. .... dei biglietti per l'autobus: dove possiamo trovarli?

5. Sono molte le persone che .... un lavoro.

26. Complete the dialogues with the correct form of the verb pagare.

1. Lei quanto .... per l'appartamento? .... 400 euro al mese.

2. Voi quanto .... per l'autobus? Noi .... 18 euro alla settimana.

3. Tu .... tanto per il garage? Sì, ... 3,61 euro l'ora.

4. Loro quanto .... all'hotel Diana? .... 250 euro a notte.

5. Quanto si .... per l'ingresso al museo? Si .... 12 euro.

plurali irregolari

nomi in -co   **nomi in -go**

il	ban**co**	i	ban**chi**
il	medi**co**	i	medi**ci**

l'	alber**go**	gli	alber**ghi**
il	dialo**go**	i	dialo**ghi**

-**co** ⟨ -**chi** -**ci**
-**go** → -**ghi**

✳ Nouns ending in -*co* in the singular can end in -*chi* or -*ci* in the plural. Normally they end
• in -*chi* if a consonant comes before the -*co* ending (*banco / banchi*); exception: *il cuoco / i cuochi*
• in -*ci* if a vowel comes before the -*co* ending (*medico / medici*); exception: *il gioco / i giochi*.
✳ Nouns ending in -*go* in the singular always end in -*ghi* in the plural, except for those referring to jobs
(*psicologo / psicologi*; *sociologo / sociologi*).

27. Put the sentences in the plural.

1. Il dialogo è lungo.   → ....

2. L'amico di Paola è simpatico.   → ....

3. Mio padre è medico.   → I miei genitori ....

4. Il meccanico ripara le auto.   → ....

5. È difficile trovare un albergo economico. → ....

comprensione scritta

28. Read the following texts and match each hotel with the corresponding description.

Arredato nel tipico stile di montagna, dispone di servizi moderni e confortevoli per offrire un soggiorno piacevole anche a chi non pratica lo sci. In un ambiente accogliente, il ristorante propone cucina locale e internazionale e un'ottima scelta di vini. 49 camere, tutte con balcone, telefono interurbano e televisore. Ampio parcheggio privato, giardino, campi da tennis e solarium a disposizione degli ospiti.

1 ☐

Moderno hotel situato a Milano in zona Città Studi, nelle immediate vicinanze di Porta Venezia, a 15 minuti dal centro. Le 36 camere sono tutte dotate di aria condizionata, TV satellitare, telefono con linea esterna diretta, connessione WI-FI a Internet gratuita, frigobar, bagno con doccia. La reception è aperta 24 ore su 24 e offre servizi di portineria e cambio valuta. È disponibile un parcheggio nelle vicinanze.

2 ☐

Antica residenza signorile trasformata in accogliente albergo con arredamento elegante. Da ogni camera si gode una splendida vista panoramica sul mare. 50 camere con telefono, frigorifero, televisore, aria condizionata. Aperto da metà marzo a ottobre. Garage, ampio giardino, bellissima spiaggia.

3 ☐

produzione scritta

29. Rearrange each set of words below to form a complete sentence.

1. nome / lettera / Può / il / lettera? / ripetere / per

....

2. fondo / ascensore / è / L' / in / sinistra. / a / hall / alla

....

3. Avete / doppia / notte? / per / una / questa / camera

....

4. un / posso / albergo? / Dove / buon / trovare

....

5. camera / Vogliamo / una / condizionata. / aria / silenziosa / con / l'

....

30. Imagine you want to book a room at the Hotel Gallia and complete the e-mail.

A: info@hotelgallia.it
Da: Francesco Ferrero
Oggetto: Informazioni

Gentili signori,
Il 27 maggio prossimo devo essere a Milano, dove ho intenzione di ....
due giorni.
Vi prego di comunicarmi se .... una .... , qual è il
.... e se .... un .... l'auto.
Attendo una vostra .... al più presto possibile.
Distinti ....

Francesco Ferrero

comprensione orale

 1 **49**

31. Listen to the conversation between Mr Mertz and a passer-by, and then decide whether ⓐ or ⓑ is correct.

1. Il signor Mertz è... ⓐ in via Tevere. ⓑ in albergo.

2. Il signor Mertz vuole sapere se... ⓐ c'è un albergo non molto caro. ⓑ il suo albergo è molto caro.

3. L'albergo si chiama... ⓐ Trevi. ⓑ Mazzini.

4. Per andare da via Tevere a via Mazzini... ⓐ c'è la metro. ⓑ ci sono due autobus.

produzione orale

32. Work in pairs. One of you is the receptionist and the other is a customer who wants to book a room in the hotel. Act out the dialogue.

33. Describe a hotel room that would make your stay an agreable experience.

● Per me una stanza d'albergo deve essere...

▶ Use the following words:

accogliente
ben arredata grande
piccola luminosa pulita
silenziosa moderna
con un letto grande

34. Now describe this hotel room.

1. Read the following text and try to understand the general meaning. If you need any help, look at the glossary or ask your teacher.

GLOSSARIO

disseminati: *situated*

stabiliscono: *establish*

prevedere: *provide*

comprensivi di tasse: *tax included*

aziende agricole: *farms*

soggiornare: *to stay*

contadine: *rural*

testimonianze uniche: *unique signs*

dimore: *dwellings*

casali: *farmhouses*

genuini: *natural*

ricercate: *popular*

nei pressi: *near*

Soggiornare in Italia

Sul territorio italiano sono presenti circa trentatremila alberghi, **disseminati** in ogni località. Un'offerta vasta, che comprende soluzioni economiche e lussuose, semplici e raffinate, il grande albergo e il piccolo hotel di "charme". A questi si aggiungono hotel benessere, agriturismi, bed & breakfast, ostelli per la gioventù, villaggi vacanze e campeggi.

Gli hotel **stabiliscono** liberamente i prezzi dei loro servizi e li devono comunicare ai clienti al momento della prenotazione. I listini dei prezzi degli hotel vengono rinnovati almeno una volta all'anno e possono **prevedere** prezzi differenti secondo la stagione (alta, bassa e media).

I prezzi, **comprensivi di tasse**, devono essere esposti in tutte le camere.

Agriturismi

Sono **aziende agricole** in cui è possibile **soggiornare** e pranzare, gustando i prodotti locali. L'agriturismo è una forma di ospitalità e ristorazione nuova, ma legata alle più antiche tradizioni popolari. Nel XXI secolo è di gran moda questa nuova visione del riposo e del relax: il contatto con la natura, il ritorno alle origini **contadine**, il silenzio contrapposto alla confusione delle spiagge... per molti italiani e stranieri questo è il nuovo volto della vacanza.

Alberghi storici

In Italia sono innumerevoli gli edifici storici, **testimonianze uniche** di un antico passato racchiuso in città d'arte, paesi e borghi antichi. Molti di questi palazzi del '600, '700 o '800 ora sono hotel di fascino. Sono castelli, ville, abbazie, monasteri, chalet, antiche **dimore** alberghiere, eleganti palazzi di città: esempi di quel patrimonio italiano di storia, cultura e tradizione, sempre più apprezzati da un pubblico esigente.

Bed and breakfast

Questa forma di ospitalità, di antica origine inglese, si è diffusa in Italia soprattutto negli ultimi anni. Una stanza, più la prima colazione da preparare all'ospite, sono gli elementi per trasformare un'abitazione privata in un B&B. In **casali** di campagna, antichi palazzi, semplici appartamenti, vecchie case sul mare o in collina, si offrono camere con colazione, spesso molto curate e di "charme". Il turista ha così la possibilità di conoscere aspetti autentici e **genuini** della vita di famiglia.

Hotel benessere

L'Italia, per l'abbondanza di acque termali e minerali, unitamente alla dolcezza del clima e alle bellezze naturali, è diventata una delle destinazioni più **ricercate** per il "turismo della salute": i benefici dell'acqua, una dieta sana e un'ospitalità impeccabile contribuiscono al benessere fisico e psichico. Fin dal secolo scorso, **nei pressi** delle stazioni termali, sono presenti alberghi di elevato livello e di fama internazionale. A questi, si sono aggiunti oggi hotel benessere e moderne spa.

2. Try to find out what the equivalent of the following words and expressions is in your language.

1. in ogni località = ...

2. lussuose = ...

3. raffinate = ...

4. il benessere = ...

5. la natura = ...

6. i borghi = ...

3. Based on what you have just read, decide whether the following statements are true (V) or false (F).

1. I prezzi degli hotel restano uguali tutto l'anno. **V F**

2. Le persone che amano il riposo e la natura scelgono l'agriturismo. **V F**

3. Gli hotel benessere spesso sono situati vicino a stazioni termali. **V F**

4. Speaking in Italian, say what your ideal form of accommodation is and explain your reasons.

verifichiamo le abilità

reading

1. Reconstruct the text by numbering the sentences in the correct order.

☐ Poi i signori Bianchi chiedono qual è il prezzo

☐ L'addetto risponde che la colazione si paga a parte:

☐ e chiedono se c'è una doppia silenziosa.

☐ Il signor Bianchi risponde che va bene anche una doppia sulla strada.

☐ I signori Bianchi vanno all'albergo Cristallo

☐ e se la colazione è inclusa nel prezzo della camera.

☐ I signori Bianchi decidono di prendere la camera per due notti.

☐ L'addetto risponde che non ci sono camere doppie sull'interno.

☐ costa dieci euro a persona.

PUNTI ▶ 9

writing

2. Write the correct question for each answer.

1. .... ? Mi dispiace. Non abbiamo camere libere per stasera.

2. .... ? Sì, in questa zona ce ne sono due: il Vinci e lo Smeraldo.

3. .... ? Erre come Roma, e come Empoli, a come Ancona.

4. .... ? Sì, è inclusa.

PUNTI ▶ 4

listening

🔘 1 50

3. Listen to the telephone call between a receptionist and a customer and fill in the missing words.

receptionist	.... Splendid, buongiorno!
cliente	Buongiorno! Avete una .... per lunedì .... ?
receptionist	Quanti giorni pensa .... stare?
cliente	Tre ....
receptionist	Vediamo... Sì, la camera .... È al secondo .... A che nome?
cliente	Roberto ....
receptionist	.... ripetere lettera per lettera?
cliente	M come Milano, A come Ancona, ... , I come Imola.
receptionist	Molto bene! Allora a .... !

PUNTI ▶ 12

speaking

4. Answer the following questions in Italian:

▶ vai spesso in albergo?

▶ quando vai in albergo, dai un documento alla reception? Quale?

▶ quali comodità cerchi quando vai in albergo?

▶ qual è il prezzo di una camera doppia in un buon albergo della tua città?

▶ generalmente nel prezzo è inclusa la prima colazione ?

PUNTI ▶ 5

PER OGNI RISPOSTA CORRETTA: PUNTI 1 • PER OGNI RISPOSTA ERRATA: PUNTI 0 • PER OGNI RISPOSTA NON DATA: PUNTI 0 | PUNTEGGIO FINALE ▶ 30

IN VIAGGIO

▶ *Look at the pictures and match the words in A with those in B.*

A		B
1. macchina	a ☐	stazione
2. aereo	b ☐	autostrada
3. treno	c ☐	porto
4. nave	d ☐	aeroporto

▶ *Which means of transport (1-4) do the following verbs refer to?*

viaggiare ☐   guidare ☐   volare ☐   navigare ☐

Here is what you are going to learn in this Unit:

Communicative goals	inquiring about timetables, asking for something, expressing possession (3)
Grammar	• coniugazione irregolare: indicativo presente di *venire* e *uscire* • le tre coniugazioni regolari: indicativo presente (quadro generale) • particella *ci* (3) con il verbo *avere* • uso delle preposizioni (3): *a, per, da, in, con, fra* • pronomi diretti (3) • preposizioni con i pronomi
Lexical area	travel: departures, arrivals, services

🔊 **1** **51** *1. Listen to the dialogue between Sally and the ticket clerk and try to find out if Sally is travelling alone.*

ALLA STAZIONE

bigliettaio	Dica!
Sally	Un biglietto di seconda classe per Napoli.
bigliettaio	Di andata e ritorno?
Sally	No, di sola andata.
bigliettaio	Parte oggi?
Sally	Sì, con l'Eurostar delle nove e cinquantadue.
bigliettaio	Sono cinquantacinque euro e sessanta centesimi.
Sally	Ecco qui.
bigliettaio	Lo sa che deve cambiare a Roma?
Sally	Sì, speriamo di non perdere la coincidenza.
bigliettaio	C'è un quarto d'ora di tempo fra un treno e l'altro.
Sally	Scusi, mi sa dire da quale binario parte?
bigliettaio	Dal binario otto.
Sally	E a che ora arriva a Napoli?
bigliettaio	Un attimo che guardo... arriva alle tredici e trentotto.
Sally	Senta, mi scusi, si può salire sull'Eurostar anche senza il biglietto?
bigliettaio	Perché? Lei ce l'ha, no?
Sally	Sì, ma parto con un'amica che arriva sempre all'ultimo minuto e...
bigliettaio	Capisco; ma no, non si può fare il biglietto sul treno. Ci sono solo posti a sedere e c'è la prenotazione obbligatoria, quindi...
Sally	Grazie mille.
bigliettaio	Di niente, arrivederci.

1 51

2. Listen again and decide whether the following statements are true (vero = V) or false (falso = F).

1. Sally vuole andare a Napoli. **V F**

2. Sally chiede un biglietto di prima classe. **V F**

3. Sally non sa che deve cambiare a Roma. **V F**

4. Il biglietto si può fare anche sul treno. **V F**

5. Sally aspetta un'amica che parte con lei. **V F**

1 51

3. Listen once again while reading along with the text. Then write the sentences that are used in the dialogue to express the following communicative goals:

1. informarsi sugli orari
   (inquiring about timetables)

   ....

2. chiedere per avere
   (asking for something)

   ....

3. esprimere possesso
   (expressing possession)

   ....

1 51

4. Listen and repeat. Pay attention to your pronunciation and intonation.

5. Complete the following sentences from the dialogue with the appropriate words.

1. Un .... di seconda .... per Napoli.

2. Di andata e .... ?

3. C'è un .... d'ora di .... tra un .... e l'altro.

4. Lo sa che deve .... a Roma?

5. Scusi, mi .... dire da quale .... parte?

6. Si può .... sull'Eurostar anche senza il .... ?

impariamo a...

INFORMARCI SUGLI ORARI

6. Work in pairs, as in the example. One of you looks at the train timetable and tries to guess the other students's departure times from Torino, based on his/her arrival times in Milano, Venezia and Trieste.

	IC*plus* 607 🚻 R 12	IC*plus* 611 🚻 ♿ R 12	IC*plus* 613 🚻 ♿ R 12	IC*plus* 625 🚻 ♿ R 12				IC*plus* 606 🚻 ♿ R 12	IC*plus* 618 🚻 ♿ R 12	IC*plus* 622 🚻 ♿ R 12	IC*plus* 626 🚻 ♿ R 12	
	6.05	7.08	9.05	14.05	Torino P.Nuova 11	a	▲	13.00	18.55	19.55	22.55	
	6.15	7.18	9.15	14.15	Torino P.Susa	a		12.46	18.40	19.43	22.40	
	6.56	8.01	9.56	14.56	Vercelli	a		12.05	17.58	19.01	21.58	
A	7.14	8.16 J	10.14 G	15.14	Novara	a		11.46	17.44	18.47	21.44	
L	8.05	9.05 U	11.05 I	16.05	Milano Centrale 12	a		10.55	16.55	17.55	20.55	
F	8.57	9.57 V	11.57 A	16.57	Brescia	a	G	10.03	16.03	17.03	20.03	
I	9.13	10.13 A	12.13 N	17.13	Desenzano-Sirmione	a	I	9.43 A	15.43 J		19.43	
E	9.23	10.23 R	12.23 D	17.23	Peschiera d.Garda	a	A	9.32 L	15.32 U	16.32	19.32	
R	9.43 S	10.43 R	12.43 U	17.43	Verona P.Nuova		N	9.18 F	15.18 V	16.18	19.18	
	V	10.59 A	I	17.59	a. S. Bonifacio		D	8.57 I	A	A	18.57	
	10.18 E	11.18	13.18 A	18.18	a. Vicenza		U	8.42 E	14.42 R	15.42 S	18.42	
	10.36 V	11.36	13.36	18.36	a. Padova		I	8.24 R	14.24 R	15.24 V	18.23	
	10.57 O	11.57	13.58	18.57	a. Venezia Mestre		A	8.04 I	14.04 A	15.03 E	18.03	
		12.08	14.08	19.08	*Venezia Mestre 14*	a.		7.21 ✗	13.52 Ⓐ	14.52 V	17.52	
		13.45	15.45	20.47	a. *Udine*			5.50 ✗	12.15 Ⓐ	13.06 O	16.15	
	11.09	12.09	14.10	19.09	a. **Venezia S. Lucia**			7.52	13.52	14.51	17.51	
		12.36			**Venezia Mestre 13**	a					17.20	
		12.57			a. S. Donà di Piave-Jesolo						16.53	
		13.14			a. Portogruaro-Caorle						16.35	
		13.26			a. Latisana-Lignano-Bibione						16.24	
		13.45			a. Cervig.-Aquil.-Grado						16.06	
		14.02			a. Monfalcone						15.54	
		14.30			▼ a. Trieste Centrale						15.28	

1.1 ↗
da Torino-Milano
a Venezia-*Udine*-Trieste

- A che ora arrivi a Venezia?
- Alle dodici e nove minuti.
- Dunque parti alle sette da Torino?
- Sì, prendo il treno delle sette e otto minuti.

7. Work in pairs, as in the example. One of you looks at the train timetable and tries to guess the other student's destination, based on his/her departure time from Bologna.

	9437 🚻 ✗R ♿ 12 1	ES* 9473 🚻 ♿ 12	ES* 9439 🚻 ✗R ♿ 14	ES* 9493 🚻 ♿ 12	9621 🚻 ✗R ♿ 12 1 17	IC 705 🚻 R	E 823 🚃 R 2 18	9441 🚻 ♿ 12	ES* 9477 🚻 ✗R ♿ 12 1	9643 🚻 ♿ 12 1	ES* 9397 🚻 ♿ 12
Provenienza	■	Venezia	■	■		Venezia		■	Venezia	Venezia	Venezia
Milano Centrale 45	12.00		13.00	13.30			13.50	14.00			
Milano P.Garibaldi											
Milano Lambrate											
Milano Rogoredo							14.39				
Piacenza											
Fiorenzuola							F				
Fidenza							R				
Parma							E				
Reggio Emilia							C				
Modena							C				
Bologna Centrale 46	13.46	14.24	14.46	15.16		15.22	16.10	15.46 ©	16.24 Ⓐ	16.24	17.24
Prato Centrale a							17.18				
Firenze Rifredi a						16.12 I					
Firenze Rifredi						16.25 A					
Firenze S.M.Novella a	14.44	15.22	15.44	16.17		16.28	D	16.44	17.22	17.22	18.15
Firenze S.M.Novella 47	14.52	15.30	15.52	16.25			E	16.52	17.30	17.30	18.25
Firenze C.di Marte a							17.51 L				
Firenze C.di Marte							18.01 D				
Arezzo a						17.04	E				
Terontola a							S				
Chiusi-Chianciano T. a						17.33	U	20.04			
Roma Tiburtina a							D				
Roma Termini a	16.30	17.08	17.30	18.03		19.03	S	18.30 ©	19.08	19.08	20.03
Roma Termini	16.45				18.25 A	19.27 E		18.45		19.25	
Latina a.						19.56 R					
Formia a.						20.33 O					
Caserta a.						22.41					
Aversa a.						21.11					
Napoli Centrale a.	18.12				19.52	21.36		20.12 Ⓐ	20.52		
Salerno a.							21.00				
Destinazione	■	■	■	■	■	Agrigento		■	■	■	■

3.2 ↗
da Milano a Roma-Napoli-Salerno

1 E' richiesto il pagamento di prezzi di mercato Eurostar Italia AV comprensivo dell'assegnazione del posto.
14 Si effettua fino al 2/8, dal 18/8.
17 Si effettua dalla domenica al venerdì fino al 3/8, dal 15/8, nonché il 10/8.
18 Si effettua la domenica, il lunedì, il mercoledì e il venerdì.

- A che ora parti domani?
- Alle quindici e ventidue.
- E a che ora arrivi?
- Alle ventuno e trentasei.
- Allora vai a Napoli?
- Esatto!

8. Work in pairs, as in the example. One of you is a tourist who wants to go by coach from Pisa to Firenze, Siena, Lucca and Arezzo and doesn't understand the timetable. The other student is a passer-by who supplies the necessary information, using the chart below.

	partenza	arrivo	durata del viaggio
Pisa-Firenze	12:00	13:10	1 ora e 10 minuti
Pisa-Siena	09:30	10:45	1 ora e 15 minuti
Pisa-Lucca	18:00	18:50	50 minuti
Pisa-Arezzo	08:15	10:30	2 ore e 15 minuti

● Scusi, a che ora parte il pullman per Firenze?
■ A mezzogiorno.
● Quanto tempo ci vuole da Pisa a Firenze?
■ Circa un'ora.

9. Work in pairs, as in the example. In turn, ask and answer questions about when the places below open and close and when the film and the play start and end.

orario dello spettacolo teatrale: 21.30 - 24.00

orario di apertura del supermercato: 9.00 - 21.00

orario del primo spettacolo del cinema: 15.45 - 18.00

orario di apertura del bar: 7.30 - 23.30

orario di apertura della banca: 8.15 - 13.20

● Qual è l'orario di apertura della banca?
■ Dalle... alle...

● A che ora inizia il primo spettacolo?
■ Alle ....
● E a che ora finisce?
■ Alle...

▶ Use the following verbs:

**aprire
chiudere
iniziare
finire**

CHIEDERE PER AVERE

10. Work in pairs. Look at the pictures and then take turns playing the customer and the other character, giving more than one choice, as in the example.

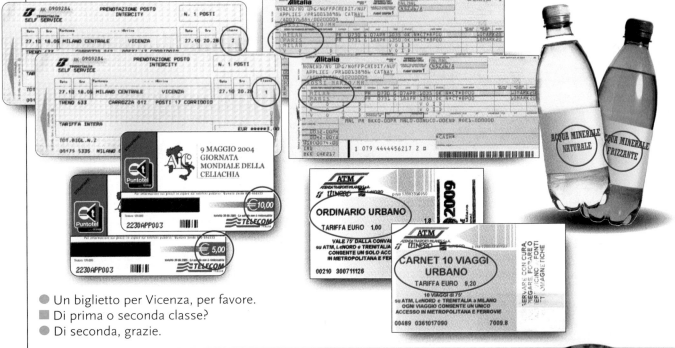

● Un biglietto per Vicenza, per favore.
■ Di prima o seconda classe?
● Di seconda, grazie.

11. Work in pairs. Imagine you are at a kiosk and take turns playing the customer and the vendor, as in the example.

● Ha per caso del tè freddo?
■ Sì, alla pesca o al limone?
● Alla pesca, grazie.

ESPRIMERE POSSESSO

12. Work in pairs. One of you is about to leave on a trip and the other wants to make sure you haven't forgotten anything. Answers the questions in the affirmative or in the negative, as in the example.

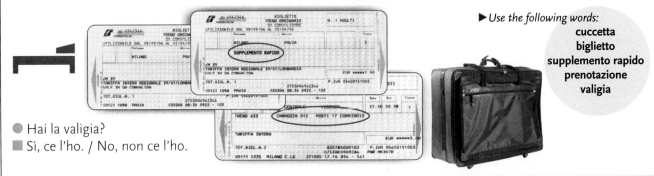

▶ Use the following words:
**cuccetta
biglietto
supplemento rapido
prenotazione
valigia**

● Hai la valigia?
■ Sì, ce l'ho. / No, non ce l'ho.

13. Match each place or item in the picture of the railway station with the corresponding noun.

La stazione

1. ☐ la biglietteria
2. ☐ il binario
3. ☐ l'obliteratrice
4. ☐ il tabellone degli arrivi e delle partenze
5. ☐ il carrello per i bagagli
6. ☐ il sottopassaggio
7. ☐ il capotreno
8. ☐ il treno
9. ☐ la carrozza
10. ☐ i binari
11. ☐ la sala d'attesa
12. ☐ il locomotore

VOCABULARY SOS VOCABULARY

Binario e binari
The word *binario* corresponds to both platform and track / line.
Il treno parte dal binario 8;
È vietato attraversare i binari.

14. Complete the words with the missing letters.

1. ....inari....
2. pa....ten....a
3. ....oin....iden....a
4. ....u....pl....men....o
5. ....ig....iet....o
6. ar....ivo
7. ....ta....io....e
8. ri....ar....o
9. tr....n....

15. In each line, find the odd word out.

1. binario	treno	stazione	passaporto
2. edicola	andata	ritorno	biglietto
3. orario	capotreno	arrivo	partenza
4. cuccetta	ritardo	carrozza	vagone letto
5. porto	aeroporto	stazione	carrello

16. Write the opposite of the following words:

1. arrivare ....
2. andata ....
3. scendere ....
4. davanti ....
5. lento ....
6. in orario ....

17. Next to each definition, write the corresponding word with the correct definite article:

1. se si prenota, non si viaggia in piedi...   ....

2. è più economica della prima classe...   ....

3. se si perde, il viaggio diventa più lungo...   ....

4. rotaie su cui viaggiano i treni...   ....

5. edificio da dove partono e dove arrivano i treni...   ....

6. borsa da viaggio per lo più rigida...   ....

18. Look at the symbols showing some of the services you can find in a train station. Then write down where you should go in the following situations:

Deposito bagagli   Sala d'attesa   POSTO DI SOCCORSO   Pronto soccorso   Ufficio oggetti smarriti

1. quando non stai bene...   ....

2. quando vuoi lasciare le valigie per qualche ora...   ....

3. quando vuoi trovare un oggetto perduto nella stazione...   ....

4. quando sei in anticipo rispetto all'ora della partenza del tuo treno...   ....

19. Fill in the circles with the appropriate words.

aeroporto	carta d'imbarco	nave	sottopassaggio
atterrare	crociera	pilota	stazione
biglietteria	cuccetta	porto	traghetto
binario	decollare	sala d'attesa	vagone letto
cabina	fermata	scendere	vagone ristorante
carrozza	imbarcarsi	sbarcare	volo

viaggiare...

▶ *... in treno*

▶ *... in aereo*

▶ *... per mare*

grammatica

coniugazione irregolare: indicativo presente di **venire** e **uscire**

	venire	uscire
(io)	**vengo**	**esco**
(tu)	**vieni**	**esci**
(lui) (lei) (Lei)	**viene**	**esce**
(noi)	**veniamo**	**usciamo**
(voi)	**venite**	**uscite**
(loro)	**vengono**	**escono**

✱ The verb **venire** indicates movement towards the person speaking and the person being spoken to: *Vieni da me stasera? Sì, **vengo** da te.*

✱ The verb **andare** indicates movement away from the person speaking: *Non vengo da te perché **vado** da Luisa.*

20. Complete the dialogues with the correct form of the verbs andare or venire.

1. Paolo, ... da me stasera?   Sì, ... con Pietro e Aldo.

2. Anche voi .... al cinema con noi?   No, noi .... a letto perché siamo stanchi.

3. Dove .... così di fretta, Carlo?   .... alla stazione a prendere Anna.

4. Tua sorella .... a casa?   No, ... con noi.

5. È vero che .... a Firenze in treno, ragazzi?   Sì, ma se c'è posto in macchina, ... con te.

21. Complete the sentences with the correct form of the verbs uscire or venire.

1. Se andate in discoteca, ... anch'io.

2. Se mi avverti quando .... dal cinema, ... a prenderti.

3. Marta .... ogni sabato sera con le amiche.

4. Se tu dici a Gianni che siamo qui, ... anche lui.

5. Sai quando .... da scuola Anna e Rita?

le tre coniugazioni regolari: indicativo presente (quadro generale)

	-are parlare	-ere prendere	-ire partire	finire
(io)	parl**o**	prend**o**	part**o**	fin**isco**
(tu)	parl**i**	prend**i**	part**i**	fin**isci**
(lui) (lei) (Lei)	parl**a**	prend**e**	part**e**	fin**isce**
(noi)	parl**iamo**	prend**iamo**	part**iamo**	fin**iamo**
(voi)	parl**ate**	prend**ete**	part**ite**	fin**ite**
(loro)	parl**ano**	prend**ono**	part**ono**	fin**iscono**

✱ The verbs **capire** and **preferire** are conjugated like **finire**.

22. Complete the sentences with the correct form of the verbs in brackets.

1. Marco e Sara (*arrivare*) .... stasera alle cinque.

2. Cosa (*prendere*) .... da bere, signora?

3. Le banche (*aprire*) .... alle otto e un quarto.

4. Scusi, a che ora (*chiudere*) .... l'ufficio postale?

5. Noi (*viaggiare*) .... spesso in treno.

grammatica

particella **ci** con il verbo **avere**

Hai Ha	**il passaporto?** **il biglietto?** **la carta d'identità?**	Sì,		**l'**	ho
			ce		
	i documenti?	No, non		**li**	
Avete	**le valigie?**	Sì,		**le**	abbiamo
		Sì,	**ne**		abbiamo due

* The particle **ci** becomes **ce** when it precedes the pronouns **lo**, **la**, **li** or **le**. *Ce* is simply used as an intensifier of the verb *avere*.
* The answer to the question **Hai il biglietto?** (Do you have the ticket?) can either be *No* or *No, non ce l'ho* (No, I don't), but not *No, non l'ho*.
* Only the singular pronouns **lo** and **la** take an apostrophe.

23. Write the correct answers to the following questions.

1. Ha già il supplemento rapido, signora?   Sì, ...

2. Hai il posto in cuccetta, Matteo?   No, ...

3. Luigi ha le valigie?   Sì, ...

4. Avete il biglietto?   Sì, ...

5. Ha il passaporto, signor Neri?   No, ...

uso delle preposizioni **a, per, da, in, con, fra (tra)**

Il treno	arriva	**a** Roma **al** binario 12
	parte	**per** Napoli **dal** binario 16
	arriva / parte	**da** Firenze **a** mezzogiorno **all'**una e un quarto / **alle** diciassette e trentatré **fra** venti minuti **in** ritardo / **in** anticipo
Sally	arriva / parte	**con** il treno delle 11.05 **in** treno alle 11.05
C'è un quarto d'ora di tempo		**fra** un treno e l'altro

* The verbs **partire** and **arrivare** can have different meanings, depending on the prepositions they are linked to:
  • destination: *Parto **per** Napoli.*
  • place of departure: *Arrivo / Parto **da** Napoli.*
  • time: *Arrivo/parto **all'**una / **fra** (**tra**) venti minuti.*
  • means of transport: *Arrivo / parto **in** treno (= con un treno qualsiasi); ...**con** il treno delle 11.05 (con un treno specifico).*
* The preposition **a** is used in front of the names of cities or small islands: *Il treno arriva **a** Firenze alle nove; Paolo va **a** Capri e noi andiamo **all'**Elba.*
* The preposition **in** is used in front of the names of countries, regions or large islands: *Vivo **in** Francia / **in** Toscana; Andiamo **in** Sardegna.*

24. Complete the dialogues with the correct prepositions.

1. Marco viaggia .... macchina?   Sì, ... la macchina .... suo fratello.

2. Quando parte Marta .... Parigi?   .... due giorni.

3. Luisa parte .... te?   Sì, viene .... me .... Venezia.

4. .... che ora parte il treno?   Parte .... venti minuti.

5. .... quale binario parte il treno .... Pisa?   .... binario dieci.

6. Rimanete ancora .... Roma?   No, partiamo domattina .... il treno .... sette.

7. Luca è già .... Roma?   Sì, e parte .... qui invece che .... Napoli.

8. Sergio va .... Taranto domani?   No, preferisce partire .... due giorni.

9. Loro prendono il pullman .... Arezzo?   Sì, prendono quello .... dodici.

10. Viene .... noi anche Patrizia?   No, lei non vuole viaggiare .... aereo.

pronomi diretti

deboli

Il signor Radi	mi	sta aspettando
	ti	
	lo	
	la	
	La	
	ci	
	vi	
	li / le	

| Ugo | ti | sta cercando | Carlo / Sara |
| | La | | dottore / signora |

forti

Il signor Radi sta aspettando	me	
	te	
	lui	(Mario)
	lei	(Anna)
	Lei	(dottore / signora)
	noi	
	voi	
	loro	(i ragazzi / le ragazze)

* Weak direct object pronouns (*pronomi deboli*) are unstressed and go in front of the conjugated verb.
* Strong direct object pronouns (*pronomi forti*) are stressed and follow the verb.
* Strong direct object pronouns can also be used alone: *Scusi, sta aspettando me? Sì, Lei; Cerchi me, Luisa? Sì, te.*
* The direct object pronoun *La* can refer either to a male or to a female person: *La saluto, signor Bini / signora Cardi.*

25. Complete the dialogues with the correct weak direct object pronoun and verb.

1. Mi capisce, signorina?   Sì, ... , dottore.

2. Mi vede, signor Parini?   Sì, ... , signora.

3. Mi senti, Giorgio?   No, non .... , Daniele.

4. Ci aspettate, ragazze?   Sì, ...

5. Mi ascoltate, ragazzi?   Sì, Carlo, ...

preposizioni con i pronomi

Questo è	te	
	per Lei	
	voi	

Vieni	me?	
	da	
	noi?	

Esco	lei	
	con lui	
	loro	

* Only strong direct object pronouns can be used after prepositions.
* The stress falls on the pronoun (*con lùi, per vòi* etc.).

26. Complete the dialogues with the correct strong object pronouns.

1. Aldo esce con te?   Sì, esce sempre con ....

2. Dici a me, Paolo?   Sì, dico a ....

3. Questi caffè sono per noi?   Sì, sono per ....

4. Andate da Pino e Gianna?   Sì, andiamo da .... a cena.

5. Carla e Mario hanno la stessa età?   No, fra .... e .... c'è un anno di differenza.

27. Complete the dialogues with the correct direct object pronouns (weak or strong).

1. Da quanto tempo conosci quel ragazzo?   .... conosco da due anni.

2. Quando fate i biglietti?   .... facciamo domani.

3. Prepari la valigia per Marco?   Sì, ... preparo per ....

4. Potete aspettarmi un momento?   Sì, ... aspettiamo, signora.

5. State andando da Luigi e Sara?   Sì, stiamo andando da .... a pranzo.

sviluppiamo le abilità

comprensione scritta

28. Read the texts and try to understand the general meaning. If you need any help, ask your teacher.

DOVE Il mensile di viaggi, cultura e stili di vita

Dove è la rivista leader del tempo libero. Ogni numero ti aiuta a scoprire le mete sconosciute e interessanti, le tendenze nel costume, i nuovi centri del benessere, gli eventi culturali. Ti dà gli indirizzi preziosi degli artigiani del made in Italy. Ti aiuta a scegliere gli agriturismi "di charme", i ristoranti, gli hotel.

Ti offre una quantità di occasioni: dove affittare le case per le vacanze, dove trovare le camere con il miglior rapporto qualità/prezzo.

Ti consiglia gli itinerari e i mezzi di trasporto.

Tutto provato dai nostri inviati.

Con *Dove* il tempo libero ha più valore.

I consigli di DOVE

Dolce far niente

Oziare alla maniera degli antichi romani: è il tema di una mostra a Ravenna, città ricca anche di mosaici e trattorie

In un mondo che va in fretta, l'elogio della lentezza come nuovo "stile di vita"? Sembra proprio questa la nuova ricetta per una vita migliore. Filosofi e sociologi tornano a proporre l'ozio creativo come protagonista della cultura postmoderna. Un omaggio all'otium degli antichi romani. Non un dolce far niente, ma un insieme di attività intellettuali e ricreative per elevarsi nello spirito e nel fisico. Al tema è dedicata una bella mostra, *Otium. L'arte di vivere nelle domus romane di età imperiale*, allestita nel suggestivo Complesso di San Nicolò.

OTIUM
L'ARTE DI VIVERE
NELLE DOMUS ROMANE
DI ETÀ IMPERIALE

da http:/viaggi.corriere.it/

29. Read the texts once again and decide whether the following statements are true (V) or false (F).

1. *Dove* è un quotidiano.   V   F
2. Nella rivista *Dove* è possibile trovare annunci di lavoro.   V   F
3. La rivista aiuta a scoprire luoghi interessanti per i turisti.   V   F
4. Dà suggerimenti di alberghi e ristoranti.   V   F
5. I suggerimenti non sempre sono provati dagli inviati.   V   F
6. La mostra sull'ozio creativo è un omaggio agli antichi romani   V   F
7. La mostra è a Ravenna.   V   F
8. Secondo filosofi e sociologi, oziare fa bene in tutti i sensi.   V   F

produzione scritta

30. *Imagine you are planning a train trip and there aren't any through trains to reach your destination. In Italian, complete the following information about your journey:*

1. che tipo di treno prendi ....

2. quando e a che ora parti ....

3. quanto costa il biglietto ....

4. dove devi cambiare ....

5. dopo quanto tempo c'è la coincidenza con il treno successivo ....

6. a che ora arrivi a destinazione ....

7. a che ora parte l'ultimo treno per tornare nella tua città ....

comprensione orale

31. *Complete the conversation between two passengers while listening to the CD. Each blank corresponds to one word.*

Sally   Scusi, è .... quel posto?

Sig. Neri   Sì, prego, si .... , signorina!

Sally   È libero anche il posto vicino al .... ?

Sig. Neri   No, quello è di un signore che adesso sta nel ....

Sally   Oh, meno male, ... partendo.

Sig. Neri   Sì, ... un .... in ritardo. .... a Roma anche Lei?

Sally   No, ... a Napoli.

Sig. Neri   Ah, Napoli! .... un proverbio famoso su Napoli. Lei .... ?

Sally   No... non ....

Sig. Neri   Il proverbio dice: "........................... Napoli e poi muori".

Sally   Davvero? Napoli è così .... ? Sono .... di arrivare!

32. *Listen to the three announcements and decide whether the following statements are true (V) or false (F).*

1. Il regionale 482 proveniente da Pisa arriva al binario 10.   **V**   **F**

2. L'Intercity per Milano sta arrivando al binario 11.   **V**   **F**

3. L'Eurostar che viene da Firenze viaggia da 25 minuti.   **V**   **F**

produzione orale

33. *Answer the following questions in Italian.*

► Vuoi fare un viaggio in treno con un amico che di solito viaggia in macchina. Che cosa gli dici per convincerlo a partire in treno con te?

► Hai un'amica che vuole andare a Londra, ma ha paura di viaggiare in aereo. Che cosa le dici per convincerla a volare?

1. *Read the following text and try to understand the general meaning. If you need any help, ask your teacher or look at the glossary.*

GLOSSARIO

impegno concreto:
  concrete commitment

nei confronti di: *towards*

scenario: *setting*

merci: *goods*

potenziamento: *expansion*

accoglienza: *reception*

poltrone: *seats*

ampio: *roomy*

comodo: *comfortable*

funzionale: *practical*

acquisto: *purchase*

sportelli: *windows*

code: *queues*

Alta Velocità

L'innovazione che rivoluziona il tuo modo di vivere

Si stanno completando la nuova linea AV Milano-Bologna e l'intero sistema di linee veloci Torino-Salerno.

Un **impegno concreto** del Gruppo Ferrovie dello Stato **nei confronti di** tutti i cittadini. Il nuovo sistema ad Alta Velocità apre uno **scenario** completamente nuovo nel modo di viaggiare. Mille nuovi chilometri permettono la decongestione del traffico sulla rete tradizionale, aprendo anche nuovi corridoi al trasporto **merci**. Tutto a vantaggio del **potenziamento** del trasporto locale.

Un viaggio che anticipa il futuro

Semplice, comodo, innovativo. Eurostar Italia Alta Velocità realizza il sogno di un viaggio che anticipa il futuro: treni moderni, eleganti e veloci, servizi a bordo e a terra di massima qualità. L'**accoglienza** è "al top" in ogni fase del viaggio: in stazione, a bordo e a destinazione.

Servizi a terra

A terra, prima della partenza, monitor, insieme con l'assistenza di personale sempre a disposizione, permettono di essere informati sul viaggio, salire sulla carrozza e trovare subito il proprio posto.

Comfort a bordo

A bordo dei treni Eurostar Italia Alta Velocità sono disponibili **poltrone ampie** e **comode** con un maggiore spazio per le gambe, welcome drink, snack e giornali gratuiti in 1ª classe, e nuovi servizi igienici più **funzionali**.

L'acquisto del biglietto

Attraverso il call center dedicato, l'**acquisto** del biglietto è un'operazione semplice e veloce. In stazione sono presenti **sportelli** di vendita riservati che permettono di evitare inutili **code** e attese. Per chi usa molto il computer, è possibile la formula ticketless, di acquisto del biglietto su Internet.

Portare la clientela a destinazione nel minor tempo possibile, con un viaggio tranquillo, confortevole e di qualità: questa è la missione di Eurostar Italia Alta Velocità.

da http://www.trenitalia.it/

Le tappe dell'AV		
Giugno 2008	Napoli-Salerno	30'
Dicembre 2008	Milano-Bologna	1 ora
Dicembre 2009	Torino-Milano	1 ora
	Bologna-Firenze	35'
	Firenze-Milano	1 ora e 35'
	Roma-Napoli	1 ora e 10'
	Roma-Milano no stop	3 ore

2. Try to find out what the equivalent of the following words and expressions is in your language.

sistema = ...   qualità = ...

decongestione = ...   gambe = ...

corridoi = ...   servizi igienici = ...

trasporto = ...   riservati = ...

innovativo = ...   tranquillo = ...

3. Complete the following sentences about the text.

1. Si stanno completando ....

2. Con i suoi mille nuovi chilometri, il nuovo sistema ad Alta Velocità ha due
vantaggi: la .... e il ....

3. Secondo le Ferrovie dello Stato, con Eurostar Italia Alta Velocità il viaggio
anticipa il futuro grazie a ....

4. I biglietti si possono comprare attraverso il .... , in .... ,
dove sono presenti sportelli di vendita riservati, oppure su ....

5. Con l'Alta Velocità da Roma a Napoli ci vuole ....

4. In Italian, talk about train travel in your country, focusing on the following points:

► quanti tipi di treno esistono

► se in genere i treni sono puntuali

► se le poltrone dei treni sono comode

► se i prezzi dei biglietti sono alti

► se è possibile acquistare i biglietti su Internet

verifichiamo le abilità

reading

1. Reconstruct the text by numbering the sentences in the correct order.

☐ Federico capisce subito e chiede a Stefano il giorno e l'ora del suo arrivo, così può andare a prenderlo alla stazione in macchina.

☐ Prima va alla stazione per informarsi sui treni per Palermo e per prenotare una cuccetta. Chiede anche se ci sono riduzioni per i giovani con meno di vent'anni.

☐ Stefano lo ringrazia e gli dice «Arrivederci a presto!».

☐ Stefano sta programmando una breve vacanza in Sicilia, isola che vuole vedere perché non la conosce affatto.

☐ Poi telefona a Federico, un vecchio compagno di scuola che ora vive in Sicilia e che non vede da molto tempo: «Federico» dice, «c'è una bella sorpresa in arrivo per te».

PUNTI ▶ 5

writing

2. Complete the following sentences with the appropriate words.

1. Viaggiare in treno è ....

2. Scusi, a che ora .... ?

3. Se non facciamo presto, ...

4. Scusi, è possibile .... ?

3. Imagine you have to catch a train. Write the answers to the following questions.

1. Perché devi prendere il treno? ....

2. Per dove parti? ....

3. Che tipo di treno prendi? ....

4. Quanto tempo dura il viaggio? ....

5. Quante fermate fa il treno? ....

6. A che ora arrivi? ....

PUNTI ▶ 10

listening

🔊 1 54

4. Listen to the dialogue and complete the chart.

L'Eurocity Caravaggio...	parte da	alle ore	arriva a	alle ore	numero fermate

🔊 1 54

5. Now listen once again to the CD and check your answers.

PUNTI ▶ 5

speaking

6. Interview a classmate to find out:

▶ se prende spesso il treno ▶ se ha in programma di fare un viaggio in treno ▶ dove vuole andare
▶ se di solito viaggia da solo o in compagnia ▶ qual è il mezzo di trasporto che usa più spesso e perché

PUNTI ▶ 5

PER OGNI RISPOSTA CORRETTA: PUNTI 1 • PER OGNI RISPOSTA ERRATA: PUNTI 0 • PER OGNI RISPOSTA NON DATA: PUNTI 0   PUNTEGGIO FINALE ▶ 25

IN BANCA

▶ *Match each picture with the corresponding word.*

1. banconote di piccolo taglio ☐

2. banconote di grosso taglio ☐

3. monete ☐

▶ *Match the actions in A with the definitions in B.*

A		B	
1. comprare valuta		a ☐	depositare soldi sul conto corrente
2. versare denaro		b ☐	ritirare denaro dal conto corrente
3. prelevare contanti		c ☐	cambiare una valuta in un'altra

Here is what you are going to learn in this Unit:

Communicative goals	comparing; expressing wishes; expressing possession (4); reporting what others have said
Grammar	• condizionale semplice • particella *ci* (4) con il verbo *avere* • gradi dell'aggettivo: comparativo di maggioranza, di minoranza e di uguaglianza • gradi dell'aggettivo e dell'avverbio: superlativo assoluto • uso delle preposizioni (4): *a, di, da, in*
Lexical area	bank items, currency, cardinal numbers from 50 to 1·000·000 and beyond, ordinal numbers from 13th to 1000th

1 55 *1. Listen to the dialogue between Mr Miller and a bank clerk, and try to find out what Mr Miller does.*

ALLO SPORTELLO DEL CAMBIO

signor Miller	Scusi, quant'è il dollaro?
cassiere	Oggi la quotazione è un po' più bassa di ieri: 1,56 dollari per euro.
signor Miller	Allora vorrei cambiare solo quattrocento dollari.
cassiere	Dunque... in tutto fanno seicentoventiquattro euro. Preferisce biglietti di grosso taglio?
signor Miller	Come? Non capisco...
cassiere	Vuole banconote da cento euro o da cinquanta?
signor Miller	Le vorrei da cinquanta, grazie.
cassiere	D'accordo! Mi dà il passaporto, per favore?
signor Miller	Eccolo.
cassiere	Metta una firma qui, per favore.
signor Miller	Subito!
cassiere	Ecco a Lei: cento, duecento, trecento... seicento, venti e quattro: seicentoventiquattro euro.
signor Miller	Grazie! Vorrei anche aprire un conto corrente...
cassiere	Ha la residenza qui?
signor Miller	No, sono in Italia da poco e non ce l'ho ancora.
cassiere	Allora apriamo un conto speciale per non residenti.
signor Miller	Posso avere la carta di credito e il libretto degli assegni?
cassiere	La carta di credito sì, ma il libretto di assegni no. Comunque la carta di credito è più comoda del libretto di assegni.
signor Miller	Posso avere anche il bancomat?
cassiere	Un attimo che chiedo... Sì, mi confermano che può averlo.
signor Miller	Grazie mille per le informazioni!

 1 55

2. Listen again and decide whether the following statements are true (vero = V) or false (falso = F).

1. Il signor Miller vuole cambiare 400 dollari in euro. **V F**

2. Il signor Miller preferisce banconote di grosso taglio. **V F**

3. Il signor Miller vuole aprire un conto corrente. **V F**

4. Il signor Miller ha un libretto di assegni. **V F**

5. Per il cassiere la carta di credito è più comoda degli assegni. **V F**

1 55

3. Listen once again while reading along with the text. Then write the sentences that are used in the dialogue to express the following communicative goals:

1. fare paragoni
(*comparing*)

....

2. esprimere desideri
(*expressing wishes*)

....

3. esprimere possesso
(*expressing possession*)

....

4. riferire affermazioni altrui
(*reporting what others have said*)

....

1 55

4. Listen and repeat. Pay attention to your pronunciation and intonation.

5. Complete the following sentences from the dialogue with the appropriate words.

1. Scusi, ... il dollaro?

2. .... una .... qui, per favore.

3. .... anche .... un conto corrente.

4. Ha la .... qui?

5. Grazie .... per le ....

FARE PARAGONI

6. Work in pairs. In turn, ask for the exchange rates using the information in the table below, as in the example.

● memo			
più meno	alta bassa	di	ieri
	uguale	a	ieri

VALUTE ESTERE	per €	Variazione %
Dollaro USA	1,5561	+ 0,103
Dollaro canadese	1,5509	+ 0,762
Dollaro australiano	1,6708	- 0,021
¥en	157,0700	+ 0,396
Dollaro neozelandese	1,9258	- 0,007
Franco svizzero	1,5741	- 0,004
Sterlina UK	0,7676	- 0,001

● memo		
più ...	del ...	
meno ...	della ...	
	dell'...	

● Scusi, quant'è il dollaro neozelandese, oggi?
■ Oggi la quotazione è di circa 1,92 dollari per euro.
● Ah, è più bassa di ieri.

7. For each of the following pairs, choose the one you prefer and explain why, using at least one adjective in each circle.

economico
caro
familiare
confortevole

albergo

pensione

sicuro
comodo
rischioso

carta di credito

assegno

salutare
silenzioso
vivace
caotico
stressante

città

campagna

veloce
economico
comodo
scomodo

treno

aereo

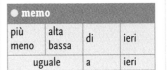

bicicletta

comodo
veloce
salutare
economico
costoso

automobile

cane

fedele
agile
ubbidiente
furbo

gatto

8. Work in groups of three. Compare the choices you have made in exercise 7, as in the example.

● Preferisco la pensione perché è più familiare dell'albergo e meno cara.

■ Anch'io preferisco la pensione.

◆ Io, invece, preferisco l'albergo perché è più confortevole della pensione.

ESPRIMERE DESIDERI

9. Work in pairs. Act out the three dialogues and then match them to the corresponding pictures.

1. ● Vorrei aprire un conto corrente.
   ■ È residente in Italia?
   ● No, non ancora.
   ■ Ha un documento?
   ● Sì, il passaporto, eccolo.

2. ● Vorrei un caffè.
   ■ Normale?
   ● No, macchiato. Grazie.

3. ● Vorrei provare quella maglietta.
   ■ Quale?
   ● Quella rossa. Grazie.

GRAMMAR SOS
Vorrei is a polite form and corresponds to "would like" in English.
You use *vorrei* + infinitive to say that you wish to do something:
• *Vorrei cambiare un assegno* (I would like to cash a cheque).
You use *vorrei* + noun to ask for something:
• *Vorrei una banconota da 50 euro* (I would like a 50 euro note).

CULTURE SOS
Banca d'Italia
The Italian Central Bank was set up in 1893. It has had the monopoly on issuing money and the task of monitoring the Italian banking system since 1926, and it is also the State treasury. Its head office is in Rome, in via Nazionale; in the media "via Nazionale" is used to mean the Bank of Italy.

ESPRIMERE POSSESSO

10. Work in pairs. Make a list of the banking items you have. Then in turn ask and answer questions, as in the example.

● Hai la carta di credito?
■ Sì, ce l'ho: eccola. / No, non ce l'ho.

● memo			
La carta di credito	ce l'ho:	eccola.	non ce l'ho
Il bancomat		eccolo.	

RIFERIRE AFFERMAZIONI ALTRUI

11. Report what each person says, as in the example.

● John dice che è in Italia da due mesi e non ha ancora la residenza.

un mondo di parole

12. Match the following words with the corresponding pictures.

 a ☐

 b ☐

 c ☐

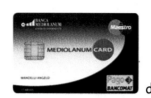 d ☐

e ☐

1. assegno
2. tessera bancomat
3. carta di credito
4. banconota
5. monete

13. In each line, find the odd word out.

1. assegno	carta di credito	giornale	banconota
2. impiegato	moglie	figlio	marito
3. tram	autobus	biglietto	automobile
4. museo	banca	bagno	cinema
5. strada	via	piazza	taxi

14. Choose the correct words in the circles to complete the sentences.

(prelevare) (soldi) (intestatario) (spiccioli) (moneta) (assegno)

1. Devo pagare con il bancomat perché non ho ....
2. Per incassare un .... ci vuole un documento d'identità.
3. Vado in banca per .... 200 euro dal mio conto corrente.
4. Qui devi scrivere il nome dell' .... del conto.
5. Sono senza .... : ho solo banconote da 10 e 20 euro.
6. Hai, per caso, una .... da un euro?

15. Match each word with the corresponding definition.

1. le banconote   a ☐ ... è la moneta di un determinato paese
2. gli spiccioli   b ☐ ... è un impiegato di banca che riceve e dà denaro
3. la valuta   c ☐ ... sono biglietti di piccolo e grosso taglio
4. i contanti   d ☐ ... è un deposito di denaro in banca
5. il cassiere   e ☐ ... sono soldi in monete e banconote
6. il conto corrente   f ☐ ... sono monete di piccolo taglio

un mondo di parole

numeri cardinali da 50 a 1.000.000 e oltre

50	cinquanta	600	seicento
51	cinquantuno	660	seicentosessanta
60	sessanta	700	settecento
68	sessantotto	770	settecentosettanta
70	settanta	800	ottocento
75	settantacinque	880	ottocentottanta
80	ottanta	900	novecento
87	ottantasette	999	novecentonovantanove
90	novanta	1.000	mille
93	novantatré	1.800	milleottocento
100	cento	2.000	duemila
110	centodieci	2.150	duemilacentocinquanta
200	duecento	3.000	tremila
220	duecentoventi	3.680	tremilaseicentottanta
300	trecento	10.000	diecimila
330	trecentotrenta	10.500	diecimilacinquecento
400	quattrocento	100.000	centomila
440	quattrocentoquaranta	100.870	centomilaottocentosettanta
500	cinquecento	1.000.000	un milione
550	cinquecentocinquanta	1.600.300	un milioneseicentomilatrecento

* Most cardinal numbers are invariable. Exceptions: *uno* (which in the feminine becomes *una*), *mille* (which in the plural becomes *-mila*) and *milione* (which in the plural becomes *milioni*).
* Numbers ending in *tre* take an accent mark (*ventitré*, *trentatré*, *novantatré*, *seicentotré*).
* Numbers from twenty on drop the final vowel in front of *uno* and *otto* (*ventotto*, *trentuno*, *novantotto*).

numeri ordinali da 13° a 1000°

13°	tredicesimo	30°	trentesimo
14°	quattordicesimo	40°	quarantesimo
15°	quindicesimo	50°	cinquantesimo
16°	sedicesimo	60°	sessantesimo
17°	diciassettesimo	70°	settantesimo
18°	diciottesimo	80°	ottantesimo
19°	diciannovesimo	90°	novantesimo
20°	ventesimo	100°	centesimo
21°	ventunesimo	1000°	millesimo

* Ordinal numbers are adjectives. They agree with the name in gender (m/f) and number (*la zeta è la ventunesima lettera dell'alfabeto*).

🎧 1 56

16. Listen to the CD. For each person, identify the kind of currency, the amount he / she wants to change and the amount of Euros he / she gets in return.

persone	valuta da cambiare	quantità di valuta	euro corrispondenti
1.	....	....	....
2.	....	....	....
3.	....	....	....

grammatica

condizionale semplice (espressione di desiderio o intenzione)

Vorrei	cambiare 500 sterline banconote di grosso taglio un'informazione

Avrei intenzione	di	aprire un conto corrente prendere la residenza vivere a Roma

17. Complete the sentences by indicating what you would like or intend to do.

1. .... aprire un conto corrente.

2. .... di passare un giorno al mare.

3. .... un modulo per versare dei soldi.

4. .... di ritirare duecento euro.

5. .... pagare con la carta di credito.

6. .... di cambiare banca.

la particella ci con il verbo avere

Ha Hai Avete	il libretto di assegni? la carta di credito? gli euro? le monete? i dollari?

Sì, No, non	ce	l' li	ho
		le	abbiamo
Sì, ma	ne		abbiamo pochi

* As you have seen in unità 7, the particle *ci* becomes *ce* when it precedes the pronouns *lo*, *la*, *li* and *le*.
* Only the singular pronouns *lo* and *la* take an apostrophe.

18. Complete the dialogues with the appropriate words.

1. Ha la carta di credito, signore?   Sì, ...

2. Ha il libretto di assegni, signorina?   No, non ....

3. Hai banconote di piccolo taglio?   Sì, ...

4. Ha la residenza qui, signora?   No, non ....

5. Avete due monete da 50 centesimi?   No, non ....

6. Vuole comprare altri franchi svizzeri?   Sì, perché .... pochi.

7. Ha il modulo per il versamento, signora? Sì, ... , grazie.

8. I vostri amici hanno abbastanza sterline? Sì, ... abbastanza per tre giorni.

gradi dell'aggettivo: comparativo di maggioranza e di minoranza

L'aereo			comodo	del	treno
Il tuo albergo	è	più meno	bello	del	mio
La banca			vicina	dell'	ufficio postale
Il vino			buono	della	birra
Giorgio			grasso	di	Luigi

La vita a Milano			stressante		a Modena
Per me l'auto			utile		per Giorgio
Questo regalo	è	più meno	costoso	che	utile
Capire una lingua straniera			facile		parlarla
Viaggiare in treno			sicuro		in macchina

* *di* is used when the comparison is between two nouns or pronouns that are not preceded by a preposition;
* *che* is used when the comparison is between:
  * two nouns or pronouns that are preceded by a preposition;
  * two adjectives referring to the same noun or pronoun;
  * two verbs;
  * two quantities.

comparativo di uguaglianza

La vita a Milano	è	(tanto)	stressante	quanto	a Roma cara
Camminare			salutare		andare in bicicletta
Giulio		(così)	gentile	come	te

* Normally only the second terms are used (**quanto** and **come**).

19. Answer the questions using the comparative form of the adjectives in brackets.

1. Perché vuoi viaggiare in aereo e non in treno? .... (*comodo*)

2. Perché vuoi studiare l'italiano e non il tedesco? .... (*facile*)

3. Perché vuoi mangiare il pesce e non la carne? .... (*buono*)

4. Perché vuoi prendere la metro e non l'autobus? .... (*veloce*)

5. Perché vuoi andare al cinema e non al concerto? .... (*divertente*)

20. Answer the questions based on your own opinion.

1. Secondo te è più comodo pagare in contanti o fare un assegno?

....

2. Secondo te è più bello stare a Milano o vivere in una città piccola?

....

3. Secondo te è più caro prendere il treno o andare in macchina?

....

4. Secondo te è più facile parlare o capire una lingua straniera?

....

5. Secondo te è più divertente vedere un bel film o andare in discoteca?

....

6. Secondo te è più rischioso viaggiare in aereo o muoversi in macchina?

....

21. Complete the sentences with the appropriate words from those listed below.

> • di (x 4) • del • della • dei • degli • che (x 2)

1. Quest'albergo è più confortevole .... bello.

2. Il nuovo professore è più simpatico .... quello dell'anno scorso.

3. Mio marito è più pigro .... me.

4. Il loro appartamento è un po' più piccolo .... nostro.

5. La grammatica italiana è più complessa .... quella inglese.

6. Claudia è più carina .... sua amica.

7. La quotazione di oggi è più bassa .... quella di ieri.

8. I miei genitori sono più autoritari .... tuoi.

9. Le pensioni sono meno care .... alberghi.

10. Pagare con la carta di credito è più pratico .... sicuro.

gradi dell'aggettivo e dell'avverbio: superlativo assoluto

aggettivi

bello buono faticoso	bell- buon- faticos-	**-issimo** **-issima** **-issimi** **-issime**
stan**co** lun**go**	stan**ch**- lun**gh**-	
difficile facile gentile	difficil- facil- gentil-	

avverbi

po**co**	po**ch**-	
molto tanto presto tardi bene male	molt- tant- prest- tard- ben- mal-	**-issimo**

* Adjectives and adverbs ending in *-co* and *-go* take an "h" in front of the suffix *-issimo* to maintain the hard /k/ and /g/ sound (*lungo → lunghissimo*, *poco → pochissimo*).

22. Complete the following statements with the superlative form of the adjectives.

1. Il cassiere dice che la carta di credito è molto comoda.	Sì, è vero, è ....

2. Tutti dicono che l'ultimo libro di Umberto Eco è molto interessante	Sì, anche a me sembra ....

3. Marta dice che è molto stanca.	Lo vedo anch'io che è ....

4. Giulia dice che è molto contenta.	Sì, si vede che è ....

5. Tutti dicono che Carla è molto magra.	Anche secondo me è ....

6. Tutti dicono che Ugo è molto intelligente.	È vero, è ....

7. Tutti dicono che Anna è molto ricca.	Sì, so anch'io che è ....

8. Tutti dicono che Lucca è molto bella.	Sì, è ....

23. Complete the sentences with the superlative form of the adverbs in brackets.

1. Il signor Paoletti spende (*molto*) ....

2. La signora Sarti esce sempre (*presto*) ....

3. Ieri sera siamo tornati (*tardi*) ....

4. In quel ristorante si mangia (*bene*) ....

5. So che il nonno di Anna sta (*male*) ....

6. A noi piace (*tanto*) .... viaggiare.

uso delle preposizioni: a, di, da, in

Preferisco	banconote	**di**	grosso / piccolo taglio
		da	cento / cinquanta

Sono	**in** Italia **in** questa città **a** Torino	**da**	due mesi pochi giorni tre settimane

* **Be careful!** Even if the verb is in the present indicative, the structure *Sono in / a ... da ...* expresses an action that began in the past and is still continuing at the time of speaking. See unità 3.

24. Report what each person says.

1. Anna: "Sono a Firenze solo da una settimana."

   Anna dice che ....

2. I signori Fiorucci: "Viviamo in campagna da molti anni."

   I signori Fiorucci dicono che ....

3. Giorgio: "Uso la carta di credito da diversi anni."

   Giorgio dice che ....

4. Laura e Ugo: "Siamo sposati solo da sei mesi."

   Laura e Ugo dicono che ....

sviluppiamo le abilità

comprensione scritta

25. *Read the following text and try to understand the general meaning. If you need any help, ask your teacher.*

Gli italiani e i pagamenti elettronici

Secondo una ricerca, sette italiani su dieci hanno una carta bancomat nel proprio portafoglio e quattro su dieci una carta di credito. Sempre più spesso, quindi, in Italia il "denaro di plastica" viene preferito a quello contante anche per gli acquisti più piccoli, grazie al fatto che quasi otto negozi su dieci accettano i pagamenti con carte, ritenuti più comodi e più sicuri. La carta bancomat è usata soprattutto per prelevare contanti dai distributori automatici di banconote e per eseguire pagamenti presso supermercati, distributori di carburante, negozi, ristoranti ecc. Da una ricerca dell'Associazione Bancaria Italiana sull'internet banking, risulta che su 6 milioni di italiani che hanno un conto online, solo 3 milioni sono gli utilizzatori assidui. L'italiano tipo che utilizza Internet per gestire il proprio conto corrente ha in media meno di 45 anni, sempre più spesso è donna e tiene costantemente sotto controllo il proprio conto collegandosi al sito della sua banca tre volte alla settimana.

26. *Read the text once again and decide whether the following statements are true (V) or false (F).*

1. Tre italiani su dieci non hanno la carta bancomat.   V   F

2. In Italia tutti i negozi accettano pagamenti con bancomat o carta di credito.   V   F

3. Sei milioni di italiani hanno un conto online.   V   F

4. Le donne che usano Internet per gestire il proprio conto bancario sono in aumento.   V   F

5. Il bancomat si usa solo nei negozi.   V   F

produzione scritta

27. *Choose two places you know well and write five sentences comparing them, as in the example.*

● La città è più caotica della campagna.

1. ....

2. ....

3. ....

4. ....

5. ....

▶ *Use the following adjectives:*

divertente
interessante
rilassante
caotico
moderno
stressante

comprensione orale

 1 57

28. Listen to the CD and answer the questions. Then try to fill in the form.

1. Che cosa vuole fare la cliente?

2. Che cosa scrive la cliente nel campo "intestato a..."?

3. In che modo l'impiegato aiuta la cliente?

4. La cliente preferisce i contanti o un assegno?

5. Qual è la cifra che decide di versare sul conto?

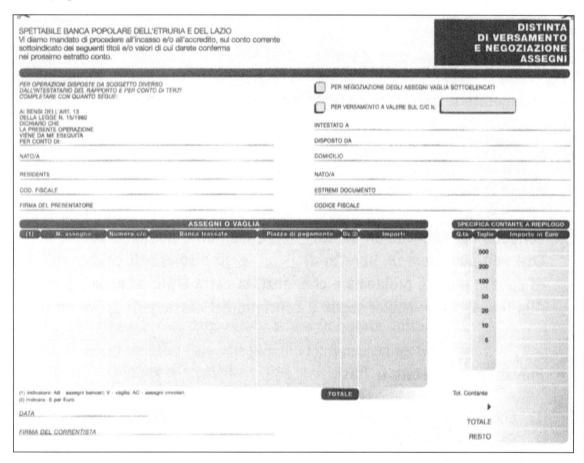

produzione orale

29. Express your opinion, using one of the alternatives given, as in the example.

● Secondo me, gli americani sono più socievoli degli italiani.

americani / italiani

pizza / hamburger

New York / Milano

Francia / Italia

mare / montagna

cucina italiana / cucina cinese

calciatori italiani / calciatori spagnoli

▶ Use the following adjectives:

**socievole
rilassante famoso
bravo caldo
affollato
buono**

1. *Read the following text and try to understand the general meaning. If you need any help, ask your teacher or look at the glossary.*

Acquisti "italiani"

Una delle caratteristiche della società moderna è la tendenza a incoraggiare gli acquisti, **alimentando** falsi bisogni. Spesso il possesso di un prodotto viene percepito come fonte di felicità, come mezzo per costruire un'identità sociale accettata, e in alcuni casi lo shopping viene considerato un modo per **scaricare** le tensioni di una giornata difficile. Le donne comprano principalmente vestiti, scarpe e prodotti di bellezza. Gli uomini acquistano soprattutto **simboli di prestigio sociale**, come automobili o **apparecchi** tecnologici, ultimi modelli di computer, macchine fotografiche digitali, TV LCD o al plasma.
Diversi sono i luoghi degli acquisti: i **centri commerciali**, i negozi, gli show-room delle vie del centro e i mercati.

I mercati

Bisogna risalire all'antica Roma per trovare traccia dei primi mercati. Ma è nel Medioevo, quando nascono le città, che i mercati all'aperto diventano caratteristici dello stile di vita italiano. Nei mercati cittadini, i contadini vendevano i loro prodotti: frutta, verdura, latte, uova, **pollame**. Una tradizione che è rimasta fino ai giorni nostri, anche nelle grandi città, dove i mercati si tengono una o più volte alla settimana. Spesso i prezzi dei mercati sono più **convenienti**, e in genere la qualità dei prodotti è più alta e si riesce ad avere un rapporto personale tra venditore e cliente. Sono soprattutto le donne a frequentare i mercati, dove hanno la loro **bancarella** di fiducia e dove possono incontrare amiche e conoscenti, scambiare quattro chiacchiere in un ambiente più informale rispetto a quello di un negozio, e più "umano" rispetto a quello di un supermercato.
Nei mercati si trovano anche generi di abbigliamento, spesso a prezzi convenientissimi.

Porta Portese a Roma

Porta Portese è sinonimo di **mercato delle pulci**; è qui che la domenica mattina ha sede il più famoso mercato di Roma. Merita sicuramente una visita. È pieno di bancarelle che vendono scarpe, vestiti nuovi o usati, accessori per la cucina, mobili di antiquariato, lenzuola, asciugamani, vecchi dischi, CD, valigie, borse; insomma si può trovare di tutto. Se si va la mattina presto, si possono fare degli ottimi affari. Apre intorno alle otto e chiude alle due.

GLOSSARIO

alimentando: *stimulating*

scaricare: *to relieve*

simboli di prestigio sociale: *status symbols*

apparecchi: *devices*

centri commerciali: *shopping centres*

pollame: *poultry*

convenienti: *cheap*

bancarella: *stall*

mercato delle pulci: *flea market*

portici: *arcades*

arteria: *thoroughfare*

Le vie della moda

Le maggiori città italiane hanno una o più vie, di solito nel centro storico, dedicate agli acquisti, dove si trovano i negozi più esclusivi.

A Milano, capitale del "made in Italy", il meglio della moda italiana e straniera fa bella mostra di sé nelle esclusive boutique dell'elegante via Montenapoleone, una delle vie dello shopping di lusso più amate da milanesi e turisti, che, insieme con via Della Spiga, via Sant'Andrea e via Borgospesso, forma il famoso "quadrilatero della moda". Qui si concentrano i negozi delle firme più celebri e prestigiose. Altre boutique si affacciano sotto i **portici** del vicino corso Vittorio Emanuele, dove si alternano a negozi più alla portata di tutti.

La più importante **arteria** commerciale della città rimane, però, corso Buenos Aires, una delle "vie dello shopping" più importanti e lunghe d'Europa. Con i suoi 350 punti vendita di ogni genere, è la meta ideale per chi vuole fare acquisti di qualità senza spendere una fortuna.

2. Based on what you have just read, decide whether ⓐ or ⓑ is correct.

1. Spesso gli acquisti sono...

    ⓐ stimolati dalla società.   ⓑ dovuti a bisogni reali.

2. I mercati...

    ⓐ sono nati solo recentemente.   ⓑ risalgono all'antichità.

3. Il mercato di Porta Portese...

    ⓐ è aperto tutto il giorno.   ⓑ chiude nel primo pomeriggio.

4. I negozi di via Montenapoleone sono...

    ⓐ esclusivi.   ⓑ alla portata di tutti.

3. Find the words in the text that correspond to the following definitions.

1. Sono all'aperto e hanno prezzi convenienti. ....

2. Si fanno nei centri commerciali, nei negozi e nei mercati. ....

3. Vi si possono trovare articoli nuovi o usati. ....

4. Servono per esporre i prodotti nei mercati. ....

5. Sono molto alti nei negozi di lusso di via Montenapoleone. ....

verifichiamo le abilità

reading

1. Reconstruct the text by numbering the sentences in the correct order.

☐ Non domanda al cassiere qual è la quotazione,

☐ Paolo acquista poi trecento dollari canadesi,

☐ Paolo va nella banca vicina all'albergo per comprare cinquantamila yen.

☐ perché la sa già: circa centocinquantasette yen per euro.

☐ Paolo chiede se può avere due banconote da cento,

☐ perché ha intenzione di partire per Montreal.

☐ Dunque i cinquantamila yen valgono circa trecentodiciotto euro.

☐ e il resto in banconote di piccolo taglio e monete.

PUNTI ▷ 8

writing

2. You are talking to a bank clerk. Complete the dialogue.

impiegato   Dica pure!

tu   ....

impiegato   Bene. Quanti franchi svizzeri vuole cambiare?

tu   ....

impiegato   Quattrocento? Vediamo... Oggi il franco è 1,574. In tutto fanno 254 euro e 77 centesimi.

tu   ....

impiegato   Spiacente. Oggi abbiamo solo banconote di piccolo taglio.

tu   ....

impiegato   Ecco: cinquanta, cento, centocinquanta, duecento, duecentocinquantaquattro e 77 centesimi. Li può contare.

tu   ....

impiegato   Sì, certo, ma per aprire un conto deve andare allo sportello 6.

tu   ....

impiegato   Guardi, è in fondo a destra.

tu   ....

impiegato   Non c'è di che. Buongiorno!

PUNTI ▷ 7

listening

🔊 1 58

3. Complete the conversation between John Carter and a bank clerk while listening to the CD.

John Carter   Vorrei .... un conto corrente.

cassiere   Lei è .... , vero?

John Carter   Sì, ma .... già la residenza qui.

cassiere   Allora è a posto! Ha con sé il certificato di .... e il .... ?

John Carter   Sì, ...

cassiere   Bene! Quanto .... versare?

John Carter   .... dollari.

PUNTI ▷ 10

speaking

4. Imagine you have some things to take care of at the bank. How would you say the following?

1. È mattina: entri in banca e saluti l'impiegato.   2. Vuoi cambiare la tua valuta in euro.
3. Vuoi aprire un conto corrente.   4. Vuoi il bancomat e la carta di credito.   5. Ringrazi e saluti.

PUNTI ▷ 5

PER OGNI RISPOSTA CORRETTA: PUNTI 1 • PER OGNI RISPOSTA ERRATA: PUNTI 0 • PER OGNI RISPOSTA NON DATA: PUNTI 0   PUNTEGGIO FINALE ▶ 30

156   centocinquantasei

CHE GIORNATA!

▶ *Match each action (1-4) with the corresponding picture (a-d).*

1. ☐ vestirsi   2. ☐ pettinarsi   3. ☐ lavarsi   4. ☐ svegliarsi

▶ *In which pictures (a-d) can you see the following objects and which actions (1-4) are they related to? Write your answers in the boxes below.*

☐☐ abito   ☐☐ sveglia   ☐☐ sapone   ☐☐ pettine

Here is what you are going to learn in this Unit:

Communicative goals	talking about past actions; giving explanations; talking about hypothetical situations; asking someone to repeat; giving advice
Grammar	• participio passato regolare e irregolare • passato prossimo • verbi riflessivi e pronominali (2): *alzarsi* • posizione dell'avverbio con verbi ai tempi composti • indicativo imperfetto (1) regolare e irregolare • uso dei tempi: passato prossimo e imperfetto • periodo ipotetico con l'indicativo
Lexical area	daily routines, physical and emotional states

🎧 1 59 *1. Listen to the dialogue between Angela and Carla and try to find out why Angela arrived late at the office.*

UN GIORNO SFORTUNATO

Angela Oh, finalmente un momento di pace! Sono stanchissima. La notte scorsa ho dormito poco e stamattina mi sono alzata presto.

Carla E sei andata lo stesso a lavorare?

Angela Sì, ma sono arrivata tardissimo.

Carla Hai avuto qualche problema con il capo?

Angela No, ha capito e non ha detto niente.

Carla Meno male. Ma non mi hai detto perché sei arrivata in ritardo. Che cosa ti è successo?

Angela La macchina non è partita, ho perso l'autobus e ho dovuto prendere un taxi.

Carla Povera te! Come sei riuscita a trovarlo a quell'ora?

Angela Infatti sono rimasta ad aspettare per strada quasi venti minuti.

Carla Con quel freddo! Perché non mi hai telefonato?

Angela Be', ci ho pensato, ma non ho voluto disturbarti.

Carla Ma dai, non mi costava niente. Se mi chiamavi, ti portavo io.

Angela Ho una fame...

Carla Come hai detto, scusa?

Angela Ho detto che ho molto appetito. Ho saltato il pranzo e ho mangiato solo un panino al bar. Che hai preparato di buono per cena?

Carla Niente di speciale. Ma se hai fame non c'è problema: ti preparo un piatto di pasta.

🎧 **1** 59

2. Listen again and decide whether the following statements are true (vero = V) or false (falso = F).

1. Angela ha dormito poco. **V F**

2. Angela ha trovato subito un taxi. **V F**

3. Il capo non ha detto niente ad Angela
   per il ritardo. **V F**

4. All'ora di pranzo Angela non ha mangiato. **V F**

5. Carla ha preparato qualcosa di speciale
   per cena. **V F**

🎧 **1** 59

3. Listen once again while reading along with the text. Then write the sentences that are used in the dialogue to express the following communicative goals:

1. dare spiegazioni
   (*giving explanations*)

   ....

2. formulare ipotesi
   (*talking about hypothetical situations*)

   ....

3. parlare di azioni passate
   (*talking about past actions*)

   ....

4. chiedere di ripetere
   (*asking someone to repeat*)

   ....

🎧 **1** 59

4. Listen and repeat. Pay attention to your pronunciation and intonation.

5. Complete the following sentences from the dialogue with the appropriate words.

1. La notte scorsa ho .... poco e
   stamattina mi sono .... presto.

2. Ma non mi .... detto perché
   .... arrivata in ....

3. Ho .... prendere un taxi.

4. .... te! Come sei .... a
   .... a quell'ora?

5. Infatti .... rimasta ad ....
   per strada quasi venti minuti.

impariamo a...

PARLARE DI AZIONI PASSATE

6. Work in pairs. Look at the pictures and then ask and answer questions in an informal way, as in the example.

● Che cosa hai fatto ieri sera?
■ Ho guardato la tv. E tu?
● Anch'io ho guardato la tv. / Io ho giocato a tennis.

● memo

	-are		-ato
	guard**are**	ho	guard**ato**
	gioc**are**		gioc**ato**

| guardare la TV | giocare a tennis | passeggiare con un'amica | preparare le valigie | studiare per l'esame |

7. Match each caption with the corresponding picture.

1. ☐ Ieri Jenny è partita per Roma.

2. ☐ Anna e Giorgio ieri sono andati al cinema.

3. ☐ Ieri sera Pietro è uscito con un'amica.

4. ☐ Marta è rimasta tutto il giorno a casa.

a   b   c   d

8. Write what you did yesterday.

Ieri mattina ho .... / sono ....   Ieri sera ho .... / sono ....

9. Look at the pictures and say what Giorgio usually does and what he did this morning.

 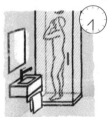   

| svegliarsi | fare la doccia | vestirsi | fare colazione | prendere l'autobus |

Di solito Giorgio si sveglia presto, alle 7.15, ...

Oggi, invece, Giorgio si è svegliato tardi, alle 9.30, ...

10. Now say what you usually do in the morning and what you did this morning.

11. Work in pairs. Each of you says what you did or were doing yesterday, as in the example.

● Che ore sono?
■ Sono le 5. A quest'ora ieri giocavo ancora a tennis.
● Io, invece, ho giocato fino alle quattro.

> **GRAMMAR SOS**
>
> With "*giocavo*" (I was playing), the speaker is referring to a single moment (*alle ore 16* / at four o' clock) of a past on-going action, the end or beginning of which is not specified.
> With "*ho giocato*" (I played), the speaker is referring to the whole action carried out, the end or beginning of which is specified (*fino alle ore 16* / till four; *dalle 14 alle 16* / from two to four).

DARE SPIEGAZIONI

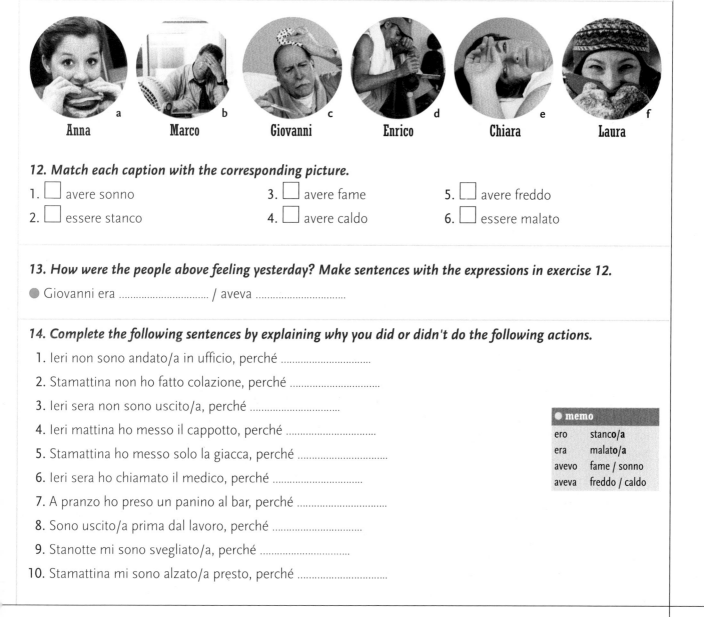

Anna   a   Marco   b   Giovanni   c   Enrico   d   Chiara   e   Laura   f

12. Match each caption with the corresponding picture.

1. ☐ avere sonno   3. ☐ avere fame   5. ☐ avere freddo
2. ☐ essere stanco   4. ☐ avere caldo   6. ☐ essere malato

13. How were the people above feeling yesterday? Make sentences with the expressions in exercise 12.

● Giovanni era .... / aveva ....

14. Complete the following sentences by explaining why you did or didn't do the following actions.

1. Ieri non sono andato/a in ufficio, perché ....
2. Stamattina non ho fatto colazione, perché ....
3. Ieri sera non sono uscito/a, perché ....
4. Ieri mattina ho messo il cappotto, perché ....
5. Stamattina ho messo solo la giacca, perché ....
6. Ieri sera ho chiamato il medico, perché ....
7. A pranzo ho preso un panino al bar, perché ....
8. Sono uscito/a prima dal lavoro, perché ....
9. Stanotte mi sono svegliato/a, perché ....
10. Stamattina mi sono alzato/a presto, perché ....

> **● memo**
>
> | | |
> |---|---|
> | ero | stanco/a |
> | era | malato/a |
> | avevo | fame / sonno |
> | aveva | freddo / caldo |

FORMULARE IPOTESI

15. Match each condition in A with the corresponding result in B to form true conditional sentences in the present.

1. Se vieni a cena,
2. Se sei in ritardo,
3. Se hai problemi con il computer,
4. Se non sei troppo stanca,
5. Se parti presto,
6. Se non devo uscire,

a ☐ puoi chiamare il tecnico.
b ☐ vado a dormire presto.
c ☐ non trovi traffico.
d ☐ mi fai molto piacere.
e ☐ puoi prendere un taxi.
f ☐ possiamo andare al cinema.

🎧 1 60

16. Now listen to the CD and check your answers.

17. Use the verbs in the circles to change the sentences in exercise 15 into untrue conditional sentences in the past, as in the example.

andavo   avevi   dovevo   eri (x2)   facevi   partivi   potevi (x2)   potevamo   trovavi   venivi

● Se venivi a cena, mi facevi molto piacere.

🎧 1 61

18. Now listen to the CD and check your answers.

CHIEDERE DI RIPETERE

🎧 1 62

19. Listen to the CD and try to find out which set phrase is used in each dialogue to ask someone to repeat what he / she has said.

Ho perso le chiavi di casa.

Ho prenotato un tavolo per le 8.

Posso parlare con il signor Mastrocola?

Sabato ho visto un film di Virzì.

🎧 1 62

20. Listen once again to the CD and check your answers.

DARE CONSIGLI

21. Work in pairs. Look at the pictures and read the descriptions. Then talk to each other about the cities, as in the example.

● È mai stata a Palermo?

■ No, non ci sono mai stata.

● Allora deve andarci: è una bellissima città che conserva molte tracce di civiltà passate, come le chiese e i palazzi di origine araba e normanna.

Palermo conserva molte tracce di civiltà passate, come le chiese e i palazzi di origine araba e normanna.

Pisa, una città famosa in tutto il mondo per il Campo dei Miracoli e la sua torre pendente.

Venezia, città unica al mondo per i suoi canali e i suoi monumenti.

Bologna, conserva un bellissimo centro storico medievale ed è sede della più antica università d'Europa.

Assisi è una piccola città dell'Umbria, dove è nato san Francesco, santo patrono d'Italia. Ha caratteristiche strade medievali e molti luoghi sacri.

L'isola di **Capri**, a pochi km da Napoli, è famosa in tutto il mondo per il suo bellissimo mare, i faraglioni e la celebre Piazzetta.

22. Match each statement in A with the appropriate advice in B.

A	B
1. Sono stanca.	a ☐ Devi fare esercizio fisico.
2. Ho fame.	b ☐ Mettiti la sciarpa e i guanti.
3. Sono sempre in ritardo.	c ☐ Devi andare a letto presto.
4. Mi piace l'italiano.	d ☐ Riposati un po'.
5. Ho freddo.	e ☐ Vai dal medico.
6. Ho sonno.	f ☐ Puoi iscriverti a un corso serale.
7. Sono troppo grassa.	g ☐ Esci prima di casa.
8. Non mi sento bene.	h ☐ Mangia qualcosa.

23. Match each action with the corresponding picture.

a   b   c   d   e

1. ☐ alzarsi   2. ☐ lavarsi   3. ☐ cenare   4. ☐ andare a dormire   5. ☐ uscire di casa

24. Look at the pictures and write when you last did each of these chores.

spazzare   stendere   passare   stirare   fare la spesa   spolverare
il pavimento   il bucato   l'aspirapolvere

....

25. Choose the correct verb in the circles to complete each phrase.

(avere) (alzarsi) (fare (x3)) (giocare) (preparare) (andare (x2)) (saltare)

1. .... la doccia   6. .... il pasto

2. .... fame   7. .... a letto

3. .... colazione   8. .... a tennis

4. .... il pranzo   9. .... la spesa

5. .... dal letto   10. .... a lavorare

26. Write the nouns that correspond to the following definitions.

1. segue il giorno   ....   4. voglia di dormire   ....

2. forte appetito   ....   5. il pasto della sera   ....

3. il pasto di mezzogiorno   ....   6. la prima parte del giorno   ....

27. In each line, find the odd word out.

1. spolverare   dormire   stirare   spazzare

2. alzarsi   vestirsi   chiamarsi   svegliarsi

3. pranzo   panino   colazione   cena

4. tardi   dopo   presto   davanti

unità 9

28. Match the words in A with those of opposite meaning in B.

A
1. svegliarsi
2. vestirsi
3. perdere
4. uscire
5. riposato
6. sano
7. caldo

B
a ☐ spogliarsi
b ☐ addormentarsi
c ☐ stanco
d ☐ malato
e ☐ freddo
f ☐ entrare
g ☐ trovare

29. Look at the pictures and choose the correct words in the circles to complete the captions.

arrabbiato   felice   malato   preoccupato   rilassato   triste

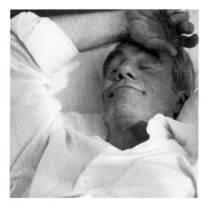

Marco è ....

Giorgio è ....

Carla è ....

Paolo è ....

Laura è ....

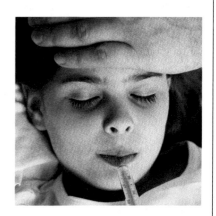

Giada è ....

centosessantacinque **165**

participio passato regolare

lavorare	lavorato	-are	→	-ato
ricevere	ricevuto	-ere	→	-uto
dormire	dormito	-ire	→	-ito

✱ Other verbs conjugated in the same way as **lavorare** are: *andare, arrivare, cercare* and *stare*.

✱ Other verbs conjugated in the same way as **ricevere** are: *avere, tenere* and *vendere*.

✱ Other verbs conjugated in the same way as **dormire** are: *preferire, partire* and *sentire*.

participio passato irregolare

essere	**stato**

accendere	**acceso**	dire	**detto**	scegliere	**scelto**
chiudere	**chiuso**	fare	**fatto**	spegnere	**spento**
decidere	**deciso**	leggere	**letto**		
perdere	**perso**	rompere	**rotto**	bere	**bevuto**
prendere	**preso**	scrivere	**scritto**	venire	**venuto**
scendere	**sceso**	chiedere	**chiesto**	nascere	**nato**
spendere	**speso**	rimanere	**rimasto**		
discutere	**discusso**	rispondere	**risposto**	conoscere	**conosciuto**
mettere	**messo**	proporre	**proposto**	piacere	**piaciuto**
permettere	**permesso**	vedere	**visto**	vivere	**vissuto**
promettere	**promesso**	aprire	**aperto**		
smettere	**smesso**	morire	**morto**		
succedere	**successo**	offrire	**offerto**		

✱ Verbs ending in -*are* and -*ire* are usually regular. The verbs **fare** and **dire** actually belong to the 2nd conjugation (because of their Latin infinitives *facere* and *dicere*).

✱ Verbs ending in -*ere* are mostly irregular. The most common endings in these cases are -*so*, -*to*/-*tto* and -*sto*.

✱ The verbs **perdere** and **vedere** have two past participle forms (*perso / perduto*; *visto / veduto*).

30. Complete the sentences with the past participle of the verbs below.

● dormire ● perdere ● ricevere ● sapere ● dovere

1. Perché è qui, signora?   Perché ho .... l'invito.

2. Perché sei in ritardo, Barbara?   Perché ho .... l'autobus.

3. Perché torna a casa così presto, dottore?   Perché ho .... che mia moglie non sta bene.

4. Perché è uscita più tardi dall'ufficio, signora?   Perché ho .... finire un lavoro.

5. Perché sei così stanca, Laura?   Perché stanotte ho .... poco.

31. Once again, complete the sentences with the past participle of the verbs below.

● aprire ● chiudere ● decidere ● leggere ● mettere ● offrire ● perdere ● rompere ● smettere ● spendere

1. Avete .... la porta a chiave?

2. Non ricordo dove ho .... gli occhiali.

3. Gianni ha .... di fumare? No, fuma ancora.

4. Chi ha .... il vaso che era sul mio tavolo?

5. Quanto avete .... per il taxi?

6. Fred ha .... il portafoglio con tutti i documenti.

7. Per il suo compleanno Andrea ha .... da bere a tutti.

8. Anna ha .... di andare a vivere da sola.

9. Abbiamo .... le finestre perché avevamo caldo.

10. Qual è l'ultimo libro che hai .... ?

passato prossimo

con l'ausiliare *avere*

(io) (tu)	**ho** **hai**	lavorat**o**	molto
(lui) (lei) (Lei)	**ha**	ricevut**o**	tante lettere
(noi) (voi) (loro)	**abbiamo** **avete** **hanno**	finit**o**	presto

con l'ausiliare *essere*

(io) (tu)	**sono** **sei**	andat**o** / andat**a**	a casa
(lui) (lei) (Lei)	**è**	partit**o** / partit**a**	per Roma
(noi) (voi) (loro)	**siamo** **siete** **sono**	andat**i** / andat**e** partit**i** / partit**e**	al cinema da Milano

As you can see, the *passato prossimo* is formed with the auxiliary verbs *avere* or *essere*.

* If the passato prossimo is formed with *avere*, the past participle always ends in *-o*.
* If the passato prossimo is formed with *essere*, the past participle agrees in gender and number with the subject, therefore ending in *-o*, *-a*, *-i* or *-e*.
* The auxiliary verb *essere* is used with:
  * verbs indicating actions which have a point of departure or arrival, such as: *andare, venire, tornare* and *uscire*;
  * the verbs *essere, stare* and *rimanere*;
  * the verbs *nascere, morire, diventare* and *vivere*; with *vivere*, the auxiliary verb *avere* is also used;
  * the verbs *sembrare, piacere* and *succedere*;
  * reflexive and pronominal verbs (*svegliarsi, alzarsi, lavarsi*, etc.).
* The auxiliary verb *avere* is used with all other verbs.

> GRAMMAR SOS
>
> The *passato prossimo* corresponds to both the present perfect and the simple past. In fact, the *passato prossimo* expresses past actions, regardless of their relation to the present:
> - *Ho* appena **visto** *un film* (I've just seen a film);
> - *Ieri* **ho visto** *un film* (Yesterday I saw a film).

32. Complete the sentences with the correct passato prossimo of the verbs in brackets.

1. Domenica scorsa Patrizia (*rimanere*) .... in città.

2. Lo scorso fine settimana Anna e Rita (*andare*) .... dai loro parenti al mare.

3. Carla (*partire*) .... due giorni fa da Torino.

4. I nonni (*stare*) .... da noi per due settimane.

5. Le mie amiche (*nascere*) .... in Sicilia, ma vivono a Roma da dieci anni.

6. Pavarotti (*morire*) .... nel 2007.

33. Once again, complete the sentences with the passato prossimo of the verbs in brackets.

1. Mario è in ritardo perché (*perdere*) .... l'autobus.

2. Vi (*piacere*) .... il film di ieri sera, ragazzi?

3. Scusa, (*vedere*) .... il mio libro d'italiano?

4. (*leggere*) .... il giornale di oggi, Elena?

5. Ieri noi (*rimanere*) .... a casa tutto il giorno.

6. Luisa non (*rispondere*) .... all'e-mail di Pino.

verbi riflessivi e pronominali: **alzarsi**

presente

Di solito	(io) (tu)	**mi** alzo **ti** alzi	presto
	(lui) (lei) (Lei)	**si** alza	
	(noi) (voi) (loro)	**ci** alziamo **vi** alzate **si** alzano	

passato prossimo

Oggi, invece,	**mi** **ti**	**sono** **sei**	alzat**o** alzat**a**	molto tardi
	si	**è**		
	ci **vi** **si**	**siamo** **siete** **sono**	alzat**i** alzat**e**	

* Reflexive and pronominal verbs are always conjugated with *essere*; therefore, the ending of the past participle agrees in gender and number with the subject.

34. Complete the sentences with the correct endings.

1. Giovanna si è divertit.... ieri sera? | No, dice che si è annoiat.... molto.

2. Non hai fatt.... una pausa, Sara? | Sì, mi sono riposat.... un po' dopo pranzo.

3. Ragazze, vi siete dimenticat.... di telefonare a Marisa? | No, ci siamo ricordat.... , ma lei non era a casa.

4. I tuoi amici si sono stancat.... a camminare? | Sì, un po', ma poi si sono sedut.... al bar.

5. Giorgio si è svegliat.... presto stamattina? | Sì, ma non si è alzat.... subito.

35. Complete the sentences with the passato prossimo of the verbs in brackets.

1. (*divertirsi*) .... ieri sera a casa di Piero, ragazzi?

2. La festa non era divertente e molti (*annoiarsi*) ....

3. Noi (*stancarsi*) .... molto a viaggiare in treno.

4. Matteo, (*ricordarsi*) .... di comprare il pane?

5. Giovanna (*dimenticarsi*) .... di andare alla banca.

posizione dell'avverbio con verbi ai tempi composti

Marco	è		sempre già	stato arrivato	un buon amico a Torino
	non	è	ancora	uscito	di casa
		ha	mai	visto	la Sicilia
	ha		appena già	finito preso	di mangiare il caffè

si è	già	svegliato alzato lavato vestito
non si è	ancora	

✳ Normally, the adverb follows the verb in simple tenses (*Mangia poco*). In compound tenses, it can be placed between the auxiliary and the past participle (*Ha sempre mangiato poco*) or after the participle (*Ha mangiato sempre poco*).

36. Rewrite the sentences, putting the adverb in brackets in the correct position.

1. Non abbiamo finito di lavorare. → ....(*ancora*)

2. Marta non è stata all'estero. → ....(*mai*)

3. Ho scritto un'e-mail. → ....(*appena*)

4. Laura si è svegliata. → ....(*già*)

5. Franco e Marco si sono divertiti. → ....(*sempre*)

6. Ho mangiato il dolce. → ....(*anche*)

indicativo imperfetto regolare e irregolare

	coniugazione regolare			coniugazione irregolare			
	parlare	vedere	sentire	essere	fare	dire	bere
(io)	parl**avo**	ved**evo**	sent**ivo**	**ero**	fac**evo**	dic**evo**	bev**evo**
(tu)	parl**avi**	ved**evi**	sent**ivi**	**eri**	fac**evi**	dic**evi**	bev**evi**
(lui) (lei) (Lei)	parl**ava**	ved**eva**	sent**iva**	**era**	fac**eva**	dic**eva**	bev**eva**
(noi)	parl**avamo**	ved**evamo**	sent**ivamo**	**eravamo**	fac**evamo**	dic**evamo**	bev**evamo**
(voi)	parl**avate**	ved**evate**	sent**ivate**	**eravate**	fac**evate**	dic**evate**	bev**evate**
(loro)	parl**avano**	ved**evano**	sent**ivano**	**erano**	fac**evano**	dic**evano**	bev**evano**

✳ The imperfect indicative of many verbs, such as *andare*, *avere* and *venire*, is also formed as above.

✳ The 1st and 2nd person plural are stressed on the second-last syllable (*parlavamo, vedevate*), whereas the 3rd person plural is stressed on the third-last syllable (*sentivano*).

uso dei tempi: imperfetto e passato prossimo

imperfetto	alle otto **dormivo** ancora	ore 8 ·················· ● ·············· →
passato prossimo	**ho dormito**	fino alle otto tutto il giorno fra le due e le tre dalle tre alle sei	|-----------| ore 8 |------------------------------------| 2|------|3 3|-----------|6

* The **imperfetto** and the **passato prossimo** express different kinds of actions in the past.
  You use the *imperfetto* when referring to a single moment of a past on-going action, the end of which is not specified.
  You use the *passato prossimo* when referring to a whole action carried out, the end or beginning of which is specified.
* The *imperfetto* is also used:
  • to express habitual actions in the past: *Da piccolo leggevo molto; D'estate andavamo sempre al mare*;
  • to express two or more past actions that were going on at the same time: *Mentre io dormivo, lui guardava la tv*;
  • to express a past action that was in progress when another one happened: *Mentre facevo la doccia è suonato il telefono*;
  • to express physical and emotional states in the past: *In quel momento avevo sonno, ero stanco, ero triste*;
  • to talk about age, time and weather in the past: *Nel 2000 avevo vent'anni; Quel giorno pioveva e faceva freddo*.

37. Complete the sentences with the imperfetto or passato prossimo of the verbs in brackets.

1. Ieri a quest'ora io (*essere*) .... a Firenze.

2. Il treno (*arrivare*) .... con venti minuti di ritardo.

3. Alle dieci di ieri sera Marco (*lavorare*) .... ancora.

4. Noi due (*giocare*) .... a tennis dalle sette alle otto.

5. Stamattina Sara (*partire*) .... per Parigi.

6. A mezzanotte loro (*aspettare*) .... ancora un taxi.

38. Once again, complete the sentences with the imperfetto or passato prossimo of the verbs in brackets.

1. Per tre giorni Sara .... a casa perché .... malata. (*rimanere / essere*)

2. Marco .... il cappotto perché .... freddo. (*mettere / sentire*)

3. Loro .... le finestre perché .... caldo. (*aprire / avere*)

4. Paolo non .... con noi perché .... stanco. (*venire / essere*)

5. Ieri sera io non .... perché non .... fame. (*cenare / avere*)

6. Ugo .... dal medico perché non .... bene. (*andare / stare*)

periodo ipotetico con l'indicativo

	ipotesi		conseguenza	
presente / futuro passato	Se	hai avevi	difficoltà con il computer	puoi potevi	telefonare al tecnico

* The **imperfetto** is often used in the if-clause and the result clause of untrue conditional sentences in the past (the 'third conditional') in spoken Italian and in some written forms as well (i.e. works of fiction and newspapers).

39. Rewrite the following sentences to form untrue conditional sentences in the past, as in the example.

● Ho dormito fino a tardi perché non ho dovuto lavorare. *Se dovevo lavorare, non dormivo fino a tardi.*

1. Ho speso tanto perché non ho trovato un albergo più economico. ....

2. Hanno preso un appartamento perché non hanno trovato una casa in campagna. ....

3. Ha chiamato il tecnico perché non è riuscita a risolvere il problema da sola. ....

4. È arrivato tardi in ufficio perché non ha sentito la sveglia. ....

comprensione scritta

40. Read the following text and try to understand the general meaning. If you need any help, ask your teacher.

Laura Pausini

Laura Pausini è una delle star italiane più conosciute all'estero. Ha iniziato a cantare nei locali di piano bar a tredici anni ed è diventata famosa nel 1993, quando ha vinto il Festival di Sanremo con *La solitudine*, canzone che fa ormai parte della storia della musica italiana.

In 15 anni di carriera, Laura Pausini ha vinto, oltre al Festival di Sanremo, il World Music Award a Montecarlo nel 1995 e il prestigioso Grammy Award per il migliore album latino nel 2006. In occasione del Grammy Award, la giovane stella della musica leggera italiana ha dichiarato: "È la più grande emozione della mia vita, è stata una lunga corsa durata tredici anni. Ho vinto il mio campionato del mondo partendo dalla panchina. Dedico questo premio al mio Paese, al mio pubblico e alla mia famiglia. Non pensavo di poter provare una gioia così grande. Quando me lo hanno detto credevo di svenire".

Nel corso della sua carriera ha cantato anche in spagnolo, portoghese, inglese e francese.

41. Based on what you have just read, decide whether ⓐ , ⓑ or ⓒ is correct.

1. Laura Pausini è... ⓐ una cantante. ⓑ un'attrice. ⓒ una ballerina.

2. Laura Pausini ha iniziato la sua carriera... ⓐ nei piano bar. ⓑ al Festival di Sanremo. ⓒ a Montecarlo.

3. Al festival di Sanremo è arrivata... ⓐ prima. ⓑ seconda. ⓒ terza.

3. Ha vinto... ⓐ l'Oscar. ⓑ il Nobel. ⓒ il Grammy Award.

4. Laura Pausini ha cantato anche in... ⓐ spagnolo. ⓑ russo. ⓒ tedesco.

5. La cantante ha dedicato il Grammy Award... ⓐ all'Italia. ⓑ agli USA. ⓒ alla sua città.

produzione scritta

42. Last night Mr Rossi prevented a burglary. You are a reporter. Write a news item for your newspaper about what happened last night, using the appropriate past tense (passato prossimo or imperfetto). Here is the sequence of events.

ore 22.00 Mentre sta andando a letto, il signor Rossi sente dei rumori sospetti.

ore 22.00 Il signor Rossi va alla finestra e vede un uomo sul tetto della casa vicina.

ore 22.05 Mentre controlla i movimenti del ladro, il signor Rossi chiama la polizia.

ore 22.15 La polizia arriva poco dopo.

ore 22.25 Il ladro sente la sirena della polizia che sta arrivando e cerca di fuggire, ma scivola e cade proprio nelle braccia dei poliziotti.

ore 22.30 La polizia allontana i curiosi che osservano la scena.

....

....

....

....

....

43. Write a few lines about an unlucky day for you. Explain:

►quando è stato ►che cosa è accaduto ►come ti sentivi

►chi ti ha aiutato ►come è finito

....

....

....

....

....

....

....

....

CULTURE SOS CULTURE

Venerdì 17

In Italy, the number 17 is considered unlucky for at least two reasons, both having to do with how it is written. The number 17 in Roman numerals is **XVII** and one anagram of it is **VIXI** (which in Latin means "I lived", "My life is over"), a word that was found on ancient tombstones.
When written using Arabic numerals, 17 is still considered unlucky since it resembles a man hanging from a gallows.
The number 17 is considered an unlucky number particularly when it falls on a Friday, because it is the day on which Jesus was crucified.
On the other hand, the number 13 is generally considered lucky in Italy.

venerdì 17

comprensione orale

🔘 1 63

44. Listen to the CD and complete the chart by writing down what Carla and Paolo did at these times.

	23.00	24.00	6.20	6.30	7.15	7.30	7.45	9.10
Carla			ha sentito un rumore					
Paolo						si è alzato		

🔘 1 63

45. Now listen once again to the CD and check your answers.

produzione orale

46. Work in pairs. Act out the following situation.

● Stai parlando con un amico / un'amica. Chiedigli / chiedile che cosa ha fatto ieri.

■ Tu sei l'amico / l'amica. Rispondi alla domanda dicendo che cosa hai fatto ieri dalla mattina alla sera.

47. Answer the following questions in Italian.

► Ti è mai successo di dormire poco la notte? Se sì, spiega quando è accaduto e per quale motivo.

► Hai mai saltato il pranzo per qualche motivo? Se sì, quando è stata l'ultima volta?

► Sei mai arrivato/a a scuola, al lavoro o a un appuntamento in ritardo? Spiega quando è successo e per quale motivo.

il PalaVela di Tori

La Gare d'Orsay

1. Read the following texts and try to understand the general meaning. If you need any help, look at the glossary or ask your teacher.

Italiane famose

Gae Aulenti è nata a Palazzolo dello Stella (UD) nel 1927. È una famosissima donna architetto, che ha progettato alcuni dei più importanti musei del mondo. Dal 1956 svolge la propria attività a Milano, **spaziando** dalla progettazione architettonica al design, alla scenografia teatrale. Fra le sue opere ricordiamo: la trasformazione in Museo della Gare d'Orsay a Parigi, la **ristrutturazione** di Palazzo Grassi a Venezia e del PalaVela per le olimpiadi invernali di Torino, e la progettazione dell'Istituto Italiano di Cultura di Tokyo. Ha ricevuto numerosi premi e **riconoscimenti**, fra cui la *laurea ad honorem* in Belle Arti dalla Rhode Island School of Design (Providence, USA).

Margherita Hack, nata a Firenze nel 1922, astrofisica di fama internazionale, è membro delle più prestigiose società fisiche e astronomiche. È stata per lungo tempo membro dei gruppi di lavoro dell'Agenzia Spaziale Europea e della NASA. Si è dedicata principalmente allo studio delle stelle ed è stata la prima donna italiana a dirigere un osservatorio astronomico.
Ha pubblicato oltre 250 lavori su **riviste** internazionali e molti libri. Per le sue ricerche ha ricevuto importanti riconoscimenti a livello mondiale.

Rita Levi Montalcini, nata nel 1909 a Torino, è stata fra le prime sette donne iscritte alla Facoltà di Medicina di Torino negli anni Trenta. Si è dedicata per tutta la vita allo studio del sistema nervoso, scoprendo la proteina che controlla la **crescita** dei neuroni (nota come NGF). Ha avuto incarichi prestigiosi in America, dove ha vissuto per oltre trent'anni, fino al 1977, diventando professore di Neurobiologia e proseguendo le ricerche per le quali, nel 1986, ha ottenuto il Premio Nobel per la Medicina .

Sofia Loren è cresciuta a Pozzuoli (Napoli), dove è nata nel 1934. Nel 1950 ha partecipato al concorso di Miss Italia conquistando il titolo di Miss Eleganza, che le ha permesso di iniziare la carriera di fotomodella. A soli diciassette anni, l'**incontro** con il produttore cinematografico Carlo Ponti, suo futuro marito, ha cambiato il corso della sua vita e della sua carriera. Il film che le ha dato la notorietà mondiale è l'*Oro di Napoli*, in cui interpreta il ruolo di una pizzaiola. Dal 1956 ha lavorato per alcuni anni a Hollywood, diventando una diva internazionale. Tornata in Italia, ha rivelato **doti** di attrice drammatica nel film *La Ciociara* di Vittorio De Sica, che l'ha consacrata attrice di talento e le è valso l'Oscar. Nel 1991 ha ricevuto l'Oscar alla carriera.

Emma Marcegaglia è nata a Mantova nel 1965. Si è laureata in Economia Aziendale all'Università Bocconi di Milano e ha frequentato il master in Business Administration presso la New York University. Cresciuta nell'azienda di famiglia, il Gruppo Marcegaglia, primo al mondo nella trasformazione dell'**acciaio**, ha ricoperto vari incarichi di rilievo, tra cui quello di Presidente Nazionale dei Giovani Imprenditori. Dal 13 marzo 2008 è Presidente di Confindustria (Confederazione degli industriali italiani), prima donna a ricoprire questa **carica**. La designazione di Emma Marcegaglia è il segno che l'Italia può contare su donne di grande valore, capaci di dare al Paese innovazione e modernità.

GLOSSARIO

spaziando: *ranging*

ristrutturazione: *renovation*

riconoscimenti: *honours*

riviste: *magazines*

crescita: *growth*

incontro: *encounter*

doti: *talent*

acciaio: *steel*

carica: *position*

2. Based on what you have just read, fill in the chart with the appropriate information.

nome	luogo o anno di nascita	professione	riconoscimenti

3. Certainly there are many famous women in your country. Write the names and professions of 5 of them and what they are famous for.

....

....

verifichiamo le abilità

reading

1. Reconstruct the text by numbering the sentences in the correct order.

☐ Stamattina Elena si è svegliata alle otto, quando i suoi genitori erano già al lavoro.

☐ Così Elena ha dovuto stendere il bucato che era nella lavatrice,

☐ passare l'aspirapolvere nel salotto, spolverare e lavare i piatti sporchi.

☐ Poi, mentre si vestiva, il telefono è squillato ancora ed è corsa a rispondere.

☐ Era sua madre, che voleva sapere se poteva sbrigare alcuni lavori di casa prima di uscire.

☐ Elena ha finito tutto in meno di un'ora, ma si è stancata a farlo così in fretta,

☐ Si è alzata subito, perché doveva ancora fare la doccia e lavarsi i capelli.

☐ Mentre era sotto la doccia, ha sentito suonare il telefono, ma non poteva rispondere.

☐ e alla fine ha pensato che, se non rispondeva al telefono, poteva evitarsi tutto quel lavoro!

PUNTI ▶ 9

2. Match the sentence beginnings in A with their endings in B.

1. Anna è stanchissima
2. Abbiamo avuto
3. Ha detto che
4. Non ho capito,
5. È vissuto a Parigi
6. Ha saltato il pranzo

a ☐ qualche volta fa fatica ad alzarsi.
b ☐ puoi ripetere?
c ☐ perché voleva finire il lavoro.
d ☐ perché ha lavorato tutto il giorno.
e ☐ per alcuni anni.
f ☐ una giornata faticosissima.

PUNTI ▶ 6

writing

3. Write a short e-mail to a friend, telling him / her what you did last week.

Inbox (7109 messages)

Da:
A:
....
....
....

PUNTI ▶ 5

listening

🎧 1 64

4. Listen to the conversation and decide whether ⓐ or ⓑ is correct.

1. Luca... ⓐ fa sempre aspettare le amiche. ⓑ è la prima volta che fa aspettare le amiche.

2. Luca... ⓐ ha telefonato alle sei e un quarto. ⓑ ha chiamato qualche minuto prima delle sei.

3. Marisa e Carla sono andate all'appuntamento... ⓐ in autobus con Francesco. ⓑ in macchina con Francesco.

4. Francesco... ⓐ ha fatto un lungo viaggio in Brasile. ⓑ sta partendo per il Brasile.

PUNTI ▶ 4

speaking

5. Talk about the last party you went to, saying in Italian:

▶ dove era la festa ▶ a che ora era ▶ con chi sei andato/a o chi hai incontrato
▶ che cosa hai fatto ▶ se ti sei divertito/a ▶ a che ora è finita la festa

PUNTI ▶ 6

PER OGNI RISPOSTA CORRETTA: PUNTI 1 • PER OGNI RISPOSTA ERRATA: PUNTI 0 • PER OGNI RISPOSTA NON DATA: PUNTI 0 PUNTEGGIO FINALE ▶ 30

BUON COMPLEANNO!

▶ *Assign each person one of the following qualities:*

● **elegante** ● **robusto/a** ● **snello/a** ● **biondo/a** ● **bruno/a**

1. Marco è ....

2. Sara è ....

3. Carlo è ....

4. Daniela è ....

5. Lucia è ....

Here is what you are going to learn in this Unit:

Communicative goals	talking about personal tastes; inquiring about something; describing people's physical appearance and personality; expressing opinions
Grammar	• coniugazione irregolare: presente e passato prossimo di *piacere* • pronomi indiretti (deboli e forti) • pronomi diretti (4) e indiretti con verbi al passato • pronome relativo: *che* • futuro semplice regolare e irregolare • congiuntivo presente di *essere* e *avere* • usi del congiuntivo
Lexical area	hobbies, physical appearance (2), personality adjectives, food (2), wishes and greetings for special occasions

1 | 65 | **1. Listen to the dialogue between Sergio and Stefano and try to find out whether or not Cecilia likes Sergio.**

FESTA DI COMPLEANNO

Tanti auguri a te, tanti auguri a te... Tanti auguri a Tommaso, tanti auguri a te!

Sergio Bella festa, vero? Sì... ehm... Vedi quella ragazza?

Stefano Quale?

Sergio Quella che sta parlando con Tommaso.

Stefano Ah, la brunetta! Non è la ragazza che abbiamo conosciuto in biblioteca?

Sergio Sì, è proprio lei, Cecilia. Ti piace?

Stefano È carina, ma non è il mio tipo. Perché, ti interessa?

Sergio Be', le piaccio. Credo che sia innamorata di me.

Stefano Come fai a dirlo? L'hai vista altre volte?

Sergio Sì. Mi ha chiesto di prestarle gli appunti di biologia, poi mi ha telefonato due o tre volte per avere altre spiegazioni...

Stefano E allora?

Sergio Chiaro, no? Tutte scuse per parlarmi. Il problema è che è timida e...

Stefano A me non sembra affatto timida, anzi mi sembra molto socievole. E poi, se è vero che tu le piaci tanto, come mai sta sempre vicino a Tommaso?

Sergio Perché è lui il festeggiato, quindi...

Stefano Sarà così, ma non ti ha neppure guardato.

Sergio Zitto! ... Sta venendo qui da noi.

Stefano Chissà cosa avrà da dirti... Forse questa volta ti parlerà chiaramente.

Cecilia Ciao, Sergio, come va? Buona la torta, eh? Ehm, a proposito dei tuoi appunti... ecco... li ho persi...

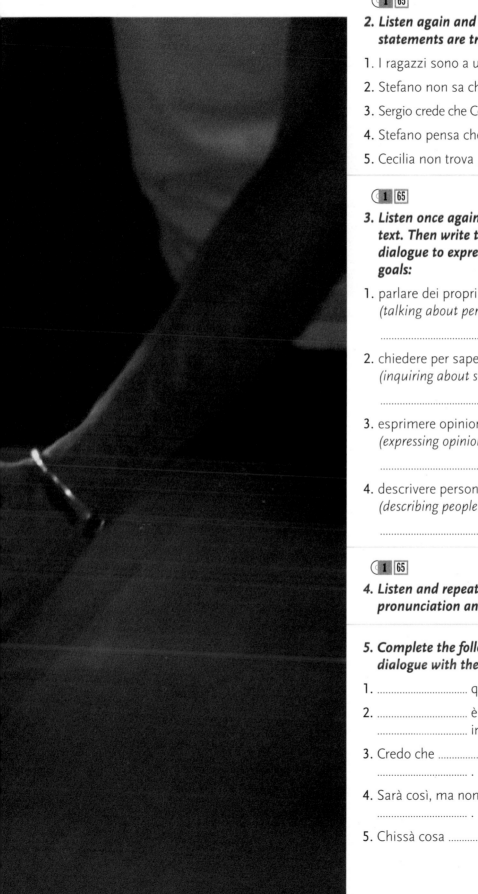

(🎧 **1** **65**)

2. Listen again and decide whether the following statements are true (vero = V) or false (falso = F).

1. I ragazzi sono a una festa di compleanno. **V** **F**

2. Stefano non sa chi è la ragazza bruna. **V** **F**

3. Sergio crede che Cecilia sia innamorata di lui. **V** **F**

4. Stefano pensa che Cecilia sia socievole. **V** **F**

5. Cecilia non trova più gli appunti di Sergio. **V** **F**

(🎧 **1** **65**)

3. Listen once again while reading along with the text. Then write the sentences that are used in the dialogue to express the following communicative goals:

1. parlare dei propri gusti
   (talking about personal tastes)

   ....

2. chiedere per sapere
   (inquiring about something)

   ....

3. esprimere opinioni
   (expressing opinions)

   ....

4. descrivere persone
   (describing people's physical appearance)

   ....

(🎧 **1** **65**)

4. Listen and repeat. Pay attention to your pronunciation and intonation.

5. Complete the following sentences from the dialogue with the appropriate words.

1. .... quella ragazza?

2. .... è la ragazza che ....
   .... in biblioteca?

3. Credo che .... innamorata di
   ....

4. Sarà così, ma non ti .... neppure
   ....

5. Chissà cosa .... da ....

impariamo a...

PARLARE DEI NOSTRI GUSTI

6. Work in pairs. Look at the pictures and in turn ask and answer questions, first in an informal way and then in a formal way, as in the examples.

lo sci	il ballo	il golf	il mare	i romanzi

il calcio	il giardinaggio	il tennis	la montagna	i fumetti

● Ti piace lo sci?
■ A me piace di più il calcio.

● A te piace lo sci?
■ Sì, mi piace, ma preferisco il calcio.

● Le piace lo sci, signorina?
■ Sì, mi piace molto.

● A Lei piace lo sci, signorina?
■ No, non mi piace.

● memo			
mi		a me	
ti	piace...	a te	piace...
Le	piacciono...	a Lei	piacciono...

7. Say what you like to do in your free time, as in the example.

● Mi piace molto sciare, ma non mi piace giocare a calcio.

▶ Use the following verbs:
sciare   nuotare
giocare a calcio
andare in bicicletta
cucinare   dipingere
suonare

8. Work in pairs. Look at the pictures and talk about your tastes in food, as in the examples.

 pasta
 formaggi
 verdura
 pesce
 dolci
 vino

pizza — salumi — frutta — carne — gelato — birra

● A me piace la pizza; la mangio spesso.
■ Io preferisco la pasta.

● Ti piacciono i formaggi?
■ Sì, mi piacciono molto.
● Anche a me piacciono.

GRAMMAR SOS

You use *mi piace* to mean "I like" when referring to one thing, action or person.
You use *mi piacciono* to mean "I like" when referring to more than one thing, action or person.

CHIEDERE PER SAPERE

9. Work in pairs. You are organizing a party. In turn ask and answer questions about the people you have invited, as in the example.

● Ho telefonato a Paolo Bianchi. Tu hai chiamato Guido?
■ Sì, l'ho già chiamato.

Marco — signora Grey — Sandro — Andrea Donati — Paolo Bianchi ✓ — Guido ✓ — Elena — signori Rossi

VOCABULARY SOS

Sapere e conoscere
Both *sapere* and *conoscere* correspond to "to know", but they are used in different cases.
sapere + question word = "to have knowledge of something": *Sai dov'è il Duomo? Sì, lo so. Sapete quanto costa il biglietto? No, non lo sappiamo. Sai come si pronuncia questa parola? Sì, lo so.*
conoscere + nouns (things, places, people) = "to be familiar or acquainted with someone or something": *Conosci Venezia? Sì la conosco bene. Conoscete i due ragazzi americani? No, non li conosciamo.*
Nevertheless, when referring to languages, both *sapere* and *conoscere* can be used. *Sai / Conosci bene l'italiano? Quante lingue sai / conosci?*
The difference in the use of *sapere* and *conoscere* is even clearer when comparing the *passato prossimo* and the *imperfetto*.
• *ho saputo* (I learned, I found out) / *sapevo* (I knew)
• *ho conosciuto* (I met) / *conoscevo* (I knew)

DESCRIVERE PERSONE

1 66

10. Listen to the CD and match the two descriptions with the corresponding pictures.

1. Monica Bellucci ☐   2. Andrea Bocelli ☐   3. Carla Bruni ☐   4. Eros Ramazzotti ☐

11. Read the fact file below and write a similar file to describe a famous person in your country, leaving the name out. Then, in turn, try to guess who he / she is.

NOME	Roberto Bolle
PROFESSIONE	ballerino
DATA DI NASCITA	26 marzo 1975
SEGNO ZODIACALE	Ariete
ALTEZZA	1 metro e 87 cm
COLORE DEI CAPELLI	castani
COLORE DEGLI OCCHI	azzurri
PERSONALITÀ	timido, riservato
ISTRUZIONE	maturità scientifica
HOBBY	i musical londinesi
SOGNI	recitare in un film
CANTANTI PREFERITI	Michael Bublé, Céline Dion
SPORT PREFERITO	nuoto, immersioni
ATTRICE PREFERITA	Nicole Kidman
SQUADRA DEL CUORE	Juventus
IDOLO	Rudolf Nureyev

12. Work in pairs. In turn, ask and answer questions to complete your fact files.

ESPRIMERE OPINIONI

13. Work in pairs. Make a list of important people in show business and sport. Then compare your opinions, as in the examples.

● Secondo me, Christina Aguilera è bravissima.
■ Io, invece, penso che Mariah Carey sia più brava di lei.

● Secondo me, Mariah Carey ha 35 anni.
■ Io credo, invece, che ne abbia più di 40.

14. Match each physical characteristic with the corresponding picture.

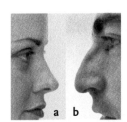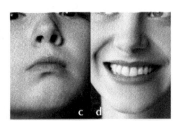

a b c d e f g h

i j k l m n

1. ☐ capelli bruni
2. ☐ collo corto
3. ☐ baffi
4. ☐ capelli biondi
5. ☐ bocca grande

6. ☐ naso all'insù
7. ☐ collo lungo
8. ☐ occhi scuri
9. ☐ bocca piccola
10. ☐ barba

11. ☐ occhi chiari
12. ☐ capelli lisci
13. ☐ naso grosso
14. ☐ capelli ricci

15. Fill in the circles with the appropriate words.

allegro	basso	calmo	elegante	pigro	simpatico
alto	bello	carino	espansivo	nervoso	snello
antipatico	bravo	chiacchierone	generoso	riservato	socievole
atletico	brutto	creativo	magro	robusto	timido

▶ *aspetto fisico*   ▶ *personalità*

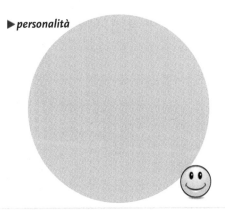

16. Choose five adjectives to describe yourself.

17. Write the opposite of the following words.

1. biondo ....
2. chiaro ....
3. nervoso ....
4. espansivo ....

5. grasso ....
6. lungo ....
7. carino ....
8. egoista ....

9. alto ....
10. grosso ....
11. simpatico ....
12. lavoratore ....

18. Look at the picture and match each kind of food with the corresponding word.

1. ☐ insalata
2. ☐ verdure
3. ☐ pomodori
4. ☐ pizza

5. ☐ arrosto
6. ☐ pasta
7. ☐ fragole
8. ☐ mela

9. ☐ frutta
10. ☐ arancia
11. ☐ uva
12. ☐ grissini

13. ☐ formaggi
14. ☐ pane
15. ☐ patate
16. ☐ salame

17. ☐ prosciutto
18. ☐ dolce
19. ☐ pasticcini
20. ☐ tramezzini

19. You are organizing a party. Make a list of the food and drinks you want to serve at the party.

....

20. In each line, find the odd word out.

1. pasta	pesce	verdura	pasto	frutta
2. arance	fragole	insalata	mele	pesche
3. pasta	arrosto	insalata	dolce	vino

21. Match each caption with the corresponding picture.

1. ☐ Buon Natale e Felice Anno Nuovo!
2. ☐ Buon compleanno!
3. ☐ Buon appetito!
4. ☐ Felicitazioni!
5. ☐ Buone vacanze!
6. ☐ Buona Pasqua!
7. ☐ Congratulazioni!
8. ☐ Buon onomastico!

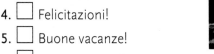

grammatica

coniugazione irregolare: piacere

mi ti gli le Le ci vi gli	**piace**	l'Italia il pesce ballare
	piacciono	gli spaghetti i capelli biondi tutti gli sport

ti gli le Le vi	**è**	piaciut**o** / piaciut**a**	il pranzo? / la festa?
	sono	piaciut**i** / piaciut**e**	i tortellini? / le tagliatelle?

GRAMMAR SOS
To say that you do not like something, simply put **non** before the verb in the affirmative form:
*Il pesce mi piace. / La carne **non** mi piace.*
You use **mi dispiace** to mean "I am sorry" and *ti / Le dispiace...?* "Do you mind...?".

* The verb *piacere* behaves differently from the English verb "to like". To say "I like" or "he / she likes", you have to say *mi piace* or *gli / le piace*. If you say *io piaccio*, you mean "someone likes me".
* The verb *piacere* usually has one or more things as its subject, but it can also refer to people: *Marco piace alle ragazze* (Girls like Marco); *Sandro, ti piacciono **le ragazze** bionde o brune?* (Sandro, do you like blondes or brunettes?).
* In the compound tenses, the verb *piacere* is conjugated with *essere*; therefore, the past participle agrees in gender and number with the subject (*la festa, i tortellini*, etc.).

22. Complete the dialogues with the correct form of the indirect object pronoun and the verb piacere.

1. Vai spesso in discoteca?   Sì, perché .... molto ballare.
2. Prende anche Lei gli spaghetti?   No, ... di più i tortellini.
3. Perché Giulio non parte con voi?   Perché non .... viaggiare in aereo.
4. Bevete vino?   No, ... solo la birra.
5. Ti piace la cucina francese?   No, non ...., preferisco quella italiana.

23. Complete the dialogues with the passato prossimo of the verb piacere.

1. È andata al cinema ieri sera, signora?   Sì, ma il film non mi ....
2. Hai assaggiato i pasticcini?   Sì, e mi .... molto.
3. Erano buone le lasagne?   Sì, mi .... veramente.
4. Marta ha visto l'ultimo film di Coppola?   Sì, e le .... tantissimo.
5. Renato ha mangiato la torta?   Sì, e ha detto che gli .... molto.

pronomi indiretti

deboli

mi ti gli le Le ci vi gli	piace	la pasta
	piacciono	i dolci

forti

A	**me te lui lei Lei noi voi loro**	piace	la pasta
		piacciono	i dolci

* In spoken language, the weak indirect object pronouns are almost always used. Strong pronouns are only used:
  • when you want to put emphasis on the pronoun: *Paola ti sta parlando*, but: *Paola sta parlando a te, non a me*.
  • when the pronoun is preceded by a preposition other than *a* (*per te, con lui, da me*, etc).
* In the 1st and 2nd person singular and plural, the weak indirect object pronoun and weak direct object pronoun forms are exactly the same (*mi, ti, ci* and *vi*).

24. Report what each person says.

1. Marco dice: "La pasta mi piace più della minestra".

   Marco dice che ....

2. Anna ripete sempre: "Mi piacciono molto i dolci".

   Anna ripete sempre che ....

3. Sergio dice: "Mi piace tanto nuotare, specialmente al mare".

   Sergio dice che ....

4. Paola dice: "Mi piacciono molto i film romantici".

   Paola dice che ....

5. Il signor Rossi dice : "Mi piace soprattutto la musica classica".

   Il signor Rossi dice che ....

6. Carla dice: "Il cantante italiano che mi piace di più è Zucchero".

   Carla dice che ....

pronomi diretti e indiretti con verbi al passato

pronomi diretti *lo, la, li, le*

Hai chiamato	Marco?	Sì, No, non	l' (lo) (la)	ho	chiamato
	Laura?				chiamata
	i ragazzi?		li		chiamati
	le ragazze?		le		chiamate

* The past participle agrees with the direct object pronoun.

pronomi indiretti *le, gli*

Hai telefonato	a Laura?	Sì,	le	ho telefonato poco fa
	a Marco?			
	ai ragazzi?		gli	
	alle ragazze?			

* The past participle does not agree with the indirect object pronoun.

25. Complete the answers with the correct direct object pronoun and past participle ending.

1. Scusa, hai visto da qualche parte le mie chiavi?   No, mi dispiace, non .... ho vist.... .

2. È venuta con voi anche Paola?   Sì, ma .... abbiamo aspettat.... quasi mezz'ora.

3. Marco, hai comprato i biglietti per il teatro?   Sì, stai tranquilla, ... ho pres.... ieri.

4. Lei, signor Martini, dove ha messo la macchina?   .... ho parcheggiat.... in un garage qui vicino.

5. Avete già fatto colazione?   Sì, ... abbiamo fatt.... al bar all'angolo.

6. Hai invitato a cena Maria?   Sì, ... invitat.... a mangiare il pesce.

26. Complete the answers with the correct indirect object pronoun.

1. Hai già telefonato a Piero?   No, non .... ho ancora telefonato.

2. Che cosa hai risposto a Maria?   .... ho risposto che non ho voglia di uscire.

3. Quando hai scritto l'ultima volta ai tuoi genitori?   .... ho scritto due settimane fa.

4. Che cosa hai detto a Massimo?   .... ho detto che ci vediamo domani.

5. Che ristorante ha consigliato ai Suoi amici?   .... ho consigliato "Da Alfredo", un locale tipico.

6. Hai dato i soldi a Fabio?   Sì, ... ho dato cento euro.

pronomi relativi: **che**

			soggetto				complemento oggetto	
Franco	è	**il ragazzo**	che	lavora	con Rita		che	ho conosciuto ieri
Luisa		**la ragazza**						Rita ha invitato alla festa
Paolo e Marco	sono	**i ragazzi**		lavorano				abbiamo salutato poco fa
Anna e Rita		**le ragazze**						

✳ The pronoun *che*
  • is invariable, so it can be related to masculine, feminine, singular and plural nouns;
  • is only used as a subject and a direct object;
  • is never preceded by a preposition;
  • unlike direct object pronouns, doesn't need to agree with the past participle.

27. Link the two sentences using the relative pronoun che, as in the example.

⬤ Serena è una ragazza di Napoli. Vive a Torino da pochi mesi.
  Serena è una ragazza di Napoli che vive a Torino da pochi mesi.

1. Franco è l'amico di Sergio. L'abbiamo incontrato al bar la scorsa settimana.
  ....

2. Vorrei sapere se ti piacciono questi jeans. Li ho comprati a Milano.
  ....

3. Anna è una mia collega. Lavora con me da poco tempo.
  ....

4. Non ricordo chi sono quei due signori. Mi hanno salutato poco fa.
  ....

5. Non conosco quelle due ragazze brune. Stanno parlando con Giorgio.
  ....

6. Alla festa c'erano degli amici di Marta. Noi non li conosciamo bene.
  ....

7. Ho una macchina piccola. La uso solo per girare in città.
  ....

futuro semplice: coniugazione regolare

(io)	guid**erò**	decid**erò**	part**irò**	
(tu)	guid**erai**	decid**erai**	part**irai**	
(lui) (lei) (Lei)	guid**erà**	decid**erà**	part**irà**	insieme a un amico
(noi)	guid**eremo**	decid**eremo**	part**iremo**	
(voi)	guid**erete**	decid**erete**	part**irete**	
(loro)	guid**eranno**	decid**eranno**	part**iranno**	

✳ The *futuro semplice* is used to express
  • an action which hasn't yet taken place. However, the present indicative is also often used to talk about future actions: *A che ora parti* (are you leaving) *domani?*
  • an assumption referring to the present: *Marco non risponde. Sarà ancora fuori* (perhaps he's still out); *Betty è molto giovane. Avrà vent'anni* (I think she must be twenty).
  • an order: *Stasera andrai a letto presto! Per domani studierete i verbi al futuro!*

verbi in -care	cerc**are**	cerc**h-**	**erò**
-gare	pag**are**	pag**h-**	**erai**
-ciare	cominc**iare**	cominc-	**erà**
-giare	viag**giare**	viagg-	**eremo**
			erete
			eranno

futuro semplice: coniugazione irregolare

avere	av-	
essere	sa-	
dare	da-	**rò**
dire	di-	**rai**
fare	fa-	**rà**
stare	sta-	**remo**
andare	and-	**rete**
dovere	dov-	**ranno**
potere	pot-	
sapere	sap-	
vedere	ved-	

bere	be-	
rimanere	rima-	**rrò**
		rrai
tenere	te-	**rrà**
		rremo
venire	ve-	**rrete**
		rranno
volere	vo-	

28. Complete the dialogues with the futuro semplice of the verbs in brackets.

1. Chissà perché Luisa non viene? (essere)................................ stanca.

2. Sai perché Laura vuole stare da sola? (avere)................................ qualche problema.

3. Giulio rimane in ufficio fino a tardi. (dovere)................................ finire un lavoro.

4. Non capisco perché Paolo non telefoni per prenotare. Non (sapere)................................ il numero del ristorante.

5. Ugo sta parlando con Guido. Chissà cosa deve dirgli? Gli (fare)................................ gli auguri: oggi è il suo compleanno.

6. Dove andrai in vacanza? (andare)................................ al mare, in Puglia.

29. Complete the dialogues with the correct form of the futuro semplice.

1. Viaggerai di notte? No, ... di giorno.

2. Piero tornerà con te? Sì, ... insieme.

3. Prenderà l'aereo, signora? No, ... il treno.

4. Uscirete insieme agli altri? No, noi .... prima.

5. Pagherai con la carta di credito? No, ... in contanti.

6. Resterete solo voi qui? No, ... anche loro due.

7. Partirai con il treno delle sei? No, ... con quello delle otto.

8. Quanto spenderete per il viaggio? .... trecento euro.

9. Quali città visiterai? .... Amburgo e Berlino.

10. Passerete da Firenze? No, ... da Bologna.

11. Quando comincerai a prendere lezioni di nuoto? .... prima dell'estate.

12. Cercherete un agriturismo? No, ... una piccola pensione.

30. Complete the sentences with the appropriate verb in the futuro semplice.

1. Quest'anno andiamo al mare. .... al mare anche la prossima estate.

2. Ora studio l'italiano. L'anno prossimo .... il francese.

3. Stasera Simona e Carlo vanno a cena fuori. Domani sera .... a teatro.

4. Adesso cerco un lavoro part-time. Più tardi ne .... uno a tempo pieno.

5. A pranzo bevo acqua minerale. A cena, invece, ... un po' di vino.

congiuntivo presente di **essere** e **avere**

		(io) (tu) (lui / lei / Lei)	**sia**	molto	giovane	**abbia**	solo vent'anni
Luca crede	che	(noi) (voi) (loro)	**siamo** **siate** **siano**		giovani	**abbiamo** **abbiate** **abbiano**	

* Since the first (*io*), second (*tu*) and third (*lui / lei / Lei*) person forms are the same, the subject pronoun is necessary to make it clear who is carrying out the action.

usi del congiuntivo

frase principale   frase dipendente

Credo **Mi sembra**	**che**	Cecilia **sia** timida
Penso **Non credo**		i due ragazzi **siano** fratelli
È possibile **Non è possibile**		Sergio e Marco **abbiano** gli appunti

* The subjunctive is used
  • in a dependent clause introduced by a main verb expressing an opinion, possibility, doubt or hope.
  • with some expressions followed by the conjunction **che**.
* The subjunctive is usually used when the subject in the dependent clause is different from the subject in the main clause:
  Credo / Penso che Giulia abbia vent'anni.
* If the clause is independent, the same meaning can be expressed by using the indicative: *Giulia deve avere vent'anni /*
  Giulia ha forse vent'anni.

31. Complete the dialogues with the correct form of the congiuntivo *of the verbs* avere *or* essere.

1. Sai quanti anni ha Daniela?   Credo che ne .... diciannove.

2. Il professor Farini è di Milano?   No, penso che .... di Torino.

3. La signorina Freddi è impiegata?   No, credo che .... insegnante.

4. Il tuo amico ha gli appunti della lezione? Non so, ma è possibile che li ....

5. La signora Rossi ha figli?   No, penso che non ne ....

6. I signori Massi hanno solo un maschio?   No, mi sembra che .... anche una femmina.

32. Once again, complete the dialogues with the correct form of the congiuntivo *of the verbs* avere *or* essere.

1. Thomas è inglese?   Sì, credo che .... di Bristol.

2. A Carlo piace Luisa?   Non penso che lei .... il suo tipo.

3. Quanti anni ha il fratello di Sara?   Credo che .... diciott'anni.

4. Secondo me l'italiano è più facile del tedesco. Sì, credo anch'io che .... più facile.

5. A che ora è la partita alla tv?   Credo che .... alle otto e tre quarti.

6. Emma è già in vacanza?   No, mi sembra che .... ancora qui.

comprensione scritta

33. Read the following text and try to understand the general meaning. If you need any help, ask your teacher.

Feste religiose

Il Natale

C'è un proverbio che dice "Natale con i tuoi, Pasqua con chi vuoi". Molte famiglie italiane lo rispettano e festeggiano insieme sia la Vigilia sia il giorno di Natale. La sera della Vigilia, il 24 dicembre, la famiglia si riunisce al completo, inclusi nonni, zii e cugini, per il cenone, chiamato così perché si mangia tanto e si sta a tavola a lungo. Dopo cena molti vanno in chiesa per la messa di mezzanotte e, al ritorno a casa, aprono i regali ricevuti, sistemati sotto l'albero di Natale o vicino al presepe. Altri preferiscono aprire i regali solo la mattina del 25 dicembre. Il giorno di Natale la famiglia si riunisce di nuovo per il pranzo, che prevede tante portate e si conclude con i tipici dolci natalizi, come il panettone e il pandoro, e con un bicchiere di spumante, un vino bianco frizzante.

L'Epifania

La festa dell'Epifania è il 6 gennaio, cioè dodici giorni dopo il Natale e, come vuole un detto popolare, "tutte le feste porta via". Il suo nome deriva da un antico termine greco che significa "rivelazione". Secondo la tradizione cristiana, infatti, questo è il giorno della prima manifestazione di Gesù Cristo, avvenuta in presenza dei Magi, astronomi / sapienti venuti dall'Oriente. Nella tradizione popolare e con il passare del tempo il termine Epifania è stato cambiato in Befana. La Befana è una vecchia brutta ma simpatica, che vola su una scopa e, nella notte fra il 5 e il 6 gennaio, porta dolci ai bambini "buoni" o carbone a quelli "cattivi".

34. Read the text once again and decide whether the following statements are true (V) or false (F).

1. A Natale le famiglie italiane preparano l'albero e il presepe.   V   F
2. I regali si scambiano prima di mezzanotte.   V   F
3. A Natale si mangia il panettone.   V   F
4. Tutti aprono i regali la sera della vigilia di Natale.   V   F
5. La festa dell'Epifania si festeggia 6 giorni dopo il Natale.   V   F
6. La Befana è una donna bella e bionda.   V   F

produzione scritta

35. Make a list of Italian actors, directors, singers, writers, cities and food that you like (+) or do not like (-). Read out the list and ask a classmate his / her opinion. Then write it down next to yours.

....

....

....

36. Write down what you would say on the following occasions.

1. Che cosa dici a una persona che compie gli anni?   ....

2. Che cosa dici a una persona che inizia a mangiare con te?   ....

3. Che cosa scrivi su un biglietto che mandi a un'amica per Natale?   ....

4. Che cosa dici la sera dell'ultimo dell'anno quando arriva la mezzanotte?   ....

comprensione orale

🎧 1 67

37. Listen to the CD and try to find out who the people are. Write each name under the corresponding picture.

1. ....

2. ....

3. ....

4. ....

5. ....

6. ....

🎧 1 68

38. Now listen to the CD and check your answers.

produzione orale

39. Work in pairs. Act out the following situation.

● Marco ha appena conosciuto Lina e non sa nulla di lei. Le chiede quali sono i suoi gusti in fatto di cibi e hobby.

■ Lina risponde alle domande di Marco, poi gli chiede di parlare dei suoi gusti.

● Marco risponde alle domande di Lina.

40. Look at these famous paintings by Sandro Botticelli and Amedeo Modigliani, and try to describe them.

GLOSSARIO

è lecito impazzire: *you're allowed to go mad*

travestimento: *disguise*

spensierato: *carefree*

Quaresima: *Lent*

festeggiamenti: *celebrations*

cortei: *processions*

fuochi d'artificio: *fireworks*

corsa equestre: *horse race*

agonismo: *competitive spirit*

rioni: *districts, neighbourhoods*

fantino: *jockey*

mortaretto: *firecracker*

banchetti: *feasts*

risalgano: *date back*

ceri: *church candles*

1. Read the following text and try to understand the general meaning. If you need any help, look at the glossary or ask your teacher.

Feste e tradizioni popolari

Sono migliaia le feste che si svolgono ogni anno in Italia. Alcune hanno origini molto antiche, altre più recenti.

Il Carnevale di Venezia

Il Carnevale di Venezia è uno dei più famosi del mondo. Ha tradizioni antichissime, che rimandano ad antichi culti di passaggio dall'inverno alla primavera, presenti in molte culture occidentali, nei quali il motto era "una volta all'anno **è lecito impazzire**". In particolare nella ricca e nobile Venezia si doveva dare l'illusione alle classi più povere di diventare simili ai potenti. Indossando maschere e costumi era possibile nascondere la propria identità e non rispettare le convenzioni sociali e religiose. La partecipazione a

questo **travestimento** collettivo era, ed è tuttora, l'essenza stessa del carnevale: un periodo **spensierato** di liberazione dalle abitudini quotidiane. Nella città lagunare questa festa viene festeggiata fin dal X secolo. I giorni più importanti sono il Giovedì grasso e il Martedì grasso, quando centinaia di persone in maschera invadono calli e campielli, le vie e le piazze di Venezia. Un tempo il Carnevale di Venezia durava alcuni mesi: iniziava a ottobre e terminava nei giorni che precedevano l'inizio della **Quaresima**. Oggi i **festeggiamenti** durano circa due settimane. Il cuore della festa è piazza San Marco, ma anche nelle altre zone della città vengono organizzati **cortei** storici, concerti, spettacoli e **fuochi d'artificio**.

Il Palio di Siena

La parola "palio" deriva dal latino e nel Medioevo indicava un pezzo di stoffa pregiata che veniva dato in premio al vincitore di una gara.
Tradizionalmente il Palio è una **corsa equestre** che si svolge a Siena, in Toscana, due volte l'anno (2 luglio e 16 agosto).
Siena è divisa in diciassette Contrade e il Palio, fin dal XV secolo, esprime l'**agonismo** tra i **rioni** della città. Il giorno del Palio si svolge un corteo storico al quale prendono parte tutte le Contrade. I **fantini** corrono indossando costumi con lo stemma e i colori della Contrada di appartenenza e un elmetto, detto "zucchino". Lo scoppio di un **mortaretto** annuncia l'ingresso in pista dei cavalli. La corsa del Palio consiste in tre giri di piazza del Campo, e vince il cavallo che, con o senza fantino, arriva primo al termine dei tre giri. La contrada vincitrice festeggia la conquista del Palio con **banchetti** e canti.

La Corsa dei Ceri a Gubbio

La Corsa dei Ceri che si svolge a Gubbio, piccola città dell'Umbria, è una delle più antiche feste d'Europa. Si dice che le sue origini **risalgano** al XII secolo, e che la corsa sia nata come atto di devozione degli abitanti di Gubbio al vescovo della città, Ubaldo, che nel maggio del 1160 era in punto di morte. All'inizio la festa consisteva in una processione con dei grossi **ceri** che percorreva le vie della città. Dalla fine del '500 questi ceri sono diventati enormi prismi di legno del peso di 4 quintali. Ogni anno, il 15 maggio, vigilia della morte di sant'Ubaldo, i "ceraioli" (le persone che portano i ceri) sfilano di corsa per le vie medievali della città, portando sulle spalle i tre ceri con le statue dei santi Ubaldo, Antonio e Giorgio.

Il momento più emozionante della manifestazione è la salita al monte Ingino, tre chilometri da percorrere in quindici minuti. Per tradizione deve arrivare per primo il cero di sant'Ubaldo.

2. Find the words in the text that correspond to the following definitions.

1. Permettono di nascondere la propria identità
   e di assumerne un'altra. ....

2. Si chiamano così le vie e le piazze di Venezia. ....

3. Festa popolare durante la quale la gente
   indossa maschere e costumi. ....

4. Festa che si svolge due volte all'anno in una
   città della Toscana. ....

5. Pranzo ricco e abbondante. ....

6. Montano i cavalli in gare ippiche. ....

7. Città dell'Umbria dove si svolge la Corsa dei Ceri. ....

8. È l'unica festa, fra le tre, ad avere origini religiose. ....

*3. Do you know of any other Italian holidays or traditions? If so, talk about them
   with your classmates and teacher.*

verifichiamo le abilità

reading

1. Reconstruct the text by numbering the sentences in the correct order.

☐ Sergio chiede a Francesco se Alessandra gli piace.

☐ Francesco e Sergio si incontrano a una festa.

☐ Sergio gli dice che Alessandra interessa anche a lui, ma che ha già un ragazzo.

☐ C'è anche una bella ragazza bruna, con gli occhi chiari, Alessandra, che Sergio ha conosciuto all'università.

☐ Francesco risponde che vuole provare lo stesso a invitarla.

☐ Mentre Francesco sta andando da Alessandra per invitarla, il suo ragazzo si avvicina a lei.

☐ Francesco gli risponde che è proprio il suo tipo e che ha intenzione di invitarla a uscire.

☐ Sergio osserva la situazione e si mette a ridere.

PUNTI ▶ 8

writing

2. Write a description of someone you know, indicating the following information:

1. il nome e il cognome ....

2. l'età ....

3. la professione ....

4. le caratteristiche fisiche ....

5. il tipo di carattere ....

6. gli hobby ....

7. i gusti ....

PUNTI ▶ 7

listening

🔊 **1** **69**

3. Listen to the conversation between Marta and Claudia and complete the chart, matching each person with the correct qualities.

	alto	basso	biondo	bruno	elegante
Marco					
Pietro					

PUNTI ▶ 5

speaking

4. Describe one of your closest friends, saying:

▶ com'è fisicamente   ▶ che carattere ha
▶ che cosa ti piace di lui / lei   ▶ che cosa avete in comune

PUNTI ▶ 4

5. What does your ideal man / woman look like? Describe him / her.

PUNTI ▶ 6

PER OGNI RISPOSTA CORRETTA: PUNTI 1 • PER OGNI RISPOSTA ERRATA: PUNTI 0 • PER OGNI RISPOSTA NON DATA: PUNTI 0   PUNTEGGIO FINALE ▶ 30

QUADERNO DEGLI ESERCIZI

non solo italiani

LINGUA IN CONTESTO

una festa a casa di Carlo

1. Fill in the missing words.

signora Tini   Tu chi .... , scusa?

Marco   .... Marco, un amico di Carlo e Thomas.

signora Tini   E Thomas chi .... , scusa?

Marco   È l' .... inglese di Carlo.

signora Tini   Ah, sì. E le cinque ragazze chi .... ?

Marco   Sono le .... di Thomas.

signora Tini   Sono .... o straniere?

Marco   Sono tutte straniere.

signora Tini   Di .... sono?

Marco   Pilar è .... , di Siviglia; Athina e Despoina sono .... , di Atene;

   Helen è .... , di Oxford; Michelle, invece, è francese, di Cannes.

signora Tini   E tu di dove sei?

Marco   Sono .... Roma.

signora Tini   Insomma, solo tu e Carlo siete .... ?

Marco   Beh, anche Lei, signora, è italiana...

signora Tini   Sì, ma io non sono giovane come voi...

Marco   È per caso la .... di Carlo?

signora Tini   Sì, sono la madre di Carlo.

Marco   Piacere!

signora Tini   .... !

⦅2⦆ ⬛

2. Now listen to the dialogue and check your answers.

3. Match each question in A with the corresponding answer in B.

1. Chi è la signora Tini?
2. Marco di dove è?
3. Le ragazze sono italiane?
4. Helen è americana?
5. Chi è Thomas?
6. Di dove sono le ragazze greche?
7. Solo la signorá Tini è italiana?

a ☐ Di Atene
b ☐ No, anche Carlo e Marco.
c ☐ È l'amico inglese di Carlo.
d ☐ Di Roma.
e ☐ No, sono tutte straniere.
f ☐ È la madre di Carlo.
g ☐ No, è inglese, di Oxford.

4. Decide which of the two texts corresponds to the dialogue you have just completed.

A Alla festa di Carlo ci sono tre ragazzi e cinque ragazze. C'è anche la signora Tini, che chiede a Marco chi è. Lui dice che è un amico di Thomas e risponde alle altre domande della signora Tini, che si informa sul nome e la provenienza delle ragazze. Marco dice che le ragazze sono tutte straniere, di varie nazionalità, e che quindi solo lui e Carlo sono italiani. La signora osserva che anche lei è italiana, ma non è giovane come loro. Carlo chiede alla signora se per caso è la madre di Marco. Lei risponde di sì e si presenta.

Alla festa di Carlo ci sono tre ragazzi e cinque ragazze. C'è anche la signora Tini, che chiede a Marco chi è. Marco dice che è un amico di Carlo e Thomas e risponde alle altre domande della signora Tini, che si informa sul nome e la provenienza degli altri amici. Marco dice che le ragazze sono tutte straniere, di varie nazionalità, e che solo lui, Carlo e la signora sono italiani. La signora osserva che però lei non è giovane come loro e Marco chiede se per caso è la madre di Carlo. La signora Tini risponde di sì e si presenta. **B**

IMPARIAMO A...

presentarci

5. Look at the pictures and in the balloons write what the people say to introduce themselves.

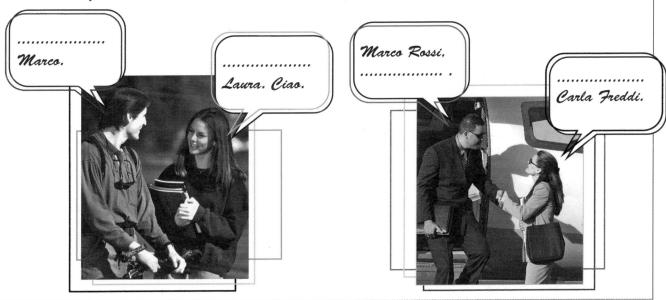

....
Marco.

....
Laura. Ciao.

Marco Rossi,
....

....
Carla Freddi.

🔊 2 2

6. Now listen to the CD and check your answers.

non solo italiani

IMPARIAMO A...

chiedere e dire la nazionalità

7. Write the questions you would ask to find out the nationality of the four young people you are speaking to.

1. .... ?   No, sono americano.
2. .... ?   No, io sono australiano.
3. .... ?   Io sono inglese.
4. .... ?   Sì, sono italiana.

chiedere e dire l'identità

8. You are at an Italian friend's house and you don't know who the other young people are. Write the questions you can ask to find out their names.

1. .... ?   È Marta, una ragazza di Siena.
2. .... ?   Uno è Andrea e l'altro è Francesco.
3. .... ?   È William, un ragazzo inglese.
4. .... ?   È Tommaso, il fratello di Giulio.

chiedere e dire la provenienza

9. You are speaking to four people you don't know well. Complete the questions to find out where they are from.

1. .... , signora?   Sì, sono tedesca, di Monaco.
2. .... , signore?   No, io sono austriaco, di Vienna.
3. .... , signorina?   No, sono americana, di San Francisco.
4. .... , signora?   Sì, sono italiana, di Perugia.

GRAMMATICA

10. Complete the sentences with the correct form of the verb essere.

1. Lei chi .... , scusi?
2. Voi di dove .... , ragazzi?
3. Noi .... di Firenze, e tu di dove .... ?
4. Brigitte .... francese, di Marsiglia.
5. Loro .... italiani, invece io .... spagnolo.
6. I mesi dell'anno .... dodici.
7. Scusa, tu .... Paola?
8. Che ore .... ?
9. Le stagioni dell'anno .... quattro.
10. Tu .... inglese o americano?

11. Complete the sentences with the correct endings.

1. Asako è una ragazza giappones.... .

2. I genitori di Anna sono ancora giovan.... .

3. Sally è australian.... e Meg è ingles.... .

4. Le due ragazze sono frances.... o canades.... ?

5. La madr.... di Stefano è tedesc.... .

6. Jeanne è svizzer.... , non frances.... .

7. Per caso i due ragazzi sono grec.... ?

8. Peter e Hans sono due ragazzi tedesch.... .

9. Jan e Ghislaine sono olandes.... .

10. I canades.... sono di lingua ingles.... o frances.... .

12. Complete the sentences with the interrogative pronoun chi and the appropriate form of the verb essere.

1. .... la ragazza bionda?

2. .... quelle due signore?

3. Scusa, tu .... ?

4. Lei .... , scusi?

5. Voi .... ?

6. .... i due ragazzi stranieri?

13. Complete the sentences with the correct form of the definite article.

1. .... Italia è una penisola.

2. .... amico di Angelo è di Torino.

3. .... signor Rossi è alto e magro.

4. .... zio di Sara è americano.

5. .... italiani sono un popolo ospitale.

6. .... fratelli di Matteo sono piccoli.

7. .... studenti d'italiano sono molti.

8. .... due ragazze bionde sono svedesi.

9. .... padre di Francesco è straniero.

10. .... madre di Carlo è bruna.

14. Complete the sentences with the correct form of the indefinite article.

1. Larry è .... ragazzo americano.

2. La ragazza è Betty, ... americana.

3. Il ragazzo biondo è .... inglese.

4. Gli amici di Marco sono .... spagnolo
   e .... svedese.

5. I due signori sono .... canadese
   e .... australiano.

6. Peter è .... svizzero, amico di Mario.

7. L'amico di John è .... italiano.

8. Le amiche di Paola sono .... svizzera e ....
   tedesca.

9. Jacqueline è .... studentessa d'italiano.

10. Jan è .... olandese, di Amsterdam.

15. Put the following sentences in the plural.

1. La ragazza francese è l'amica di Alessia. → ....

2. Lo studente americano è alto e magro. → ....

3. Il signor Rossi è il padre di Marco. → .... i genitori di Marco.

4. La bambina piccola è la sorella di Matteo. → ....

5. L'amica tedesca di Anna è di Berlino. → ....

6. Il nonno di Andrea è ancora giovane. → ....

SVILUPPIAMO LE ABILITÀ

comprensione scritta

16. Choose the correct words in the circle to complete the e-mail.

anni   compleanno
età   festa
gli (x 2)   ha   isola
madre   qui
sono (x 2)   un'

Inbox (7109 messages)

Da: Betty
A: Kate
Oggetto: Auguri

Cara Kate,
[1] .... a Taormina con mio padre e mia [2] .... La Sicilia è
un' [3] .... splendida.
Ho due amici [4] .... : Giuseppe e Carmela. Lui [5] .... diciotto anni, è
bruno e basso.
Carmela, invece, ha la mia [6] .... , è bionda e alta. [7] .... altri due
ragazzi nella foto sono Ciro, il fratello di Giuseppe, e Pamela, [8] .... americana che
ha [9] .... zii in Sicilia.
Oggi è il 15 agosto, una [10] .... religiosa e tutti [11] .... al mare.
Domenica è il tuo [12] .... , vero?
Tanti auguri per i tuoi vent' [13] .... !

Betty

17. Based on the e-mail you have just completed, decide whether (a) or (b) is correct.

1. Betty scrive...   (a) a un'amica.   (b) a una sorella.

2. Gli amici di Betty sono...   (a) tutti siciliani.   (b) non solo siciliani.

3. Betty fa gli auguri a Kate...   (a) per il suo compleanno.   (b) per la festa religiosa.

produzione scritta

18. Introduce yourself, writing the following in Italian:

chi sei (*nome e cognome*) ....

di che nazionalità sei ....

quanti anni hai ....

qual è il nome dei tuoi genitori ....

se hai fratelli o sorelle ....

se hai i nonni ....

19. Rearrange each set of words below to form a complete sentence.

1. La / di / sorella / bambina / Luca. / è / piccola / la

....

2. il / è / banco / di / compagno / Helen. / di / Patrick

....

3. ragazza / L' / di / una / Monica / è / amica / canadese.

....

comprensione orale

🎧 **2** **3**

20. Listen to texts 1, 2 , 3 and 4 and match them with the pictures. Listen once again if necessary.

SOMETHING EXTRA

in Italian...

... it's like this

▶ All nouns have a gender, even those referring to objects, places or abstract concepts.

▶ There are two noun genders: masculine and feminine.

▶ Adjectives generally come after the noun.

▶ *Lei* (polite form) is followed by the third person singular verb form.

What about in your own language?

_____
_____
_____
_____
_____
_____

... you say it like this

▶ Io sono *di* Chicago.

▶ È *per caso* la madre di Carlo?

▶ Lui *ha* solo sedici anni.

▶ *Piacere*! / *Piacere*! (set form used to introduce yourself, both in informal and formal situations).

▶ *Scusa*!

▶ *Ciao*!

What about in your own language?

_____
_____
_____
_____
_____

in Italy...

... it's like this

▶ Lo Stato è diviso in venti regioni.

▶ I *nickname* dell'Italia sono "lo Stivale" e "il Belpaese".

▶ Gli abitanti sono circa 59 milioni.

▶ La maggior parte delle famiglie ha uno o due figli.

▶ Molti giovani tra i 25 e i 34 anni vivono con i genitori.

What about in your own country?

_____
_____
_____
_____
_____
_____

LINGUA IN CONTESTO

in una sala lettura

1. Fill in the missing words.

Alberto	Scusa, sono .... questi guanti?
Claudia	.... , scusa?
Alberto	Questi qui.
Claudia	Ah, sì, grazie, sono ....
Alberto	Che bella borsa! È .... anche questa?
Claudia	No, non è .... : io ho lo zainetto.
Alberto	Allora è di .... signora là...
Claudia	Sì, forse è ....
Alberto	Scusi, signora, è .... quella borsa?
Signora	Ah, sì, è mia, ... tante!

⟨2⟩ ☐4

2. Now listen to the dialogue and check your answers.

3. Match each question in A with the corresponding answer in B.

A
1. I guanti sono di Claudia?
2. La borsa è di Claudia?
3. Di chi è lo zainetto?
4. Di chi è la borsa?

B
a ☐ No, non è sua.
b ☐ È della signora.
c ☐ Sì, sono suoi.
d ☐ È di Claudia.

4. Decide which of the two texts corresponds to the dialogue you have just completed.

A
Alberto e Claudia sono in biblioteca. Lui chiede di chi sono i guanti sul tavolo e lei risponde che forse sono della signora che è seduta al tavolo vicino. Alberto chiede anche di chi è la borsa e Claudia risponde che forse anche quella è della signora. Alberto domanda allora alla signora se la borsa è la sua e lei risponde di sì.

B
Alberto e Claudia sono in biblioteca. Lui chiede di chi sono i guanti sul tavolo e lei risponde che sono suoi. Alberto chiede anche di chi è la borsa vicino a loro e Claudia risponde che forse è della signora seduta all'altro tavolo. Alberto domanda allora alla signora se la borsa è la sua e lei risponde di sì.

di chi è?

IMPARIAMO A...

esprimere possesso

5. You're at an Italian friend's house with other young people. You can see a number of personal belongings around. Write the questions you can ask to find out who each item belongs to.

1. .... ? È di Marcello.

2. .... ? Se è gialla, è di Franca.

3. .... ? È di Manfred, il mio collega tedesco.

4. .... ? È di Beatrice.

5. .... ? Sono di Luca.

6. Match each question in A with the corresponding answer in B.

1. Il maglione rosso è di Andrea?   a ☐ No, non sono miei.

2. Scusa, è tua questa borsa?   b ☐ Sì, forse è suo.

3. Scusi, sono Suoi questi occhiali?   c ☐ Sono di Claudia.

4. Di chi sono queste chiavi?   d ☐ Sì, è mia, grazie.

identificare oggetti

7. Write the questions you would ask a friend to find out which items belong to him/her.

1. .... ? Sono questi.

2. .... ? È quello.

3. .... ? È questa.

4. .... ? È questo.

5. .... ? Sono quelle.

chiedere e dare pareri

8. Complete the sentences in an appropriate way.

1. Questo cappotto è proprio bello, vero? Sì, è un ....

2. Quei jeans sono proprio belli, vero? No, per me ....

3. Questo zainetto è proprio bello, vero? Sì, è un ....

4. Questa camicia è proprio bella, vero? No, secondo me ....

5. Questo impermeabile è proprio bello, vero? Sì, è un ....

GRAMMATICA

9. Complete the words with the missing letters.

1. Il berrett…. verd…. è di Fabio.

2. I pantalon…. ner…. sono molto bell…. .

3. Di chi sono quest…. scarp…. da ginnastica?

4. Marta ha una magli…. marron…. e dei pantalon…. viol…. .

5. Le mie chiav…. non sono quest…. .

6. Quest…. pigiam…. ros…. è di Laura.

7. Scusa, hai un ombrell…. anche per me?

8. Marco ha l…. zainett…. come il tu…. .

9. La mi…. sciarp…. è marron…. , non giall…. .

10. Quest…. libr…. sono Suo…. , signora?

11. Il tu…. vestit…. nuov…. è molto bello.

12. Scusi, è Su…. questa giacc…. , signore?

10. Complete the sentences with the correct form of the possessive and, where necessary, the definite article.

1. Scusi, signora, è ……………………… questo libro?

   Sì, è ……………………… .

2. Queste chiavi sono di Carlo?

   Sì, sono ……………………… .

3. Giuliano è il fratello di Marta?

   No, ……………………… fratello è quel ragazzo bruno.

4. ……………………… zainetto è questo, Marisa?

   No, ……………………… è quello là.

5. ……………………… genitori sono alti, Piero?

   ……………………… padre sì, invece ……………………… madre è bassa.

6. ……………………… guanti sono questi, signor Zanchi?

   No, ……………………… sono quelli neri.

7. Qual è ……………………… sciarpa, Luca?

   È quella rossa.

8. Di dove è ……………………… moglie, dottor Gardini?

   È francese, di Lione.

9. Scusi, per caso è ……………………… questa maglia?

   No, ……………………… è quella.

10. Questa è la borsa di Sergio?

    No, ……………………… è quella marrone.

11. Complete the sentences with the correct form of the verb avere.

1. Laura ……………………… dei fratelli?   Sì, un fratello e una sorella.

2. Quanti anni ……………………… tu e la tua amica?   Io ……………………… vent'anni e la mia amica diciotto.

3. Lei ……………………… la macchina?   Sì, ……………………… un'Alfa Romeo.

4. Tu ……………………… l'ombrello?   No, ma ……………………… l'impermeabile.

5. ……………………… una penna blu, ragazzi?   No, ……………………… solo penne nere.

6. ……………………… anche tu lo zainetto, Luisa?   No, io ……………………… la borsa.

GRAMMATICA

12. Complete the sentences with the correct form of the demonstratives questo **or** quello.

1. Il mio libro è .... qui.

2. I tuoi occhiali sono .... o .... ?

3. Il maglione di Mario è verde: è .... là.

4. I miei amici sono .... due ragazzi là.

5. Di chi sono .... zainetti lì?

6. .... abito nero là è veramente bello.

7. La mia borsa è .... là, non .... qui.

8. Sono belli .... ombrelli lì, vero?

9. Scusa, è tuo .... impermeabile qui?

10. .... berretto là è di Piero.

13. Complete the sentences with the correct form of the interrogative pronoun quale.

1. .... è la tua borsa?   È questa qui.

2. Scusi, è Suo quell'ombrello?   .... ?

3. Quelle scarpe sono molto belle, vero?   .... , scusa?

4. .... è il Suo cappello?   È quello marrone.

5. Sono tuoi quegli occhiali?   .... ?

6. .... sono le tue amiche?   Sono quelle lì.

14. Complete the questions with the interrogatives chi?, di chi? **or** quale?

1. .... è il maglione blu? È di Carlo?

2. .... è la sorella di Matteo? È la ragazza con gli occhiali?

3. .... sono gli amici di Giorgio? Sono Luca e Paolo?

4. .... è questa penna? È per caso la tua?

5. .... è la borsa di Stefania? Questa o quella lì?

15. Complete the sentences with the correct form of the adjective bello **and the demonstrative** quello.

1. Di chi è quel .... ombrello?

2. Alessandra ha dei .... pantaloni.

3. Luca ha delle .... scarpe.

4. È di Tommaso quel .... maglione?

5. Di chi è .... penna?

6. Alessia e Carla hanno dei .... zainetti.

7. .... portafoglio è molto ....

8. .... camicie bianche sono ....

9. .... occhiali sono di Emma.

10. Chi sono .... ragazzi?

SVILUPPIAMO LE ABILITÀ

comprensione scritta

16. Choose the correct words in the circle to complete the e-mail.

la bel
carina caso
chi (x3) curiosa
bruna foto
presto quanti
tua

Inbox (7109 messages)

Da: Paola
A: Fabio
Oggetto: Grazie

Ciao Fabio,

Grazie per la [1]......................... e-mail e per la foto. [2]......................... è quella ragazza bionda con la camicetta bianca vicino a te? È molto giovane: [3]......................... anni ha? E quel [4]?......................... ragazzo con gli occhiali da sole [5]......................... è? Anche [6]......................... ragazza [7]......................... è [8]......................... . E gli altri due ragazzi [9]......................... sono? Ma perché Anna non è con voi? Ah, forse è lei la fotografa del gruppo. La [10]......................... è splendida: di chi è la macchina fotografica? È la tua nuova fotocamera digitale, per [11]......................... ? Scusa se sono troppo [12]......................... .
Buone vacanze e a [13]......................... !

Paola

17. Based on the e-mail you have just completed, decide whether (a) or (b) is correct.

1. Paola scrive a Fabio... (a) per rispondere alla sua e-mail. (b) per avere una sua foto

2. Gli amici di Fabio nella foto sono... (a) cinque. (b) tre.

3. Paola chiede scusa a Fabio... (a) perché è troppo curiosa. (b) perché non sa chi è Anna.

18. Read the following text and try to understand the general meaning.

Il linguaggio dei colori

Prima di indossare un capo d'abbigliamento, è bene considerare che ogni colore lancia un messaggio. Quale? Il blu trasmette sicurezza e professionalità. Per questo, la giacca blu è perfetta per l'uomo o la donna che lavora. Il grigio è un colore neutro, quindi un abito grigio è molto pratico: è sufficiente cambiare la camicia o la cravatta per avere un nuovo look. Il nero è un colore elegante, molto usato anche dai giovani, e di moda in tutte le occasioni. Il rosso è un colore aggressivo e individualista che attira l'attenzione. L'arancione e il giallo sono colori solari, ma vivaci e "leggeri", da evitare nel mondo del lavoro. Il marrone è un colore non aggressivo, non troppo elegante, adatto soprattutto al tempo libero.

SVILUPPIAMO LE ABILITÀ

19. Guess the meaning of the Italian words, using the English words in the circles to help you.

(grey) (free time) (professionalism) (for all occasions) (neutral) (piece of clothing) (bright) (especially) (black) (trendy)

1. capo d'abbigliamento ....
2. professionalità ....
3. grigio ....
4. neutro ....
5. di moda ....

6. nero ....
7. in tutte le occasioni ....
8. vivace ....
9. soprattutto ....
10. tempo libero ....

produzione scritta

20. Fill in the missing words.

Mario Non ha il cappotto, signor Tosi?

signor Tosi Sì, è .... là grigio.

Mario È .... anche la sciarpa marrone?

signor Tosi No, la mia è bianca.

Mario .... questa?

signor Tosi No, ... là.

Mario Per caso sono .... anche questi guanti?

signor Tosi Ah, sì, grazie, sono ....

Mario E la borsa nera?

signor Tosi No, ... non è mia. Forse è dell'altro signore.

Mario Quale, scusi?

signor Tosi .... alto e magro.

Mario Già, il dottor Marini. Allora sì, forse la borsa è ....

signor Tosi Oh... dove sono le .... della macchina?

Mario Sono queste, per .... ?

signor Tosi Sì, grazie .... !

(2 5)
21. Now listen to the dialogue and check your answers.

comprensione orale

(2 6)
22. Listen to dialogues 1, 2 and 3 and match them with the pictures. Listen once again if necessary.

1. ☐ 2. ☐ 3. ☐

SOMETHING EXTRA

in Italian...

... it's like this

▶ Possessive adjective and possessive pronoun forms are exactly the same (*il mio libro è questo / questo libro è mio*).

▶ Possessive adjectives agree in gender and number with the possession (*il mio libro; la mia penna*).

▶ Possessive adjectives usually take the definite article, except for when they precede a singular noun indicating a family relationship (*mia madre, mio fratello*).

▶ The third person singular possessive *suo* expresses both "his" and "her" and the polite form "your" (*suo = di lui, di lei; Suo = di Lei, forma di cortesia*).

What about in your own language?

_____
_____
_____
_____
_____
_____
_____

... you say it like this

▶ *Di chi è* questo libro? / *Di chi sono* queste chiavi?

▶ Questa penna non è mia, *purtroppo*.

▶ *Grazie tante! / Prego!*

▶ *Secondo me... / Per me...*

▶ Ha due figli: un *maschio* e una *femmina*.

▶ Di chi sono questi *occhiali da sole*?

What about in your own language?

_____
_____
_____
_____
_____
_____

in Italy...

... it's like this

▶ Milano è la capitale della moda.

▶ Il prêt-à-porter è nato negli anni '70.

▶ I grandi stilisti firmano anche la moda casual.

▶ La moda è un'industria importante.

What about in your own country?

_____
_____
_____
_____
_____

fare conoscenza

LINGUA IN CONTESTO

in un bar

1. Fill in the missing words.

Nancy	Scusate, è ....*libera*.... questa sedia?
signor Ferri	Sì, prego, *si accomodi*....!
Nancy	Grazie. Permettete? *Mi chiamo*.... Nancy Taylor.
signor Ferri	Piacere! Il mio nome è Bruno Ferri e .... è mia moglie.
signora Ferri	Piacere!
Nancy	Molto ....*lieta*........ !
signora Ferri	Lei è inglese?
Nancy	No, ...*sono*.......... americana.
signora Ferri	Di dove?
Nancy	Di Boston.
signora Ferri	*Complementi*...... ! Lei parla ....*bene*....... l'italiano.
Nancy	Grazie.
signor Ferri	È qui a Roma ....*da*...... molto tempo?
Nancy	No, solo .... una settimana.
signora Ferri	Come ......*mai*......... è in Italia?
Nancy	Per lavoro.
signor Ferri	Ah, sì? E ......*qual*........... è la Sua professione?
Nancy	Sono giornalista.
signora Ferri	Ah, è un bel lavoro.
Nancy	Sì, è interessante, ma .... una bambina piccola... Voi .... figli?
signor Ferri	Sì, due: un ....*maschio*...... e una femmina.

2 7

2. Now listen to the dialogue and check your answers.

3. Match each question in A with the corresponding answer in B.

1. Che cosa chiede Nancy ai signori Ferri?
2. La sedia è occupata?
3. Nancy è inglese?
4. Da quanto tempo Nancy è a Roma?
5. Nancy ha figli?

a ☐ No, è libera.
b ☐ Da una settimana.
c ☐ Se una sedia del loro tavolo è libera.
d ☐ Sì, ha una bambina piccola.
e ☐ No, è americana.

4. Decide which of the two texts corresponds to the dialogue you have just completed.

A Nancy entra in un caffè di Roma. Chiede ai signori Ferri se può sedere al loro tavolo. Il signor Ferri risponde che può accomodarsi. Nancy si presenta e il signor Ferri dice il suo nome e presenta anche la moglie. La signora domanda a Nancy di che nazionalità è, poi le fa i complimenti per il suo italiano. La signora Ferri chiede a Nancy perché è in Italia e lei risponde che è a Roma per lavoro. Alle altre domande dei signori Ferri, Nancy risponde che fa la giornalista, è sposata e ha una bambina piccola. I due italiani replicano che anche loro hanno figli: un maschio e una femmina.

Nancy entra in un caffè di Roma. Chiede se una delle sedie del tavolo dove sono seduti i signori Ferri è libera. La signora Ferri risponde di sì e la invita ad accomodarsi. Nancy si presenta e la signora Ferri dice il suo nome e quello di suo marito. La signora domanda a Nancy di che nazionalità è, poi le fa i complimenti per il suo italiano. Il signor Ferri chiede a Nancy perché è in Italia e lei risponde che è a Roma per lavoro. Alle altre domande dei signori Ferri, Nancy risponde che fa la giornalista e ha una bambina piccola.
I signori Ferri replicano che anche loro hanno figli: un maschio e una femmina. **B**

IMPARIAMO A...

presentarci e presentare

5. Write the sentences you can use to introduce yourself and another person who is with you. Use either formal or informal language, depending on the replies given.

1. ● *Io sono Nany* , *e tu come ti chiami*
   ■ Mi chiamo Claudio.

2. ● *Permette* ? *Mi chiamo Jay* e questa è *mia moglie*
   ■ Piacere! Io sono Marta Giusti.
   ● Piacere!
   ◆ Molto lieta, Gabriella Rossi.

3. ● *Scusa* , *e tu come ti chiami?*
   ■ Io sono Francesco, ciao.

4. ● *Permette* ? *Mi chiamo Andriana* e questo è *Marco Sassi*
   ■ Piacere, Adriana Severi.
   ● Piacere!
   ◆ Molto lieto, Marco Sassi.

5. ● *Mi chiamo Nany, e tu?*
   ■ Io sono Patrizia, piacere.

IMPARIAMO A...

chiedere e dire la professione

(2 8)

6. Listen to the CD and complete the sentences with the correct words in the circles.

(architetto) (avvocato) (giornalista) (ingegnere)

1. Luisa Martelli è ...*giornalista*... .
2. Il padre di Luisa Martelli è ...*architetto*... .
3. Paolo Sensini è ...*ingegnere*... .
4. Lo zio di Luisa Martelli è ...*avvocato*... .

parlare di azioni presenti, iniziate nel passato

7. Read the questions and complete the answers.

1. Sono dieci anni che lavoro. E tu?   Io ....?......... sei anni.

2. È mezz'ora che aspetto. E Lei?   Io ....?......... un'ora.

3. Sono due ore che studio. E tu?   Io ....?......... tre ore.

4. Sono cinque anni che sono sposato. E voi?   Noi ....?......... nove mesi.

esprimere possesso

8. Look at the pictures and write what the people say to show their belongings. Make sure you use the correct form of the demonstrative.

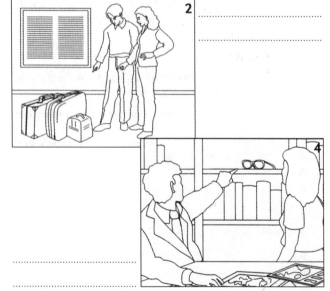

(2 9)

9. Now listen to the CD and check your answers.

GRAMMATICA

---

10. Complete the sentences with the correct form of the verbs in brackets.

1. Giulia (*parlare*) *parla* correntemente tre lingue.

2. Voi (*studiare*) *studiate* ancora, ragazzi?

3. Il signor Barni e io (*lavorare*) *lavora* nello stesso ufficio.

4. Brigitte (*frequentare*) *frequenta* un corso d'italiano a Marsiglia.

5. Loro (*guardare*) *guardano* la tv molte ore al giorno.

6. Alla mia festa (*invitare*) *invita* solo pochi amici.

7. Marisa (*preparare*) *prepara* la valigia anche per sua sorella.

8. I miei amici (*parlare*) *parlo* bene l'inglese.

9. Di sabato noi (*lavorare*) *lavoriamo* solo la mattina.

10. Io (*arrivare*) *arrivo* alle 12,30.

---

11. Complete the sentences with the correct form of the verb chiamarsi.

1. Quella ragazza è giapponese e *chiama* Yoko.

2. I genitori di Anna *chiamo* Ugo e Sandra.

3. Lei come *chiama*, scusi?

4. Voi *chiamate* Rosetti o Rossetti?

5. Il nostro medico *chiama* Severi.

6. Scusa, tu *chiamo* Andrea ?

7. Permette? *Chiamo* Anna Salvi.

8. Quel ragazzo americano *Chiama* Martin.

9. Come *si chiamano* bel bambino?

10. Io *chiamano* Matteo e mio fratello Andrea.

---

12. Complete the sentences with the correct form of the verb fare.

1. Tu che lavoro *fai* ? *fa* la cameriera in un bar.

2. Carlo e Gianni *facciamo* lo stesso anno di università.

3. Noi due *facciamo* le vacanze insieme.

4. Voi *fate* una festa per il vostro compleanno?

5. È contento del lavoro che *fa*, signor Morelli?

---

13. Complete the sentences with the correct form of the verbs below.

listen   wait   get/wear   live   to attend   to ...

• ascoltare • aspettare • avere • abitare • frequentare • lavorare (x2) • studiare

1. Stefano *lavori* lo spagnolo da sei mesi.

2. Angela *averi* la sua amica da più di un'ora.

3. I signori Zanchi *studi* in Inghilterra da diversi anni.

4. Io *ascolti* la macchina solo da un anno.

5. Laura *frequenti* musica da due ore.

6. Paolo *aspetti* con suo padre da due anni.

7. Noi *abitate* un corso di francese da due settimane.

8. Marta *lavori* in uno studio d'architettura da tre mesi.

fare conoscenza

GRAMMATICA

14. Put the following nouns in the feminine form.

1. commesso → *commessa*
2. maestro → *maestra*
3. impiegato → *impiegata*
4. infermiere → *infermiera*

5. dottore → *dottoressa*
6. professore → *professoressa*
7. avvocato → *avvocatessa*
8. studente → *studente*

15. Complete the sentences with the correct form of the possessive and, where necessary, the article.

1. Sono nuove *vostri* scarpe da ginnastica, ragazzi?
2. Qual è *nostra* stagione preferita, Anna?
3. Come si chiama *vostra* amico svedese, ragazze?
4. Di che colore sono *nostri* zainetti?
5. Anna è a Milano con *loro* padre.
6. Elena e Luca vanno spesso al cinema con *loro* amici.
7. Ascoltiamo spesso Laura Pausini, *nostra* cantante preferita.
8. Marco studia ancora, invece *nostra* sorella lavora già.

16. Write how you would ask someone in an informal way to:

1. restare ancora un po' *resta ancora un po'* !
2. parlare più forte *parla più forte* !
3. telefonare a Maria *telefona a Maria* !
4. preparare le valigie *prepara le valigie* !

5. studiare di più *studia di più* !
6. arrivare presto *arriva presto* !
7. guardare le foto *guarda le foto* !
8. chiamare un taxi *chiama un taxi* !

17. Write how you would ask someone in a formal way to:

1. aspettare un momento *aspetti un momento* !
2. scusare *scusi* !
3. chiamare il medico *chiami il medico* !
4. ascoltare con attenzione *ascolti con* !

5. parlare più piano *parli più piano* !
6. visitare l'Italia *visiti l'Italia* !
7. accomodarsi *accomodi* !
8. studiare l'italiano *studi l'italiano* !

SVILUPPIAMO LE ABILITÀ

comprensione scritta

18. Choose the correct words in the circle to complete the postcard.

a bello città forte frequento imparare in mia perché sabato soluzione sono tua una

Caro Federico,
sono [1] .... Inghilterra per [2] ....
l'inglese. Faccio un corso di due mesi [3] .... Oxford,
dove abita Betty, una [4] .... amica, che ha
[5] .... casa grande ed è contenta di ospitarmi. Per me
è una buona [6] .... perché così non
[7] .... sola.
[8] .... non vieni a trovarmi? Durante la settimana
[9] .... il corso, ma il [10] .... e la
domenica possiamo visitare altre [11] .... Pensa che
[12] .... ! Aspetto la [13] .... risposta.
Un [14] .... abbraccio.
Carla

19. Based on the postcard you have just completed, decide whether ⓐ or ⓑ is correct.

1. Carla è in Inghilterra per... ⓐ studiare l'inglese. ⓑ visitare il Paese.

2. Carla abita... ⓐ a casa di un'amica. ⓑ da sola.

3. Carla invita Federico in Inghilterra... ⓐ per studiare l'inglese. ⓑ per andare a trovarla.

produzione scritta

20. Imagine that you are in Rome. Write a postcard to a friend of yours, following the example you have just seen in exercise 18.

comprensione orale

2 10

21. Listen to dialogues 1, 2 and 3 and match them with the pictures. Listen once again if necessary.

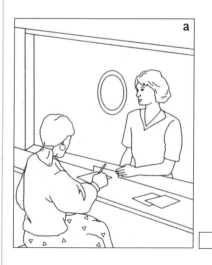
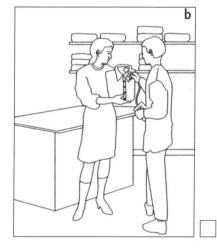

SOMETHING EXTRA

in Italian...

... it's like this

▶ An action that began in the past and is still in progress at the time of speaking is expressed by the present indicative form of a verb followed by the preposition *da*.

▶ The verb *aspettare* (to wait)
• doesn't take a preposition when it is followed by a noun (*Aspetto la mia amica / un taxi*).
• takes the preposition *da* when it is followed by an expression of time (*Aspetto da dieci minuti*).

What about in your own language?

_____
_____
_____
_____
_____
_____
_____

... you say it like this

▶ *Complimenti!*

▶ Tu *come ti chiami?* / Lei *come si chiama?*

▶ Prego, *si accomodi!*

▶ *Faccio* il dentista.

▶ Lavoro *da* due anni.

▶ È contenta *del* lavoro che fa?

▶ Sono qui *per lavoro / per turismo.*

What about in your own language?

_____
_____
_____
_____
_____
_____

in Italy...

... it's like this

▶ Gli italiani vanno spesso al bar.

▶ Il documento più diffuso è la carta d'identità.

▶ Nella carta d'identità è indicata anche la professione.

▶ Renzo Piano è un famoso architetto italiano che lavora anche all'estero.

What about in your own country?

_____
_____
_____
_____
_____
_____

LINGUA IN CONTESTO

un sabato qualunque

1. Fill in the missing words.

Carla Ciao, Giovanna!

Giovanna Ciao, Carla, che bella .... !

Carla Disturbo? Hai da fare?

Giovanna No, entra .... , accomodati!

Carla Solo pochi minuti.

Giovanna Perché hai tanta .... ?

Carla Sto .... in piscina e Giorgio mi sta ....

Giovanna Prendi un caffè? Lo .... in un minuto.

Carla .... , grazie; ma tu non lo prendi?

Giovanna No, ... bevo tanti durante il giorno.

Carla Io, invece, di solito .... prendo soltanto due.

Giovanna Ecco qui. Vuoi .... biscotti?

Carla No, grazie.

Giovanna Allora, come va? Hai qualche .... da raccontare?

Carla Sì, sto .... lezioni di spagnolo, perché vado .... Madrid.

Giovanna Ah, sì? E a fare che cosa?

Carla Ho una borsa di studio per sei mesi.

Giovanna .... ! Sei proprio brava.

Carla Grazie.

Giovanna Ascolta: perché non torni qui dopo la piscina? Beviamo .... insieme e parliamo un ....

Carla .... , ma oggi non posso; ho già un .... Se per te va bene, torno domani.

Giovanna D'accordo. Allora ciao, e... a .... !

Carla Sì, ci .... ! Ah, grazie per il caffè!

Giovanna .... !

⒞2 🔢

2. Now listen to the dialogue and check your answers.

3. Match each question in A with the corresponding answer in B.

1. Perché Carla ha tanta fretta?
2. Prende il caffè anche Giovanna?
3. Carla vuole anche i biscotti?
4. Carla va in Spagna per turismo?
5. Carla torna da Giovanna dopo la piscina?

a ☐ No, per motivi di studio.
b ☐ No, torna da lei il giorno dopo.
c ☐ Perché l'aspetta Giorgio.
d ☐ No, lei non lo prende.
e ☐ No, non li vuole.

4. Decide which of the two texts corresponds to the dialogue you have just completed.

A Carla va a trovare la sua amica Giovanna che non vede da molti giorni. Giovanna è sorpresa di vederla e la invita a entrare. Carla può restare solo pochi minuti perché sta andando in piscina e Giorgio la sta già aspettando. Mentre bevono il caffè, Giovanna chiede a Carla se ha qualche novità da raccontare e lei risponde che sta prendendo lezioni di spagnolo perché deve andare a Madrid per motivi di studio. Giovanna invita Carla ad andare a mangiare insieme dopo la piscina per parlare delle loro cose. Carla risponde che non può perché ha un altro impegno e che, se Giovanna è d'accordo, passa da lei martedì.

Carla va a trovare la sua amica Giovanna che non vede da molti giorni. Giovanna è sorpresa di vederla e la fa entrare. Carla può restare solo pochi minuti perché Giorgio la sta già aspettando per andare in piscina. Mentre Giovanna prepara il caffè, chiede a Carla, se ha qualche novità da raccontare e lei risponde che sta prendendo lezioni di spagnolo perché deve andare a Madrid per motivi di studio. Giovanna invita Carla a tornare da lei dopo la piscina per bere qualcosa insieme e parlare delle loro cose. Carla risponde che non può e che, se Giovanna è d'accordo, torna da lei il giorno dopo. **B**

IMPARIAMO A...

offrire, accettare e rifiutare

5. You are with friends in a café. One of them wants to order drinks for everyone. Match each question in A with the corresponding answer in B.

1. Vuoi una bibita?

2. E per te cosa ordino?

3. Vuoi un panino?

4. Tu cosa prendi?

5. Tu prendi il solito caffè?

A

a. ☐ Un tè, grazie.

b. ☐ No, grazie, non ho fame.

c. ☐ Sì, grazie, un po' lungo.

d. ☐ Sì, un'aranciata, grazie.

e. ☐ Solo un'acqua minerale, grazie.

B

6. You want to order drinks for some people you know. Read the answers and complete the questions.

1. Lei, signora, prende un .... ?   Sì, grazie, macchiato.

2. Lei, signorina, prende un .... ?   No, al latte, grazie.

3. Lei, signor Sarti, prende del .... ?   No, bianco, grazie.

4. Lei, dottoressa, prende dell' .... ?   No, gassata, grazie.

5. Lei, signora, prende un .... ?   Sì, senza schiuma, grazie.

▶ Use the following words:

**acqua naturale
caffè
cappuccino
tè al limone
vino rosso**

parlare di quantità

🔊 2 12

7. Listen to the dialogues and write the quantities you hear mentioned.

1. ....   2. ....   3. ....

parlare di azioni abituali

8. Look at the pictures and write six sentences saying how often you do each of these activities.

1. ....
2. ....
3. ....
4. ....
5. ....
6. ....

▶ *Use the following words:*
**sempre
tutti i giorni
spesso
raramente
qualche volta
mai**

andare al cinema

leggere un libro

cucinare

dipingere

prendere il treno

andare in discoteca

parlare di azioni in corso

9. Look at the pictures and write what each person is doing.

1. Il signor Marini ....
2. La signora Bondi ....
3. La ragazza ....
4. Il bambino ....

2 13

10. Now listen to the CD and check your answers.

GRAMMATICA

11. Complete the sentences with the correct form of the verbs in brackets.

1. Angela (*spendere*) .... molto per l'abbigliamento.

2. Io (*bere*) .... tre caffè al giorno.

3. Questa penna (*scrivere*) .... male.

4. Noi (*vivere*) .... a Firenze.

5. Voi che giornale (*leggere*) .... ?

6. Tu quanto (*spendere*) .... al bar per la colazione?

7. Lei (*vivere*) .... da molto in questa città?

8. Voi (*prendere*) .... un tè o un caffè?

9. Tu (*ricevere*) .... molte e-mail?

10. Io non (*mettere*) .... mai lo zucchero nel caffè.

tempo libero

GRAMMATICA

12. Complete the sentences with the correct form of the verbs below.

● andare   ● bere   ● fare   ● stare

1. Oggi Rita e Patrizia .... in piscina.

6. Lei in quale palestra .... ?

2. Nel fine settimana noi .... al mare.

7. Tu .... vino o birra, Lorenzo?

3. Marta .... solo acqua minerale.

8. Cosa .... stasera, ragazzi?

4. La domenica noi .... sempre a casa.

9. Come .... , signora?

5. Nel tempo libero io .... diversi sport.

10. Io .... spesso a teatro.

13. Complete the sentences with the correct form of the verb volere.

1. Voi .... un po' di tè?

4. Carlo e Giorgio .... studiare insieme.

2. Con chi .... parlare, signorina?

5. Marisa .... prendere la patente.

3. Stasera io .... andare al cinema.

6. Se .... , Anna, restiamo a casa.

14. Change the habitual action in the following sentences into an ongoing action.

1. Franco legge tutto il giorno.   → .... anche adesso.

2. Anna e Francesco guardano spesso la televisione.   → .... anche ora.

3. Secondo me, noi spendiamo troppo.   → .... troppo anche in questo periodo.

4. Tu mangi poco.   → Anche adesso .... poco.

5. Luca lavora troppo.   → In questi giorni .... anche di notte.

15. Complete the dialogues with the correct direct object pronoun (lo, la, li or le).

1. Mangi anche questo panino?   No, grazie, non .... mangio.

2. Vuoi un gelato?   No, grazie, non .... voglio.

3. Bevi volentieri il vino?   Sì, ... bevo volentieri.

4. Prendi anche tu la pasta?   No, non .... prendo, grazie.

5. Prepari tu le lasagne?   Sì, se vuoi, ... preparo io.

16. Complete the dialogues with the partitive ne or the correct direct object pronoun (lo, la, li or le).

1. Quanti giornali leggi?   .... leggo due ogni giorno.

2. Ha bambini, signora?   Sì, ... ho due.

3. Fai ginnastica?   Sì, ... faccio tutte le mattine.

4. Mangiate spesso gli spaghetti?   No, non .... mangiamo quasi mai.

5. Quante città d'arte conosci?   .... conosco solo due: Roma e Firenze.

6. Lei fa molte vacanze durante l'anno?   No, ... faccio poche.

7. Sapete bene l'inglese?   .... sappiamo un po', ma non bene.

8. Bevi tutta quella birra?   No, ... bevo solo un bicchiere.

9. Avete molte valigie?   No, ... abbiamo solo una grande.

10. Quando metti le scarpe nuove?   .... metto sabato sera.

17. Choose the correct preposition.

1. Quando vai a Bologna stai *in / nell'* albergo o *a / in* casa di amici?

2. Loro passano le vacanze *all' / nell'* estero, *in / a* Tunisia.

3. Vivete da molto tempo *in / nel* questa città?

4. In questo momento Gianni è *nell' / in* Italia del Sud, *a / in* Cosenza.

5. Vado *in / a* palestra due volte *alla / a* settimana.

6. *In / Nella* Toscana vivono molti stranieri.

7. Vado a prendere un cappuccino *al / a* bar qui vicino.

8. Carlo abita *in / nel* centro, *in / nella* via Mazzini.

9. Quest'estate andiamo *negli / in* Stati Uniti, *in / a* California.

10. Noi andiamo *al / a* cinema molto spesso.

SVILUPPIAMO LE ABILITÀ

comprensione scritta

18. Choose the correct words in the circle to complete the e-mail.

del   lo
prenotare
trovarvi   troviamo
va   vogliamo
volete   mare
suonano
invitiamo

Da: Anna e Luigi
A: Paola e Fabio
Oggetto: Cena

Inbox (7109 messages)

Cari amici,
quando telefoniamo non vi [1]............................... mai a casa, perciò vi scriviamo una e-mail.
Sabato sera pensiamo di andare a cena fuori: [2]............................... mangiare [3]...............................
pesce fresco, ma qui in città è molto caro e non [4]............................... preparano bene. Vi preghiamo,
quindi, di [5]............................... un tavolo per quattro in quel ristorante vicino al [6]...............................
dove voi ci portate quando veniamo a [7]............................... . Questa volta vi [8]............................... noi
e, se [9]..............................., dopo cena andiamo in un locale dove [10]............................... . Allora, se per
voi [11]............................... bene, passiamo a prendervi verso le otto. Aspettiamo la vostra conferma
per telefono. A presto!

Anna e Luigi

19. Based on the e-mail you have just completed, decide whether (a) or (b) is correct.

1. Anna e Luigi scrivono agli amici perché... (a) non rispondono mai al telefono. (b) non conoscono il loro numero.

2. Anna e Luigi chiedono agli amici di... (a) comprare del pesce fresco. (b) prenotare un tavolo al ristorante.

3. Gli amici abitano... (a) nella stessa città. (b) in un'altra città.

SVILUPPIAMO LE ABILITÀ

produzione scritta

20. Choose the appropriate sentences from below to complete the dialogue between Aldo and Rita.

- Tu fai poco movimento: devi fare dello sport.   • E stai davanti alla TV...   • Ma il sabato sei libero.
- Sto andando in piscina.   • Ma così non fai movimento.   • Secondo me sei pigro.   • Allora che fai?

Aldo Ciao, Rita! Dove stai andando così in fretta?

Rita ....

Aldo In piscina? Io, invece, a quest'ora sto bene in casa. Fuori fa troppo caldo.

Rita ....

Aldo Sì, lo so: devo perdere almeno cinque chili, ma come faccio? Sono troppo occupato per fare dello sport.

Rita ....

Aldo Io pigro? È che non ho tempo.

Rita ....

Aldo Beh, sì, ma il fine settimana sono stanco e voglio rilassarmi.

Rita ....

Aldo Ma che TV! Io non la guardo quasi mai.

Rita ....

Aldo Sto a letto fino a tardi, leggo, faccio dei piccoli lavori in casa.

Rita ....

Aldo Hai ragione. Così non va bene. Devo fare più movimento.

🄲 2 14

21. Now listen to the CD and check your answers.

---

comprensione orale

🄲 2 15

22. Listen to dialogues 1, 2 and 3 and match them with the pictures. Listen once again if necessary.

1. ☐
2. ☐
3. ☐

DRINN!

a

b

c

SOMETHING EXTRA

in Italian...

... it's like this

- An ongoing action is expressed by the verb *stare* + the gerund.
- The direct object pronouns *lo, la, li* and *le* go before the conjugated verb.
- The adverb usually comes after the verb (*Vado **spesso** in piscina / Non vado **mai** in discoteca*).
- The preposition *di* is used to indicate an undefined quantity (*del pane, della pasta, dei tortellini* etc.).
- City names take the preposition *a* and country names usually take the preposition *in*, both with verbs of state and motion. (*Sto / Vado a Torino; Sto / Vado in Francia*).

... you say it like this

- Entra *pure!* Accomodati!
- Sono già *in ritardo*.
- Piero *va a trovare* Stefano.
- Anna va spesso *dai* nonni.
- Elena telefona *a* Giorgio.
- Prendo un tè *al* limone. Io bevo sei caffè *al* giorno.
- Ho una *borsa di studio* per due mesi.
- "Grazie del caffè." "*Figurati!*"
- Passiamo a prendervi *verso* le otto.

in Italy...

... it's like this

- Andare al bar è un rito quotidiano.
- Le bevande più diffuse sono caffè e cappuccino.
- Gli italiani sono abbastanza sedentari.
- Quelli che praticano sport, preferiscono la palestra.

What about in your own language?

_____
_____
_____
_____
_____
_____

What about in your own language?

_____
_____
_____
_____
_____

What about in your own country?

_____
_____
_____
_____
_____
_____

LINGUA IN CONTESTO

alla fermata dell'autobus

1. Fill in the missing words.

Paul   Scusi, signore, passa di qui l'autobus .... piazza del Duomo?

passante   Non so... ma credo .... no. Comunque il Duomo non è distante da qui, può andarci anche a piedi.

Paul   Ah, e quanto tempo ci .... ?

passante   Circa quindici minuti.

Paul   Bene. Lei lo sa come .... arriva?

passante   Guardi, è semplice: vada sempre .... per via de' Cerchi. All'incrocio con via delle Oche .... a destra e prenda via dello Studio. In fondo c'è la piazza del Duomo.

Paul   Per .... mi può indicare il .... sulla piantina?

passante   Certamente. Ecco: noi siamo qui, in via Condotta, e via de' Cerchi è questa qui.

Paul   E piazza del Duomo...?

passante   Eccola, è............................... .

Paul   Ah, sì. Dunque: vado dritto .... a via dell'Oche e poi giro a sinistra...

passante   No, deve girare a .... Comunque, se vuole può girare anche a sinistra e prendere via de' Calzaioli...

Paul   Per quale strada si arriva .... ?

passante   Mah, forse per via de' Calzaioli ci vuole un .... di più, ma la strada è molto bella.

Paul   Allora passo di lì. Grazie .... per le indicazioni.

passante   Non c'è .... che.

🔊 **2** 🔢 **16**

2. Now listen to the dialogue and check your answers.

---

3. Match each question in A with the corresponding answer in B.

A

1. Dove si svolge la conversazione fra Paul e un passante?

2. Dove vuole andare Paul?

3. È lontano da lì il Duomo?

4. All'incrocio con via dell'Oche da che parte si deve girare?

5. Per quale strada si arriva prima?

B

a ☐ In piazza del Duomo.

b ☐ Per via dello Studio.

c ☐ A destra.

d ☐ In via Condotta.

e ☐ No, ci si può andare anche a piedi.

4. Decide which of the two texts corresponds to the dialogue you have just completed.

A Paul è a Firenze e vuole andare in piazza del Duomo. Non sa il percorso per arrivarci, perciò chiede indicazioni a un passante. Sa così che ci può andare a piedi in 15 minuti. Il passante gli dà le indicazioni, ma Paul non capisce bene, perciò chiede di indicargli il percorso sulla piantina che ha con sé. Per essere sicuro di aver capito, Paul prova a ripetere il percorso, ma in un caso sbaglia direzione. Il passante dice che in via dell'Oche deve girare a destra invece che a sinistra, ma poi osserva che vanno bene tutte e due le direzioni. Paul decide di girare a destra.

Paul è a Firenze e vuole andare in piazza del Duomo. Chiede a un passante se l'autobus per andarci passa di lì e lui risponde che non lo sa, ma crede di no. Aggiunge che piazza del Duomo non è distante da dove sono e che Paul ci può arrivare a piedi. Paul gli chiede indicazioni sul percorso e poi lo prega di indicarglielo sulla piantina che ha con sé. Per essere sicuro di aver capito, Paul prova a ripetere il percorso, ma in un caso sbaglia direzione. Il passante dice che in via dell'Oche deve girare a destra invece che a sinistra, ma poi osserva che vanno bene tutte e due le direzioni. Paul decide di girare a sinistra. **B**

IMPARIAMO A...

localizzare servizi

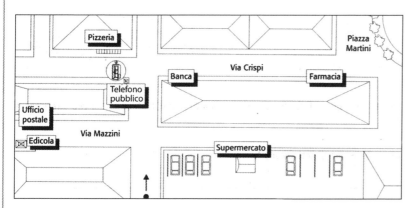

5. Look at the map on this page and decide whether the following statements are true or false.

1. Il supermercato è nella prima traversa a destra. **V** **F**

2. La farmacia è sulla piazza in fondo a via Crispi. **V** **F**

3. L'ufficio postale è in via Mazzini, dietro l'edicola. **V** **F**

4. La banca è all'angolo di via Crispi. **V** **F**

5. La cabina telefonica è di fronte alla banca. **V** **F**

6. Correct the directions that are wrong orally.

IMPARIAMO A...

chiedere e dare indicazioni di percorso

7. Imagine you are in Naples. A tourist has a map but can't work out the directions. He / she asks you how to get to the places he / she wants to visit. Look at the map and give the necessary directions.

1. **turista**   Scusi, come si arriva in piazza Dante?

   tu   ....

2. **turista**   Scusi, devo andare al Museo Archeologico Nazionale. Come ci arrivo ?

   tu   ....

(2 17

8. Listen to the CD and use the same map to find out which of the two sets of directions is wrong.

1. ☐   2. ☐

9. Correct the directions you have heard that are wrong.

....

esprimere possibilità

10. Complete the answers with the impersonal form of the verb **potere** *followed by the appropriate verb.*

1. Scusi, quanto tempo ci vuole per visitare la Pinacoteca?   .... in circa cinque ore.

2. Dove si prende l'autobus per piazza del Popolo ?   .... in piazza Barberini.

3. Scusi, da che parte si gira per piazza Venezia?   .... sia a destra sia a sinistra.

4. Scusi, con quale mezzo si va a Fiumicino?   .... in treno o con l'autobus.

5. In quel bar si sta solo in piedi?   .... anche seduti.

esprimere necessità

11. Complete the sentences with the correct form of the verb **dovere**.

1. Per via Veneto .... scendere alla prossima fermata, signorina.

2. Io e Claudia .... ancora vedere il Museo d'arte antica.

3. Se andate a Pisa, ... assolutamente vedere la Torre Pendente.

4. È proprio tardi! Scusami, ma .... andare a casa.

5. Se vuoi visitare i Musei Vaticani con calma, ... arrivare al mattino presto.

12. Complete the sentences with **ci vuole / ci vogliono**.

1. Per telefonare da un telefono pubblico .... una scheda telefonica.

2. Con la metro .... solo dieci minuti per arrivare in centro.

3. Se vai in centro a piedi, ... mezz'ora.

4. Per andare da Milano a Roma .... più tempo in auto che in treno.

5. .... diverse ore per girare tutto il centro di Milano.

GRAMMATICA

---

13. Complete the sentences with the correct form of the verbs in brackets.

1. Scusi, dove (*finire*) .... via Mascagni? Là in fondo, all'incrocio con via Rossini.

2. Tu (*preferire*) .... prendere l'autobus o andare a piedi? .... andare a piedi.

3. Da dove (*partire*) .... l'autobus 211? Dalla stazione Tiburtina.

4. Quante cartoline (*spedire*) .... , Andrea? .... solo queste tre.

5. Come (*dire*) .... ? Può ripetere, per favore? .... che il 70 non passa di qui.

6. Tu (*sapere*) .... come si arriva in centro? No, non lo ....

7. Scusi, Lei (*capire*) .... quando parlo in fretta? No, non .... bene.

8. Se tu (*andare*) .... a piedi, (*venire*) .... anch'io con te.

---

14. Complete the sentences with c'è / ci sono or ci vuole / ci vogliono.

1. In piazza Garibaldi .... due banche.

2. Per andare a casa di Sergio .... due mezzi.

3. Il mio ufficio non è distante: .... un quarto d'ora a piedi.

4. In questa zona .... una sola edicola.

5. Per andare fino al Colosseo in taxi .... almeno 15 euro.

6. A quest'ora .... sempre molto traffico.

---

15. Complete the dialogues with the particle ci and the appropriate verb.

1. Lei vive da molto tempo in questa città? Sì, ... da vent'anni.

2. Che mezzi ci vogliono per arrivare a casa tua? .... soltanto l'autobus.

3. Voi venite spesso a Venezia? Sì, ... spesso.

4. Quando andate a Siena? .... domani.

5. Per andare a scuola prendi l'autobus? No, ... a piedi.

6. Tornate spesso nella vostra città? No, ... una volta all'anno.

7. Andate a casa in taxi? No, ... con la metro.

8. Vai al cinema stasera? No, ... domani pomeriggio.

---

16. Complete the sentences with the correct form of the verbs dovere, potere or volere.

1. Patrizia .... vedere la Galleria degli Uffizi, ma a quest'ora è chiusa.

2. Domani Fabrizio .... andare a Roma per lavoro.

3. Noi .... girare la città senza problemi perché abbiamo la piantina.

4. Sergio e Marta prendono un taxi perché non .... aspettare l'autobus.

5. Ragazzi, se .... , ... venire in macchina con me.

6. Che tram .... prendere per venire a teatro?

in giro per la città

GRAMMATICA

---

17. Complete the sentences with the correct direct object pronoun (lo, la, li or le) or the particle ne and the appropriate verb.

1. Scusi, signore, dove posso comprare i biglietti dell'autobus?   .... all'edicola qui vicino.

2. Quanti giornali vuole comprare, signora?   .... due: uno di Roma e uno di Milano.

3. A chi devi dare la piantina di Firenze ?   .... a Giovanni.

4. Quando volete vedere il Colosseo ?   .... oggi pomeriggio.

5. Sai quanti mezzi devo prendere per arrivare a casa di Gianni ?   .... due: prima la metro e poi il tram.

---

18. Choose the correct preposition.

1. Vado al lavoro *a/in* piedi.

2. Noi andiamo *a/al* cinema molto spesso.

3. Anna e Luca vivono *a/in* Torino, Maria e Nicola vivono *a/al* mare.

4. *A/In* Roma abbiamo mangiato *al/in* ristorante e dormito *al/in* albergo.

5. La prossima estate andiamo *agli/negli* Stati Uniti per un mese.

6. Stasera vado a mangiare *al/nel* ristorante giapponese.

---

19. Complete the sentences with the correct form (simple or contracted) of the prepositions a and in.

1. La via Rossini arriva fino .... piazza.

2. La fermata dell'autobus per San Pietro è .... prima traversa .... destra.

3. Viviamo .... una città del Sud e siamo .... Venezia per turismo.

4. Può trovare un supermercato .... angolo fra via Puccini e via Verdi.

5. Prima di cena andiamo .... palestra.

6. .... Italia del Nord ci sono molte belle città da vedere.

7. .... albergo dove stiamo ci sono turisti di tutto il mondo.

8. Dovete girare .... sinistra .... secondo semaforo.

9. Vada dritto fino .... incrocio, e poi giri .... via Mazzini.

10. Oggi pomeriggio andiamo .... museo archeologico.

---

20. Complete the sentences with the impersonal form (si) of the verbs below.

 • andare • arrivare • dovere • entrare • potere • vivere

1. In una piccola città .... a piedi senza problemi.

2. Non uso mai i mezzi pubblici perché .... aspettare troppo.

3. In campagna .... bene perché non c'è inquinamento da smog.

4. Per questa via non .... andare perché c'è il senso vietato.

5. Se .... dopo le sei, non .... più al museo.

21. Complete the sentences by matching the words in each column.

1. Se volete girare bene la città   giri   un taxi.

2. Marco,   prendete   al vigile se si può girare a destra.

3. Siete in ritardo: guarda   a sinistra alla prima traversa.

4. Signor Poli,   comprate   che piazza stupenda!

5. Per arrivare al Ponte Vecchio   chieda   la piantina all'edicola.

---

22. Write how you would tell someone in an informal way to do the following:

1. andare dritto fino al semaforo   →   ....

2. girare a destra e arrivare fino al semaforo   →   ....

3. comprare il biglietto prima di salire sull'autobus   →   ....

4. scendere alla terza fermata   →   ....

5. seguire le tue indicazioni di percorso   →   ....

SVILUPPIAMO LE ABILITÀ

comprensione scritta

23. Choose the correct words in the circle to complete the e-mail.

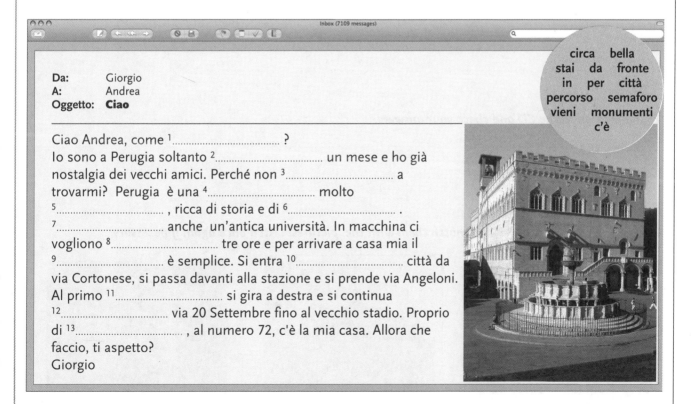

circa   bella
stai   da   fronte
in   per   città
percorso   semaforo
vieni   monumenti
c'è

Da: Giorgio
A: Andrea
Oggetto: Ciao

Ciao Andrea, come [1]......................... ?
Io sono a Perugia soltanto [2]........................ un mese e ho già
nostalgia dei vecchi amici. Perché non [3]........................ a
trovarmi? Perugia è una [4]........................ molto
[5]........................ , ricca di storia e di [6]........................ .
[7]........................ anche un'antica università. In macchina ci
vogliono [8]........................ tre ore e per arrivare a casa mia il
[9]........................ è semplice. Si entra [10]........................ città da
via Cortonese, si passa davanti alla stazione e si prende via Angeloni.
Al primo [11]........................ si gira a destra e si continua
[12]........................ via 20 Settembre fino al vecchio stadio. Proprio
di [13]........................ , al numero 72, c'è la mia casa. Allora che
faccio, ti aspetto?
Giorgio

SVILUPPIAMO LE ABILITÀ

produzione scritta

24. *Imagine you are in Florence, at piazza S. Maria Novella. A tourist asks you how to get to the places he / she wants to visit. Looking at the map below, write down the directions you would give him / her.*

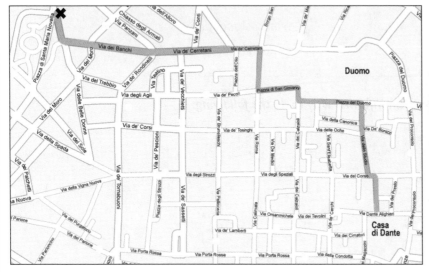

turista	Scusi, mi sa dire come si arriva da qui in piazza del Duomo?
tu	....
turista	Ah, non è molto distante da qui. Si può andare piedi...
tu	....
turista	Scusi, ancora una domanda. Dal Duomo devo poi andare alla casa di Dante. Come ci arrivo?
tu	....
turista	Grazie mille.
tu	....!

(2 18

25. *Now listen to the CD and check your answers.*

comprensione orale

(2 19

26. *Listen to texts 1, 2 and 3 and match them with the pictures. Listen once again if necessary.*

a

b

c

SOMETHING EXTRA

in Italian...

... it's like this

▶ The direct object pronouns *lo, la, li* and *le* can also combine with the infinitive that follows modal verbs (*Devo / Posso aspettarli*).

▶ The most common impersonal form is constructed with the particle *si* + the third person singular of a verb not followed by a noun. The impersonal form can also be constructed with the pronoun *uno* (*Qui non si può entrare / Qui uno non può entrare*).

... you say it like this

▶ Credo *di* no / *di* sì.

▶ Scusi, *c'è* una banca qui vicino?

▶ Come *ci arrivo*? Puoi andarci *a piedi*.

▶ Vada *dritto* fino al semaforo.

▶ Grazie! *Non c'è di che.*

▶ *In fondo* c'è la piazza del Duomo.

▶ Quanto *ci vuole* per arrivare *in centro*?

▶ *Ci vuole* un quarto d'ora / *Ci vogliono* dieci minuti.

▶ Allora passo *di lì.*

▶ Nelle *ore di punta* il traffico è congestionato.

▶ Spesso i mezzi pubblici sono molto *affollati*.

in Italy...

... it's like this

▶ La maggior parte delle città italiane ha origini millenarie.

▶ Molte città sorgono su antiche città romane.

▶ Il cuore delle città storiche è la piazza centrale.

▶ Le città d'arte hanno edifici medievali, rinascimentali o barocchi.

What about in your own language?

_____
_____
_____
_____
_____
_____

What about in your own language?

_____
_____
_____
_____
_____

What about in your own country?

_____
_____
_____
_____
_____

LINGUA IN CONTESTO

alla reception di un hotel

1. Fill in the missing words.

receptionist	Buongiorno, signora. Desidera?
signora Ferri	..............................! Scusi, avete una camera singola per due .... ?
receptionist	Vediamo... Sì, c'è. È la 415, ma a quest'ora non è .... pronta. La cameriera la sta pulendo.
signora Ferri	Non importa, la camera è per una .... amica che arriva stasera.
receptionist	D'accordo. A che .... è la prenotazione?
signora Ferri	Pamela Williams.
receptionist	Mi scusi, può ripetere il cognome lettera .... lettera?
signora Ferri	Vu doppia, i, ... elle, i, a, emme, esse.
receptionist	Ok. Scusi, a .... ora arriva la signora?
signora Ferri	Verso le nove. Senta, la camera 415 .... sulla piazza?
receptionist	No, dà sull'interno e non è affatto ....
signora Ferri	Bene. E quanto .... ?
receptionist	Ottantacinque euro per notte.
signora Ferri	La .... si paga a parte?
receptionist	No, è .... nel prezzo della camera.
signora Ferri	Ancora una domanda: si può cenare .... albergo?
receptionist	Sì, certo, ... nostro ristorante si cena fino alle ventitré.
signora Ferri	Molto bene. Allora ci vediamo stasera quando accompagno la mia amica.
receptionist	D'accordo, signora, ...

🔊 2 20

2. Now listen to the dialogue and check your answers.

3. Match each question in A with the corresponding answer in B.

A

1. Per chi prenota una camera la signora Ferri?
2. Quando arriva la sua amica?
3. La camera è rumorosa?
4. La colazione è inclusa nel prezzo?
5. Fino a che ora è aperto il ristorante dell'albergo?

B

a ☐ Sì.
b. ☐ Fino alle ventitré.
c. ☐ Per una sua amica.
d. ☐ Alle nove di sera.
e. ☐ No, perché dà sull'interno.

4. Decide which of the two texts corresponds to the dialogue you have just completed.

A La signora Ferri va in un albergo della sua città per chiedere se hanno una camera libera per due notti. L'addetto dice che c'è, ma a quell'ora non è pronta perché la cameriera la sta ancora pulendo. La signora Ferri replica che non importa, perché la camera è per un'amica che arriva verso le nove di sera e lei vuole solo prenotarla. La signora Ferri chiede se la camera dà sulla piazza, quanto costa, se la colazione si paga a parte, se si può cenare in albergo. L'addetto risponde di sì, e dice che nel ristorante dell'albergo si può cenare fino alle ventitré.

La signora Ferri telefona a un albergo della sua città per chiedere se hanno una camera libera per due notti. L'addetto dice che c'è, ma a quell'ora non è pronta perché la cameriera la sta ancora pulendo. La signora Ferri replica che non importa, perché la camera è per un'amica che si chiama Pamela Williams e lei vuole solo prenotarla. La signora Ferri chiede qual è il prezzo della camera, se la colazione è inclusa nel prezzo, se c'è il frigobar e se all'arrivo la sua amica può cenare in albergo. L'addetto risponde che la colazione si paga a parte e che nel ristorante dell'albergo si può cenare fino alle ventidue. **B**

IMPARIAMO A...

salutare e rispondere al saluto

5. Complete the dialogues with the appropriate greetings and goodbyes. More than one answer is possible.

1. Buonasera, signor Carli. .... , signora.

2. Io vado a casa; .... , ragazzi. .... , Gianluca.

3. Adesso devo andare. .... , signor Paoletti. .... , dottore, e tanti saluti a Sua moglie.

4. Sono molto stanca: vado a letto. .... , Marisa.

5. .... , signora Donati. .... , signorina. Come sta?
....

6. .... , Marco! Che sorpresa! .... ! Come stai?

7. .... , signora Crespi. .... , signor Martini. Come va?
Non c'è male, grazie, e Lei? Tutto bene, grazie!

8. Adesso devo proprio andare. .... ragazzi! .... , Marta!

9. Desidera nient'altro, signora? No, grazie. Va bene così. .... !

10. Sono già le 20. Devo andare. .... ! .... , signora Rossi.

IMPARIAMO A...

chiedere e dire il nome, compitare

6. Complete the dialogues by spelling out the letters in the names.

1. Come ti chiami?   Mi chiamo Steven.

   Come si scrive?   ....

2. Il Suo cognome, signora?   Hubbard.

   Scusi, può ripeterlo lettera per lettera?   ....

3. Lei, signore, si chiama Nielsen?   No, Nickel.

   Scusi, può ripetere?   ....

localizzare oggetti

7. Look at the picture and complete the sentences with the correct compound prepositions.

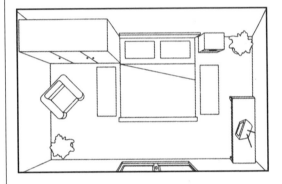

1. Il letto è .... finestra.

2. L'armadio è .... letto.

3. Il comodino è .... letto.

4. Il televisore è .... scrivania.

5. La poltrona è .... armadio.

chiedere e dare indicazioni di luogo

8. Look at the map and complete the dialogue by giving the correct directions.

turista	Scusi, Lei è del posto?
passante	Sì, abito in questa zona.
turista	Allora certamente sa dov'è il ristorante "Bella Napoli"...
passante	Sì, è ¹............................ via Baglioni.
turista	È lontano da qui?
passante	No, a piedi ci vogliono circa dieci minuti.
turista	Senta, per caso da queste parti c'è un'edicola?
passante	Guardi, la trova un po' più avanti, ²............................ via Dante.
turista	C'è anche una banca qui vicino?
passante	No, qui no, ma ne trova una proprio ³............................ ristorante.
turista	Grazie mille!
passante	Prego.

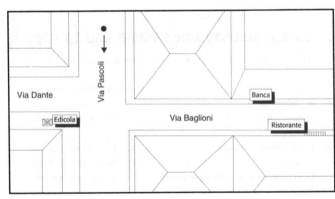

parlare di prezzi

9. *Imagine you have to give information over the phone to a friend who is looking for a hotel in your town. Look at the pictures and complete the dialogue by writing the prices of single and double rooms in all three hotels in words (e.g. cinquanta).*

HOTEL TREVI

camera singola con bagno   95 euro
camera doppia con bagno 139 euro

Hotel Olimpic

Camera singola con bagno 47 euro
Camera doppia con bagno 88 euro

ALBERGO SAN FELICE

CAMERA SINGOLA   CON BAGNO 38 EURO
CAMERA DOPPIA   CON BAGNO 77 EURO

amico Senti, per caso hai dei dépliant di qualche albergo di Roma?

tu Sì, ho i dépliant di tre hotel che sono vicino a casa mia. Se vuoi, posso dirti i prezzi.

amico Grazie, ti telefono proprio per questo.

tu Allora guarda, cominciamo dal Trevi. Una singola costa ¹............................... e una doppia ²............................... .

amico Non c'è niente di più economico?

tu Sì, gli altri due sono meno cari. Per una singola ci vogliono ³............................... al San Felice e ⁴............................... all'Olympic.

amico A me interessano i prezzi delle doppie, perché nel fine settimana vengo a Roma con Gabriella.

tu Allora vediamo... Al San Felice la doppia costa ⁵............................... e all'Olympic ⁶............................... .

amico Ti ringrazio molto. Parlo con Gabriella e ti faccio sapere, così mi dai il numero di telefono.

tu Sì certo, ci sentiamo.

amico Ciao e a presto.

GRAMMATICA

10. *Complete the sentences with the correct prepositions (simple or contracted).*

1. Secondo me, la libreria sta bene .... destra .... finestra.
2. Francesco deve cambiare città .... motivi .... lavoro.
3. Luca parte .... Torino .... sette meno cinque e arriva a Milano .... otto e venti.
4. Domani vado .... dentista .... un controllo.
5. .... questa città i mezzi pubblici funzionano bene.
6. Sabato sera andiamo .... cinema .... i nostri amici.
7. .... finestra .... mia camera si vede un bel panorama.
8. Carla non vive più in famiglia: .... due mesi abita .... sola.
9. Puoi trovare una farmacia .... piazza Matteotti.
10. Marco va .... un mese .... Stati Uniti.

in albergo

GRAMMATICA

---

11. Complete the dialogues with the correct form of the verb dare and the direct object pronoun (lo, la, li or le).

1. A chi date il vostro vecchio tappeto?

   .... a un amico che .... mette nella casa di campagna.

2. Usa solo Lei questa macchina, signor Rossi?

   No, spesso .... a mio figlio.

3. Paola ha ancora tre esami da dare, vero?

   Sì, ma .... tutti a giugno.

4. Avete le chiavi della camera?

   Sì, ora .... alla reception.

5. Andrea dice che vuole vedere l'ultimo film di Francis Ford Coppola.

   So che .... al cinema Cristallo; possiamo andarci insieme.

---

12. Complete the dialogues with the correct form of the verbs below in the present indicative.

● cercare ● dimenticare ● impiegare ● pagare

1. Tu .... molto per la camera?   No, ... soltanto 70 euro per notte.

2. Scrivo subito il numero di telefono nell'agenda.   Giusto, così se lo .... puoi sempre trovarlo.

3. Quanto tempo .... da casa tua al centro?   Se non c'è traffico .... una mezz'ora.

4. Cercate un albergo?   Sì, ... un albergo non troppo caro.

5. Voi fate colazione in camera?   Sì, e naturalmente .... di più.

---

13. Complete the sentences with the plural form of the following words.

● amico ● meccanico ● banco ● dialogo ● albergo ● sociologo ● greco ● medico

1. Gli .... sono più cari delle pensioni.

2. Nella classe di Giovanni ci sono 20 ....

3. Ascoltate i .... e dite di cosa parlano i personaggi.

4. Marco e Luca sono due miei .... di Bologna.

5. I miei genitori sono tutti e due ...., specializzati in cardiologia.

6. Sono molti i .... che studiano l'italiano.

7. I .... riparano le auto.

8. I .... studiano i vari fenomeni sociali.

---

14. Complete the dialogues with the appropriate greetings and goodbyes.

1. Salve, ragazze!   .... , Laura!

2. Sono già le 20,30 e devo proprio andare.   .... , signora Betti.

3. Scusate, io vado a dormire. .... !   .... , Franco.

4. .... , professore!   .... a voi, ragazzi!

5. Ora vado, ragazzi; .... domani!   Ok, ... a domani !

6

SVILUPPIAMO LE ABILITÀ

comprensione scritta

15. Choose the correct words in the circle to complete the e-mail.

Circle words: avete, camere, conosciamo, costa, danno, dobbiamo, inclusa, mandarci, nel, nella, qual, preghiamo, risposta

```
Inbox (7109 messages)

a: info@parkhotel.it
da: Alberto Bruschi
oggetto: Vacanze a Ischia

Gentili signori,
nel mese di settembre abbiamo intenzione di passare due settimane 1................................ vostra isola, che non
2................................ affatto. Prima di decidere, vi 3................................ di darci le seguenti informazioni:
 - se 4................................ periodo indicato 5................................ due 6................................ doppie con bagno;
 - 7................................ è il prezzo;
 - se le camere 8................................ sul mare;
 - se la colazione è 9................................ nel prezzo;
 - quanto 10................................ la mezza pensione;
 - quant'è l'acconto che 11................................ mandarvi.
Restiamo in attesa di una vostra cortese 12................................ e vi preghiamo di 13................................ un dépliant
del vostro albergo.
Distinti saluti.

Alberto Bruschi
```

16. Based on the e-mail you have just completed, decide whether (a) or (b) is correct.

1. Il signor Bruschi ha intenzione di passare due settimane a Ischia... (a) da solo.   (b) con la famiglia.

2. Prima di decidere se andare, vuole avere... (a) informazioni sui prezzi.   (b) un dépliant dell'albergo.

3. Il signor Bruschi chiede anche... (a) se deve mandare un acconto.   (b) quant'è l'acconto che deve mandare.

produzione scritta

17. Complete the dialogue with the appropriate words.

Bruno Cerchi un 1................................ a quattro stelle?

Renzo Sì, quando viaggio 2................................ lavoro voglio trovare tutte le 3................................ . Incluso un buon
ristorante.

Bruno Lo sai quanto 4................................ per una stanza?

Renzo Sì, non meno di 130 euro per 5................................ .

Bruno Infatti. Allora puoi trovare posto anche 6................................ ultimo momento.

Renzo No, sbagli, se non si prenota in tempo, si trova tutto 7................................ .

Bruno Allora vuol dire che c'è tanta 8................................ che non bada a spese.

Renzo Be', se si vuole star bene, si deve 9................................ . Non sei d'accordo anche tu?

Bruno No, io cerco sempre di risparmiare 10................................ prezzo.

Renzo Già, 11................................ sull'albergo e poi, magari, la sera esci e 12................................ un sacco di soldi.

Bruno Sì, è vero, ma 13................................ mi diverto.

Renzo 14................................ fondo è giusto. Tu sei 15................................ giovane; io, invece, non ho più certe idee...

duecentotrentacinque **235**

SVILUPPIAMO LE ABILITÀ

18. Rearrange each set of words below to form a complete sentence.

1. prendere / alla / amica /una / a / stazione. / Alle / mia / dieci /vado

....

2. non / centro. / Stiamo / un / troppo / albergo / cercando / caro / in

....

3. camera / una / Avete / doppia / notte? / questa / per

....

19. Write the correct answers for each question.

1. Quanto costa la camera doppia?   ....

2. La colazione è compresa nel prezzo?   ....

3. C'è il bagno in camera?   ....

4. C'è la piscina nell'hotel?   ....

5. Dove si trova l'hotel?   ....

comprensione orale

🔊 **2 21**

20. Look at the pictures and listen to the dialogue. Try to find out which hotel the man prefers and which one his wife prefers.

☐

☐

Hotel Priori

Situato nel centro storico, l'albergo è l'ideale per chi desidera vivere le proprie vacanze in città culturali. Camere arredate in modo semplice, dotate di servizi privati e telefono diretto.

a

b

Hotel Parco

Situato a pochi chilometri dalla città, dispone di camere immerse nel verde e dotate di tutti i comfort. Ampio parcheggio e piscina. Possibilità di fare trekking, passeggiate a cavallo o in bicicletta.

HOTEL CAVOUR

Situato nelle immediate vicinanze della stazione, dispone di 90 camere, dotate di telefono diretto, tv satellitare, aria condizionata. Ristorante con cucina tipica locale. Parcheggio gratuito.

c

SOMETHING EXTRA

in Italian...

... it's like this

▶ simple prepositions can contract with the definite article.

▶ state or motion verbs linked to proper nouns, profession nouns, personal pronouns or possessives are always followed by the preposition da (*Vado da Paola / dal medico / dai miei parenti*).

What about in your own language?

_____
_____
_____
_____
_____
_____
_____

... you say it like this

▶ Scusi, può ripetere il nome *lettera per lettera*?

▶ La camera dà *sull'*interno?

▶ Se andiamo *a piedi*, facciamo prima.

▶ *Con* questo caldo *ci* vuole il condizionatore.

▶ Il letto è *di fronte* alla finestra. Il quadro è *dietro il* divano.

▶ Il ristorante è *vicino all'*albergo. L'albergo non è *lontano da* qui.

▶ Carla abita *da* sola.

▶ Scusi, Lei è *del* posto?

▶ La mia amica arriva *verso le* nove.

▶ Tanta gente non *bada a* spese.

What about in your own language?

_____
_____
_____
_____
_____
_____
_____

in Italy...

... it's like this

▶ Ci sono circa trentatremila alberghi.

▶ Accanto agli alberghi storici e ai tradizionali hotel termali, troviamo oggi anche gli agriturismi, i bed and breakfast e gli hotel benessere con spa.

▶ Negli agriturismi si gustano i prodotti tipici locali.

What about in your own country?

_____
_____
_____
_____
_____
_____

LINGUA IN CONTESTO

alla stazione

1. Fill in the missing words.

bigliettaio	Dica!
Thomas	Un biglietto di andata e .... di seconda classe .... Venezia.
bigliettaio	A che ora vuole .... ?
Thomas	Con il treno .... quattordici e venti.
bigliettaio	Quello è un Intercity: ci .... il supplemento rapido.
Thomas	Ah... E quanto .... ?
bigliettaio	Nove euro.
Thomas	Non c'è un altro treno .... economico?
bigliettaio	Sì, ... , ma...
Thomas	A .... ora è?
bigliettaio	.... quattordici e cinquantatré, ma deve cambiare a Milano.
Thomas	Si deve aspettare molto per la .... ?
bigliettaio	Eh, sì, circa un'............................ .
Thomas	Non .... niente, prendo quello.
bigliettaio	Ecco il biglietto; .... trenta euro e 60 centesimi.
Thomas	Scusi, mi può .... da che binario parte?
bigliettaio	Dal .... 15.
Thomas	Senta, ... caso ha un orario da darmi?
bigliettaio	No, non .... l'ho; .... può trovare all'ufficio informazioni.
Thomas	Grazie tante!

(2 22

2. Now listen to the dialogue and check your answers.

3. Match each question in A with the corresponding answer in B.

1. Thomas va a Venezia con l'Intercity?
2. Dove deve cambiare treno?
3. La coincidenza c'è subito?
4. Il bigliettaio dà un orario a Thomas?
5. Dove può trovare l'orario Thomas?

a ☐ No, circa un'ora dopo.
b ☐ No, perché non ce l'ha.
c ☐ All'ufficio informazioni.
d ☐ No, ci va con un treno più economico.
e ☐ Alla stazione di Milano.

4. Decide which of the two texts corresponds to the dialogue you have just completed.

A Thomas vuole andare a Venezia. Pensa di prendere il treno delle 14.20, ma il bigliettaio l'avverte che quello è un Intercity e che quindi ci vuole il supplemento rapido. Thomas non vuole prendere l'Intercity perché il supplemento costa troppo, quindi chiede se c'è un altro treno poco dopo. Il bigliettaio risponde che può partire con quello delle 14.53 che va fino a Bologna e poi prendere la coincidenza per Venezia. Thomas chiede un orario dei treni, ma il bigliettaio non ce l'ha e allora lui va a prenderlo all'ufficio informazioni. Poi va al binario 15 e parte con il treno per Venezia.

Thomas vuole andare a Venezia con il treno delle 14.20, ma il bigliettaio l'avverte che quello è un Intercity e che quindi ci vuole il supplemento. Lui non può spendere altri nove euro oltre i 30,60 euro del biglietto, perciò s'informa dal bigliettaio se c'è un altro treno più economico. Il bigliettaio dice che c'è un altro treno poco dopo, ma non va direttamente a Venezia, perciò Thomas deve scendere a Milano e aspettare circa un'ora per la coincidenza per Venezia. Thomas fa il biglietto e chiede se può avere un orario dei treni, ma il bigliettaio non ce l'ha. Poi Thomas va al binario 15 per aspettare il treno per Milano. **B**

IMPARIAMO A...

informarci sugli orari

5. It's about 9 a.m. and you're at the train station in Milan. You want to go to Genoa, but you don't know the exact departure or arrival times. Write the questions you would ask the ticket clerk to find out this information.

tu	.... ?	bigliettaio	Alle undici e trenta.
tu	.... ?	bigliettaio	Sì, parte alle nove e venti.
tu	.... ?	bigliettaio	No, è diretto.

6. You're at the train station in Rome. You want to go to Bologna on the 4.42 p.m. Intercity to Milan, but first you want to make sure that it is the right train and that you have the right kind of ticket. Write the questions you would ask the ticket clerk.

tu	.... ?	bigliettaio	Sì, tutti i treni fermano a Bologna.
tu	.... ?	bigliettaio	No, la prenotazione è obbligatoria solo per alcuni treni.
tu	.... ?	bigliettaio	Eh, sì, quello ci vuole.

in viaggio

IMPARIAMO A...

7. You're at the train station in Turin and you're leaving for Verona. You don't know if there is a direct line or if you have to change trains, so you inquire at the ticket office.

tu	.... ?	**bigliettaio**	No, deve cambiare a Milano.
tu	.... ?	**bigliettaio**	Sì, c'è quasi subito.
tu	.... !	**bigliettaio**	Ma no, l'Eurostar è sempre in orario.

chiedere per avere

8. You are going to Florence in a few days and you want to buy the ticket early. Write what you would say to the ticket clerk.

tu	....	**bigliettaio**	Di prima o di seconda?
tu	....	**bigliettaio**	Ecco a Lei.
tu	....	**bigliettaio**	Se vuole la può fare, ma non è obbligatoria.
tu	....	**bigliettaio**	Bene. In tutto fanno 44,41 euro.

esprimere possesso

9. You are getting ready to go on a train journey with a friend. Your mother asks you if you have everything you need. Complete your answers.

mamma	Hai con te la carta d'identità?	**tu**	Sì, ... nella tasca della giacca.
mamma	E il biglietto dov'è ?	**tu**	.... Piero insieme al suo.
mamma	Avete anche il supplemento?	**tu**	No, non .... ; lo facciamo alla stazione.
mamma	Quante valigie avete in tutto?	**tu**	.... tre.

GRAMMATICA

10. Complete the sentences with the correct form of the verbs uscire, venire or andare.

1. Paolo stasera non .... ; resta a casa perché è stanco.

2. Anna .... con voi al cinema, io, invece, ... in palestra.

3. Se .... in treno, tu .... a prendermi alla stazione?

4. Tu e Luca .... con noi in piscina o .... subito a casa?

5. Sai chi .... da me domani? Prova a immaginare!

11. Complete the sentences with the correct form of the verbs in brackets.

1. Di notte io non (*guidare*) .... volentieri.

2. Se parli così in fretta, nessuno ti (*capire*) ....

3. Scusa, (*rispondere*) .... tu al telefono?

4. Lei cosa (*preferire*) .... fare, signor Sordini?

5. Io (*leggere*) .... il giornale la mattina presto.

12. Complete the dialogues with the present indicative of the verbs below.

● andare ● arrivare ● dormire ● finire ● guidare ● parlare ● partire ● preferire ● prendere ● studiare

1. Tu e Marco .... insieme per l'esame?   No, ... da soli.

2. Lei, signora, quante ore .... per notte?   Poche, ma .... un po' il pomeriggio.

3. Come .... Luca?   .... bene, ma corre un po' troppo.

4. Ragazzi, ... il tè o il caffè?   Marco e io .... il tè.

5. John e Ann .... bene l'italiano?   Lui sì, invece lei non lo .... ancora bene.

6. Luigi, tu .... spesso il treno?   No, non lo .... quasi mai.

7. Quando .... di giocare a tennis, ragazzi?   .... fra una mezz'ora.

8. A che ora .... per Firenze, Angela?   .... alle 11 e 40.

9. Perché Roberto .... partire di notte?   Perché vuole .... presto domani mattina.

10. Anna .... gli studi a luglio.   Sì, e dopo .... negli Stati Uniti per due settimane.

13. Complete the answers to the following questions.

1. Lei, signora, ha un biglietto di prima classe?   No, ... di seconda.

2. Da quanto tempo avete questa macchina?   .... da cinque anni.

3. Hai con te la patente, Giorgio?   Sì, ... nel portafoglio.

4. I tuoi amici hanno già i biglietti per il concerto?   No, non .... ancora.

5. Chi di voi ha delle riviste di viaggi?   .... Sandra.

14. Complete the sentences with the correct question words in the circles.

(A che ora) (Che) (Da quale) (Dove) (Quando) (Quanto)

1. .... vuole partire, di mattina o di pomeriggio?

2. .... arriva il treno da Bologna?

3. .... binario parte l'intercity per Roma?

4. .... si deve aspettare per la coincidenza?

5. .... deve andare, signora?

6. .... ora è?

15. Choose the correct prepositions (simple or contracted).

1. Di solito, per andare *a / in* Firenze, prendo il treno *dalle / delle* sette meno cinque.

2. La mia amica parte *di / da* Bari *a / alle* sei e arriva qui *a / alle* mezzogiorno.

3. I ragazzi escono *da / di* scuola *all' / dall'* una e un quarto.

4. Dovete fare presto, perché il treno parte *fra / con* dieci minuti.

5. Abbiamo la coincidenza *in / per* Roma *al / allo* binario sedici.

6. L'ufficio informazioni è aperto *da / dalle* 9 *alle / a* 12.

GRAMMATICA

16. Complete the dialogues with the correct weak direct object pronouns.

1. Giorgio va via?   Sì, perché Marta .... sta aspettando.

2. Signora, ... prego di avere ancora pazienza.   D'accordo, ... aspetto, dottore.

3. Avete già la prenotazione?   No, c'è ancora tempo; .... facciamo domani.

4. Ragazzi, a che ora .... chiama Sergio domattina?   .... telefona prima di uscire di casa.

5. Purtroppo i miei genitori non .... capiscono!   Forse sei tu che non .... capisci.

17. Complete the dialogues with the correct strong direct object pronouns.

1. Questi libri sono per Giovanna?   Sì, sono per ....

2. Vengo in macchina con te e Daniela?   Sì, certo, vieni con ....

3. Marco viene a casa tua stasera?   No, vado io da ....

4. I tuoi nonni vengono a mangiare da voi la domenica?   No, andiamo noi da ....

5. La pasta è solo per .... , Andrea?   No, è anche per .... , se la vuoi.

SVILUPPIAMO LE ABILITÀ

comprensione scritta

18. Read the following text and try to understand the general meaning.

La storia delle ferrovie in Italia inizia con l'apertura di un breve tratto, di soli sette chilometri, tra Napoli e Portici, inaugurato il 3 ottobre 1839 dal re Ferdinando di Borbone. Mancano ancora più di vent'anni all'Unità d'Italia (1861) e, sull'esempio di Napoli, altri Stati della penisola italiana costruiscono linee ferroviarie locali: in Toscana, Sardegna, Lombardia, Piemonte e Liguria s'inaugurano la Livorno-Firenze, la Milano-Monza, la Torino-Genova.
È solo nel 1905 che lo Stato italiano assume la gestione diretta dei 10.557 km di linee, chiamando il nuovo ente Ferrovie dello Stato. Oggi la rete ferroviaria italiana raggiunge quasi 16.000 km ed è ormai una realtà, su alcune tratte, l'Alta Velocità. Con i treni ad alta velocità, si può andare da Milano a Bologna in solo un'ora a una velocità di circa 300 km/h. Con la nuova linea, i collegamenti fra Bologna e Milano si sviluppano su quattro binari, con un traffico di oltre 500 convogli al giorno previsti entro il 2011, contro i 244 del 2007.

19. Based on the the text you have just read, decide whether the following statements are true (V = vero) or false (F = false).

1. Il primo tratto ferroviario italiano viene inaugurato a Napoli nel 1861. **V** **F**

2. Prima dell'Unità d'Italia s'inaugurano linee ferroviarie locali. **V** **F**

3. Nel 1905 in Italia ci sono 10.557 km di ferrovia. **V** **F**

4. Oggi ci sono alcune tratte ad Alta Velocità. **V** **F**

5. I treni ad Alta Velocità viaggiano a 300 km/h. **V** **F**

6. Con i treni ad Alta Velocità si va da Milano a Bologna in un'ora. **V** **F**

produzione scritta

20. Complete the dialogue with the appropriate words.

controllore Guardi che questo treno non arriva .... Perugia.

Beatrice Ah, no? E allora come .... ?

controllore Deve .... a Firenze e .... treno.

Beatrice C'è subito la .... ?

controllore Sì, ... dieci minuti.

Beatrice Speriamo .... non perderla...

controllore Se la perde, ... un .... treno un'ora dopo.

Beatrice Da Firenze a Perugia ci .... molto?

controllore Ci .... circa due ore.

Beatrice Senta, devo fare un altro .... ?

controllore No, ... bene quello che ha.

Beatrice Scusi, ci .... ancora molto per Firenze?

controllore No, ci arriviamo .... un quarto d'ora.

21. Complete the dialogues with the appropriate words.

1. ● Un biglietto di .... e ritorno per Genova.
   ■ Di prima o di seconda .... ?
   ● ... seconda, grazie.

2. ● Scusi, mi sa dire a che ora .... il treno per Milano?
   ■ Parte .... una e venti.
   ● .... mille!

3. ● Mi scusi, da quale .... parte l'Intercity delle 11.50?
   ■ Un attimo che guardo l' ....

4. ● Ha già la .... del posto?
   ■ No, non ce l'ho.
   ● Su questo treno la prenotazione è ....

SVILUPPIAMO LE ABILITÀ

22. *Complete the sentences with the correct preposition and noun, then write five sentences.*

1. viaggiare ....

2. partire ....

3. viaggiare ....

4. partire con il treno ....

5. viaggiare ....

23. *Rearrange each set of words below to form a complete sentence.*

1. Un / per / seconda / biglietto / classe / di / Torino.

....

2. aspettare / Si / per / la / ora / coincidenza. / deve / un'

....

3. viaggiare / in / preferisco / Per / Italia / macchina. / la

....

4. Sicilia / in / meglio / è / Per / aereo. / andare / l'

....

5. ritorno / di / Due / Spoleto. / andata / e / per / biglietti

....

comprensione orale

🔊 **2** 23

24. *Listen to messages 1, 2, 3 and 4 and match them with the pictures. Listen once again if necessary.*

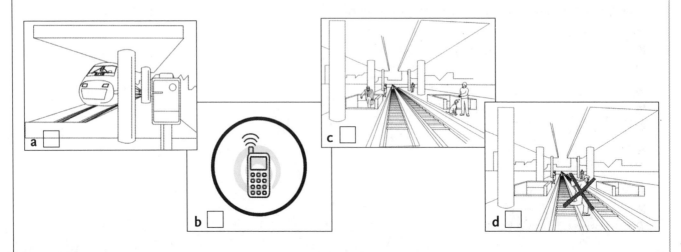

SOMETHING EXTRA

in Italian...

... it's like this

► Weak direct object pronouns go in front of the verb, whereas strong direct object pronouns follow the verb (*Piero ti sta guardando / sta guardando te*).

► The verb *partire* is followed by the preposition per (*Parto per Roma*).

► Country names are preceded by the definite article (*l'Italia, la Spagna, gli Stati Uniti* etc.).

... you say it like this

► Il biglietto *ce l'ho* già.
► Il treno parte *fra* cinque minuti.
► Parto *con il* treno *delle* dodici.
► Preferisco viaggiare *in* treno.
► Il nostro treno è *in* ritardo.
► Sara parte *per* Milano.
► Un biglietto *di andata e ritorno per* Pisa.
► L'*Intercity* arriva *a* Genova *alle* sette.
► Vieni *da me* stasera?
► Il direttore *La* sta aspettando, signor Neri.
► Il direttore sta aspettando *Lei*, signor Neri.

in Italy...

... it's like this

► Il primo tratto ferroviario in Italia risale al 1839.

► La rete ferroviaria italiana è lunga circa 16·000 km.

► Le principali città sono collegate da treni Eurostar o ad Alta Velocità.

What about in your own language?

_____
_____
_____
_____
_____
_____

What about in your own language?

_____
_____
_____
_____
_____
_____

What about in your own country?

_____
_____
_____
_____
_____
_____

LINGUA IN CONTESTO

allo sportello del cambio

1. Fill in the missing words.

Robert Scusi, mi può dire quant'è il franco svizzero?

cassiere Oggi la .... è un po' più alta di ieri: 0,64 franchi per euro.

Robert Allora vorrei .... mille franchi.

cassiere Dunque... In tutto .... seicentoquaranta euro e 61 centesimi. Mi .... il passaporto, per favore?

Robert Eccolo.

cassiere Firmi qui, per ....

Robert Subito!

cassiere Preferisce biglietti di grosso .... ?

Robert Come dice, scusi?

cassiere Vuole biglietti da duecento e da cento, o anche di .... taglio?

Robert È lo stesso, grazie.

cassiere Ecco a Lei: duecento, quattrocento, seicento, seicentoquaranta e sessantuno centesimi.

Robert Grazie! Senta, un mio amico italiano .... che uno .... non può aprire un conto corrente. È vero?

cassiere Sì, ma solo se non ha la .... qui. Lei ce l'ha?

Robert No, non ce l'ho ancora. Peccato!

cassiere Comunque può aprire un libretto di .... , se vuole.

Robert Ma è meno comodo .... conto corrente.

cassiere Anche con il libretto può versare e .... contanti senza problemi.

Robert Se non si .... fare diversamente, pazienza! Torno domani per cambiare altri franchi e aprire il libretto.

cassiere D'accordo.

2 24

2. Now listen to the dialogue and check your answers.

3. Match each question in A with the corresponding answer in B.

1. Quanti franchi svizzeri cambia Robert?

2. Perché il cassiere spiega quali sono i biglietti di grosso taglio?

3. Robert ha la residenza in Italia?

4. Perché Robert dice "Peccato!"?

5. Robert apre subito un libretto di risparmio?

a ☐ No, non ce l'ha ancora.

b ☐ Perché Robert non lo sa.

c ☐ No, decide di tornare il giorno dopo per aprirlo.

d ☐ Mille.

e ☐ Perché pensa di non poter aprire un conto corrente.

4. Decide which of the two texts corresponds to the dialogue you have just completed.

A Robert va in una banca per cambiare dei franchi svizzeri. Alla sua domanda, il cassiere risponde che la quotazione del franco è un po' più alta del giorno prima. Robert decide di cambiare mille franchi. Quando il cassiere gli chiede se vuole biglietti di grosso taglio o se li preferisce di piccolo taglio, lui risponde che è lo stesso. Poi chiede al cassiere se è vero che uno straniero non può aprire un conto corrente e scopre che questo non è vero. Infatti, per chi non ha la residenza in Italia, è possibile aprire un libretto di risparmio. Robert osserva che il libretto non è comodo come il conto corrente, ma decide ugualmente di tornare in banca il giorno dopo per cambiare altri franchi e per aprire un libretto di risparmio.

Robert va in una banca per cambiare dei franchi svizzeri. Chiede al cassiere quant'è il franco e lui risponde che la quotazione è un po' più alta del giorno prima. Il ragazzo decide di cambiare mille franchi perché la quotazione è buona. Quando il cassiere gli domanda se vuole avere biglietti di grosso o di piccolo taglio, lui risponde che preferisce biglietti da cento e da duecento euro. Poi il cassiere gli dice che non può aprire un conto corrente perché non ha la residenza in Italia e gli consiglia di aprire un libretto di risparmio. Secondo Robert, il libretto è comodo come il conto corrente, e decide di tornare in banca il giorno dopo per cambiare altri franchi e per aprire un libretto di risparmio. **B**

IMPARIAMO A...

fare paragoni

5. You are talking to a friend. React to his / her statements by expressing the opposite opinion, as in the example.

● Secondo me, la casa di Alice è più ordinata di quella di Paola.

■ Secondo me, invece, la casa di Alice è più disordinata di quella di Paola.

1. lui / lei Secondo me, la carta di credito è più comoda dell'assegno.

tu .... , invece, ...

2. lui / lei Per me, viaggiare in macchina è più rischioso che prendere l'aereo.

tu .... , invece, ...

3. lui / lei Secondo me, la macchina di Giulio è più costosa di quella di Piero.

tu .... , invece, ...

4. lui / lei Per me, una vacanza al mare è più stressante di una in montagna.

tu .... , invece, ...

5. lui / lei Secondo me, lui è più nervoso di lei.

tu .... , invece, ...

IMPARIAMO A...

esprimere desideri

6. Answer the questions with the correct pronoun and vorrei to express your wishes.

1. Hai intenzione di ritirare dei soldi?   Sì, ... , perché ....

2. Hai intenzione di comprare della valuta estera?   Sì, ... , perché ....

3. Hai intenzione di prelevare dei contanti?   Sì, ... , perché ....

4. Hai intenzione di chiedere un prestito?   Sì, ... , perché ....

esprimere possesso

7. You're talking to a friend. Complete the answers with the appropriate words.

lui / lei   Tu hai un libretto di risparmio?

tu   Sì, ... da due anni.

lui / lei   Hai anche un conto corrente?

tu   No, ... ancora, e vorrei aprirlo.

lui / lei   Fai bene. Il conto corrente è più comodo del libretto.

tu   Infatti .... quasi tutti.

lui / lei   Hai degli spiccioli?

tu   Sì, ...

riferire affermazioni altrui

8. Report what each person says.

1. Carla: "Abito da sola soltanto da un anno."
   Carla dice che ....

2. Giulio: "Ho un conto corrente da tre anni."
   Giulio dice che ....

3. Claudia e Sergio: "Viviamo a Palermo solo da due mesi."
   Claudia e Sergio dicono che ....

4. Pietro: "Faccio sport da molti anni."
   Pietro dice che ....

5. Anna: "Aspetto Luisa da più di mezz'ora."
   Anna dice che ....

GRAMMATICA

9. Complete the sentences by indicating what you would like or intend to do.

1. .... avere una carta di credito.

2. .... di aprire un conto corrente.

3. .... versare altri soldi sul libretto di risparmio.

4. .... di comprare degli yen giapponesi.

5. .... pagare con un assegno.

6. .... di prendere la residenza qui.

10. Complete the answers with the appropriate words.

1. Ha un conto corrente, signore?   Sì, ...

2. Ha una banconota da venti euro, signorina?   No, mi dispiace, non ....

3. Hai anche dei franchi svizzeri?   Sì, ...

4. Avete la lista dei cambi?   No, non ....

5. I vostri amici hanno la carta di credito?   Sì, ...

6. Vuoi comprare dei dollari?   No, ... già.

7. Vuole un modulo per il versamento, signora?   No, ... , grazie.

8. Avete abbastanza soldi?   Sì, ... abbastanza.

9. Tommaso ha il bancomat?   Sì, ... da tempo.

10. Avete già la carta di credito?   No, non .... ancora.

11. Complete the sentences with the preposition di (simple or contracted) or the conjunction che.

1. Da grandi, i figli sono spesso più alti .... genitori.

2. Un'auto usata è più economica .... sicura.

3. La moglie di Paolo è più socievole .... lui.

4. Sciare è meno divertente .... nuotare.

5. L'italiano è certamente meno difficile .... tedesco.

6. Alessia è più giovane .... sua sorella.

7. Fa più caldo in città .... in montagna.

8. Le tue foto sono più belle .... quelle di Patrizia.

9. Ho più maglioni .... camicie.

10. Qui il clima è più freddo .... quello dell'Italia.

12. Complete the sentences with the absolute superlative form of the adjective or adverb in the statements.

1. Paolo dice che è molto stanco.   Sì, si vede che è ....

2. Claudia dice che è molto contenta.   Sì, anche a me sembra ....

3. Matteo dice che il film è molto lungo.   È vero, è .... ; dura tre ore.

4. I genitori dicono che Anna torna molto tardi.   Secondo me, non torna ....

5. Franco dice che Carla è molto gentile.   A me non sembra ....

6. Tutti dicono che il signor Tini è molto ricco.   Sì, lo so anch'io che è ....

7. Tutti dicono che Marisa è molto bella.   Anche secondo me è ....

8. La gente dice che Andrea lavora molto.   È vero, lavora ....

9. Alessia dice che è molto occupata.   Lo so anch'io che è ....

10. Roberto dice che il suo lavoro è molto faticoso.   Sì, in effetti è ....

13. Complete the sentences with the correct prepositions (simple or contracted).

1. Vivo .... Firenze .... tre anni.

2. Vorrei due banconote .... cinquanta euro.

3. La tua città è più grande .... mia.

4. Oggi la quotazione del dollaro è più alta .... ieri.

5. Aspettiamo l'autobus .... dieci minuti.

6. Preferisco avere banconote .... piccolo taglio.

7. Gianni va .... Venezia .... treno.

8. Stasera vieni .... cena .... noi, Alessia?

9. Arriviamo .... Roma .... due e venti.

10. Vivo in Italia da più tempo .... te.

SVILUPPIAMO LE ABILITÀ

comprensione scritta

14. Read the following interview with a sociologist and try to understand the general meaning.

Secondo Lei, professore, gli italiani sono spendaccioni o risparmiatori?
Mah, è difficile generalizzare. Dipende da tanti fattori, come l'età, la regione...
Ad esempio, si sa che gli anziani risparmiano più dei giovani.

Ma mediamente?
Mediamente... direi che le statistiche ci danno due dati contraddittori. Da una parte ci
dicono che gli italiani tendono al risparmio più di molti altri popoli europei...

Davvero? E quali sono le forme di risparmio preferite dagli italiani?
L'italiano medio investe prima di tutto nel "mattone"– gli italiani proprietari di casa
sono circa il 70% – e poi nei Titoli di Stato: BOT e CCT. Meno
comune, invece, è l'investimento in borsa.

E l'altro dato?
Sì, dall'altra parte le statistiche sui consumi ci dicono che
l'italiano medio è terzo, dopo il Giappone e la Germania, nella
spesa per beni voluttuari, come abbigliamento, elettrodomestici,
tv, automobili veloci, arredamento, vacanze. Anche se, negli
ultimi tempi, i consumi sono in frenata: gli italiani vanno meno
al cinema e al ristorante e comprano meno vestiti. Sono in
discesa anche auto e moto.

E Lei come spiega questa contraddizione?
Con il passaggio dell'Italia, in tempi
abbastanza brevi, da nazione povera a
potenza industriale. Come tutti i "nuovi
ricchi", gli italiani sono divisi tra la voglia di
esibire la nuova ricchezza e il ricordo della
povertà, che spiega il loro bisogno di
risparmiare per il futuro.
Ma questo non vale per le nuove generazioni
anche perché il passaggio dalla lira all'euro
è stato un grandissimo cambiamento.

15. Based on what you have just read, write down some of the differences between Italians and people in your country regarding their relationship with money.

in Italia	nel tuo Paese
1. I giovani non risparmiano volentieri.	....
2. Si spende molto per i beni voluttuari.	....
3. I proprietari di casa sono circa il 70%.	....
4. Pochi investono in borsa.	....
5. Negli ultimi anni i consumi sono in discesa.	....

16. Look at the results of a survey on the most visited Italian museums and monuments, then complete the following sentences with the correct ordinal number.

	Museo	Comune		Museo	Comune
1°	Circuito Archeologico Romano	Roma	11°	Palazzo Pitti	Firenze
2°	Scavi di Pompei	Pompei	12°	Cappelle Medicee	Firenze
3°	Galleria degli Uffizi	Firenze	13°	Museo Archeologico Nazionale	Napoli
4°	Galleria dell'Accademia	Firenze	14°	Gallerie dell'Accademia	Venezia
5°	Museo di Castel Sant'Angelo	Roma	15°	Cenacolo Vinciano	Milano
6°	Circuito Museale di Firenze	Firenze	16°	Scavi di Ostia antica	Ostia
7°	Complesso Vanvitelliano	Caserta	17°	Villa Adriana	Tivoli
8°	Villa d'Este	Tivoli	18°	Scavi di Ercolano	Ercolano
9°	Museo Egizio	Torino	19°	Grotta Azzurra	Anacapri
10°	Museo e Galleria Borghese	Roma	20°	Palazzo Ducale	Mantova

1. Il Cenacolo Vinciano è .... per numero di visitatori.

2. Gli scavi di Ercolano sono al .... posto.

3. Il Circuito Archeologico Romano è il .... museo più visitato.

4. La Villa Adriana è il .... museo più visitato.

5. La Galleria degli Uffizi è .... per numero di visitatori.

6. Le Cappelle Medicee sono .... per numero di visitatori.

7. Il Museo Egizio è al .... posto.

8. Gli scavi di Pompei sono .... per numero di visitatori.

17. Find ten adjectives in the word search.

S	T	R	P	S	C	A	O	T	I	C	O
I	F	A	D	T	O	B	R	T	L	S	P
L	B	E	C	O	N	O	M	I	C	O	R
E	I	N	T	E	F	L	I	G	O	N	A
N	O	V	E	L	O	C	E	T	S	B	T
Z	S	I	G	S	R	N	O	E	T	O	I
I	C	V	R	A	T	O	M	V	O	S	C
O	O	A	E	N	E	I	L	E	S	D	O
S	M	C	S	T	V	S	O	F	O	R	L
O	O	E	L	E	O	G	D	S	R	T	M
P	D	R	S	A	L	U	T	A	R	E	T
S	O	F	G	R	E	Z	M	L	A	D	O

18. Now write three sentences, each one containing an adjective from the word search.

1. ....

2. ....

3. ....

SVILUPPIAMO LE ABILITÀ

19. Fill in the missing words.

cassiere	Dica pure!
signor Wright	Vorrei mandare [1]............................... soldi a mia figlia.
cassiere	In Italia o [2]............................... estero?
signor Wright	In Italia, [3]............................... Siena.
cassiere	Sua figlia ha un conto [4]............................... lì?
signor Wright	No, non [5]............................... l'ha.
cassiere	Allora si può fare un assegno circolare. [6]............................... vuole mandare?
signor Wright	Trecento euro.
cassiere	Ce [7]............................... ha in [8]............................... ?
signor Wright	Sì, eccoli.
cassiere	Bene. Se mi dà nome e [9]............................... di Sua figlia, preparo l'assegno.
signor Wright	Si chiama Pamela Wright.
cassiere	Scusi, [10]............................... ripetere il cognome lettera [11]............................... lettera?
signor Wright	Certo. Vu [12]............................... , erre, i, gi, acca, ti.
cassiere	Un attimo... Ecco a Lei. Controlli, per favore!
signor Wright	Perfetto. Grazie [13]............................... !
cassiere	Prego.
signor Wright	Ah, mi [14]............................... , avrei ancora una domanda.
cassiere	Mi [15]............................... .
signor Wright	Qual è il modo più [16]............................... per spedire l'assegno?
cassiere	Può fare una raccomandata con ricevuta di ritorno.
signor Wright	C'è un ufficio [17]............................... qui vicino?
cassiere	Sì, lo trova a cinquecento metri da qui, di [18]............................... al supermercato.
signor Wright	Grazie di nuovo e [19]............................... .
cassiere	ArrivederLa.

comprensione orale

(2 [25]

20. Listen to the conversation between Mr Marini and a bank clerk and decide whether (a) or (b) is correct.

1. Il signor Marini vuole... (a) versare contanti sul suo conto. (b) prelevare contanti dal suo conto.

2. Il numero del conto è... (a) 2943/35. (b) 2953/35.

3. Il cassiere chiede al signor Marini di... (a) firmare il modulo. (b) compilare il modulo.

4. Il signor Marini vuole biglietti... (a) di piccolo taglio. (b) di grosso taglio.

SOMETHING EXTRA

in Italian...

... it's like this

▶ The second part of a comparative of superiority (*più*) or inferiority (*meno*) can be the preposition *di* or the conjunction *che*.

▶ The first part of a comparative of equality can be left out (*Lui è [così / tanto] gentile come / quanto lei*).

▶ The absolute superlative of adjectives and adverbs is formed using the suffix *-issimo*.

... you say it like this

▶ *Quant'è il dollaro?*

▶ Preferisco biglietti *di grosso taglio*.

▶ Vorrei biglietti *da cento* euro.

▶ Sono in Italia *da poco tempo*.

▶ Non è possibile, *mi dispiace!*

▶ Non ho ancora la residenza. *Peccato!*

▶ Il frigorifero *non funziona* più bene.

▶ Molti italiani investono *nel "mattone"*.

in Italy...

... it's like this

▶ La moneta dell'Italia è l'euro.

▶ Gli acquisti si fanno nei centri commerciali, nei negozi o al mercato.

▶ Le boutique più esclusive si trovano nel centro storico delle grandi città.

▶ Le donne preferiscono spendere per la moda, gli uomini in apparecchi tecnologici.

What about in your own language?

_____
_____
_____
_____
_____
_____

What about in your own language?

_____
_____
_____
_____
_____
_____

What about in your own country?

_____
_____
_____
_____
_____
_____

LINGUA IN CONTESTO

una giornata "no"

1. Fill in the missing words.

Roberto   Oh, finalmente a casa! Sono ....

Marta   .... tornato più tardi del solito. Come mai?

Roberto   Ho avuto .... fare in studio e poi...

Marta   E poi, che cosa?

Roberto   .... aspettato il meccanico.

Marta   Perché?

Roberto   Niente: stamattina la .... si è fermata all'improvviso e non è più ....

Marta   E come sei arrivato in studio?

Roberto   Sono andato .... piedi.

Marta   Perché non .... preso l'autobus?

Roberto   Ho aspettato mezz'ora alla fermata, ma non è passato.

Marta   Strano, a quell'ora... E la macchina che cosa .... ?

Roberto   .... di grave, per fortuna.

Marta   Be', meno .... !

Roberto   Però ho preso una multa per sosta vietata!

Marta   Se mi .... , venivo a prenderti io. Se ti capita ancora, ... , così vengo a prenderti.

Roberto   Basta, ormai le cose sono .... così. Piuttosto, che cosa c'è .... buono per cena?

Marta   Niente. Sono .... tornata a casa: anch'io ho avuto una .... pesante!

Roberto   Allora sai che facciamo? .... a mangiare una pizza, ti va? Io ho molta ....

Marta   Benissimo! Così non devo cucinare.

🔊 **2 26**

2. Now listen to the dialogue and check your answers.

3. Match each question in A with the corresponding answer in B.

1. Perché Roberto è andato in ufficio a piedi?

2. Perché non ha preso l'autobus?

3. Perché ha preso una multa?

4. Che cosa aveva la macchina?

5. Quando arriva a casa la cena è pronta?

a ☐ No, Marta non ha avuto il tempo di prepararla.

b ☐ Niente di grave, per fortuna.

c ☐ Perché non è passato.

d ☐ Perché la macchina non andava.

e ☐ Perché ha lasciato la macchina in divieto di sosta.

4. Decide which of the two texts corresponds to the dialogue you have just completed.

A Roberto è tornato a casa stanchissimo. Marta gli chiede perché è arrivato più tardi del solito e lui risponde che ha avuto da fare in studio e poi ha aspettato il meccanico. Spiega che la mattina la macchina si è fermata all'improvviso e non è più ripartita, perciò è andato in ufficio a piedi. La sera, quando è tornato a parlare con il meccanico, ha trovato una multa per sosta vietata. Marta gli domanda perché, invece di andare a piedi, non ha preso l'autobus. Roberto risponde che voleva prenderlo ma non è passato. Marta aggiunge che se lui la chiamava, andava a prenderlo lei. Roberto non vuole parlare più di quello che è accaduto in quel giorno sfortunato e chiede che c'è di buono per cena. Marta risponde che non ha avuto tempo di preparare niente, perché è appena tornata a casa. Roberto ha molta fame e chiede a Marta se vuole andare a mangiare al ristorante.

B Roberto è tornato a casa più tardi del solito. È stanchissimo perché ha avuto una giornata pesante: la mattina la macchina si è fermata all'improvviso e non è più ripartita, quindi è andato in studio a piedi perché non è riuscito a prendere l'autobus. Ha avuto da fare tutto il giorno, poi ha aspettato il meccanico per portare via la macchina dalla strada. La macchina non aveva niente di grave, ma Roberto ha trovato sul parabrezza una multa per sosta vietata. Marta dice che se lui la chiamava, andava a prenderlo lei. Roberto non vuole parlare più di quello che è accaduto in quel giorno sfortunato e chiede che c'è di buono per cena. Marta risponde che non ha avuto tempo di preparare niente perché è appena tornata a casa. Roberto ha molta fame e propone a Marta di andare a mangiare una pizza.

IMPARIAMO A...

parlare di azioni passate

5. You're talking to a friend who has come to visit you. He / she asks you what you and your family did yesterday.

lui / lei Che hai fatto di bello ieri?

tu ....(studiare tutto il giorno)

lui / lei Anche tuo fratello?

tu No, lui ....(andare al cinema)

lui / lei Tua sorella, invece?

tu Lei ....(uscire con un'amica)

lui / lei E i tuoi genitori?

tu Loro ....(andare al mare)

lui / lei Noi, invece, siamo rimasti a casa.

IMPARIAMO A...

dare spiegazioni

6. Complete the sentences by explaining why you did or didn't do the following actions.

1. Oggi non ho pranzato, perché ....

2. Stanotte ho dormito poco, perché ....

3. Stamattina non ho messo il cappotto, perché ....

4. Poco fa ho bevuto un'aranciata, perché ....

5. Ieri ho chiamato il dottore, perché ....

6. Ieri ho smesso di lavorare alle cinque, perché ....

formulare ipotesi

7. Match each if-clause in A with the corresponding result clause in B to form true conditional sentences in the present.

1. Se piove,

2. Se perdi l'autobus,

3. Se hai fame,

4. Se non hai impegni,

5. Se sei stanca di camminare,

6. Se senti freddo,

a ☐ puoi mettere la mia sciarpa.

b ☐ ti preparo un piatto di pasta.

c ☐ ci sediamo da qualche parte.

d ☐ non andiamo al mare.

e ☐ arrivi tardi a scuola.

f ☐ puoi alzarti più tardi.

▶ *Use the following words:* bellissima buonissima interessantissir magnifico rilassante splendido

dare consigli

8. Complete the sentences, giving appropriate advice.

1. Non ho mai provato la cucina francese. Allora deve .... : è ....

2. Non sono mai stata a Siviglia. Allora devi .... : è ....

3. Non ho mai visto il Colosseo. Allora deve .... : è ....

4. Non sono mai andata in Brasile. Allora deve .... : è ....

5. Non ho mai visitato il Louvre. Allora devi .... : è ....

6. Non siamo mai andati alle terme. Allora dovete .... : è ....

chiedere di ripetere

9. Complete the dialogues with appropriate set phrases to ask someone to repeat what he / she has said.

1. ● Scusi, sa che ore sono?

   ■ .... ?

   ● Le ho chiesto l'ora.

2. ● Il sabato le banche sono chiuse

   ■ .... ?

   ● Dicevo che oggi è sabato e le banche sono chiuse.

3. ● Mi dà un documento, per favore?

   ■ .... ?

   ● Il passaporto, prego.

4. ● La farmacia è di fronte all'albergo.

   ■ .... ?

   ● La farmacia è qui davanti.

GRAMMATICA

10. Complete the answers with the past participle of the verbs below.

● bere ● capire ● decidere ● dimenticare ● dire ● mangiare ● perdere ● promettere ● rompere ● vivere

1. Perché sei senza soldi?   Perché ho .... il portafoglio a casa.

2. Perché non vieni con noi?   Perché ho .... a Carlo che vado da lui.

3. Come mai parli così bene lo spagnolo?   Perché ho .... molto tempo a Madrid.

4. Perché non stai bene?   Perché ho .... troppo.

5. Come mai parti a quest'ora?   Perché ho .... di viaggiare di notte.

6. Come mai sei ancora qui?   Perché ho .... a Luigi di aspettarlo.

7. Perché sei nervoso?   Perché ho .... gli occhiali.

8. Come mai non studi più il tedesco?   Perché ho .... che è troppo difficile per me.

9. Perché non guidi tu?   Perché ho .... un po' troppo.

10. Come mai prendi il treno di mezzogiorno?   Perché ho .... quello delle dieci.

11. Complete the sentences with the passato prossimo of the verbs in brackets.

1. Sabato scorso Claudia (partire) .... per le vacanze.

2. I miei amici (tornare) .... da Parigi in aereo.

3. La signora Betti (venire) .... in macchina con me.

4. Giorgio, perché non (rispondere) .... alla mia lettera?

5. Paola e Luisa (andare) .... in ufficio a piedi.

6. Marisa e Carlo (aprire) .... un conto corrente in comune.

12. Once again, complete the sentences with the passato prossimo of the verbs in brackets.

1. Laura ha detto che ieri sera (annoiarsi) ....

2. In vacanza Piero e Luca (divertirsi) .... molto.

3. A che ora (alzarsi) .... , ragazzi?

4. Lorenzo (stancarsi) .... a guidare per tanti chilometri.

5. Oggi Marta (svegliarsi) .... prima del solito.

6. Marco e io (conoscersi) .... sei anni fa.

13. Rewrite the sentences, putting the adverb in brackets in the correct position.

1. Anna non si è alzata. → .... (ancora)

2. Davide non c'è: è uscito. → .... (già)

3. Ho preso un caffè. → .... (appena)

4. Non siamo stati in Grecia. → .... (mai)

5. Luca è stato un buon padre. → .... (sempre)

6. Ho lavato la biancheria. → .... (anche)

GRAMMATICA

14. Complete the sentences with the imperfetto or passato prossimo of the verbs in brackets.

1. Quando .... piccolo, Aldo .... a Napoli per molto tempo. (*essere / vivere*)

2. Franca .... a casa perché .... un'amica. (*rimanere / aspettare*)

3. Giulio .... a letto presto perché .... stanchissimo. (*andare / essere*)

4. Elisa .... presto perché fuori .... troppo caldo. (*tornare / fare*)

5. Ieri Paolo non .... a scuola perché .... poco bene. (*andare / sentirsi*)

6. Ieri sera Alberto .... fino alle sei, poi .... (*lavorare / uscire*)

7. Ieri a quest'ora Matteo .... ancora e io .... già in ufficio. (*dormire / essere*)

8. Noi .... in ritardo perché .... molto traffico. (*arrivare / trovare*)

9. A cena Luigi .... il vino e io .... una birra. (*bere / prendere*)

10. Carlo .... Sara fino alle tre, ma lei non .... (*aspettare / venire*)

15. Rewrite the following sentences to form untrue conditional sentences in the past, as in the example.

● È arrivato in ritardo perché non è uscito di casa in tempo. *Se usciva di casa in tempo, non arrivava in ritardo.*

1. Siamo partiti oggi perché non abbiamo trovato posto ieri. ....

2. Ho preso la carne perché non c'era il pesce fresco. ....

3. Hanno sbagliato strada perché non conoscevano la città. ....

4. Ho scritto a mano perché il computer non funzionava. ....

SVILUPPIAMO LE ABILITÀ

comprensione scritta

16. Choose the correct words in the circle to complete the e-mail.

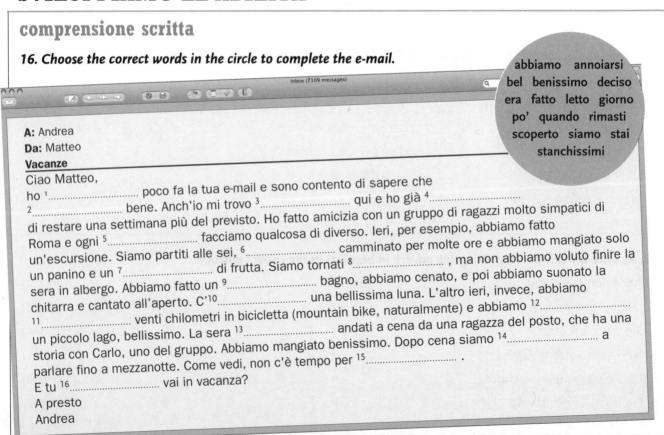

abbiamo annoiarsi bel benissimo deciso era fatto letto giorno po' quando rimasti scoperto siamo stai stanchissimi

Inbox (7109 messages)

A: Andrea
Da: Matteo
Vacanze

Ciao Matteo,
ho ¹........................ poco fa la tua e-mail e sono contento di sapere che
²........................ bene. Anch'io mi trovo ³........................ qui e ho già ⁴........................
di restare una settimana più del previsto. Ho fatto amicizia con un gruppo di ragazzi molto simpatici di
Roma e ogni ⁵........................ facciamo qualcosa di diverso. Ieri, per esempio, abbiamo fatto
un'escursione. Siamo partiti alle sei, ⁶........................ camminato per molte ore e abbiamo mangiato solo
un panino e un ⁷........................ di frutta. Siamo tornati ⁸........................ , ma non abbiamo voluto finire la
sera in albergo. Abbiamo fatto un ⁹........................ bagno, abbiamo cenato, e poi abbiamo suonato la
chitarra e cantato all'aperto. C'¹⁰........................ una bellissima luna. L'altro ieri, invece, abbiamo
¹¹........................ venti chilometri in bicicletta (mountain bike, naturalmente) e abbiamo ¹²........................
un piccolo lago, bellissimo. La sera ¹³........................ andati a cena da una ragazza del posto, che ha una
storia con Carlo, uno del gruppo. Abbiamo mangiato benissimo. Dopo cena siamo ¹⁴........................ a
parlare fino a mezzanotte. Come vedi, non c'è tempo per ¹⁵........................ .
E tu ¹⁶........................ vai in vacanza?

A presto
Andrea

17. Based on the e-mail you have just completed, decide whether (a) or (b) is correct.

1. Andrea ha deciso di tornare...   (a) una settimana prima del previsto.   (b) una settimana dopo il previsto.

2. Andrea ha fatto amicizia con un gruppo di ragazzi...   (a) del posto.   (b) di Roma.

3. L'altro ieri i ragazzi hanno fatto venti chilometri...   (a) in bicicletta.   (b) a piedi.

4. La sera tutti i ragazzi hanno cenato...   (a) in albergo.   (b) a casa di una ragazza.

produzione scritta

18. Complete the dialogue with the appropriate words.

signor Bruni	Si sente male, signora?
signora Poli	Sì, non sto .... , vorrei tornare subito a casa.
signor Bruni	Ma in queste condizioni non può andare via da .... Se vuole, L'accompagno io. Da che parte .... ?
signora Poli	No, grazie, non .... disturbarsi. Posso benissimo prendere un taxi.
signor Bruni	Come preferisce. Comunque, ripeto, ... porto volentieri. Ho la macchina proprio davanti .... ufficio.
signora Poli	Grazie, senza ....
signor Bruni	Si figuri! Piuttosto devo chiamare un medico?
signora Poli	No, no, lasci, non .... Ho avuto lo stesso disturbo anche due giorni .... ed è passato quasi subito, con un po' di riposo a letto.
signor Bruni	Se oggi si è sentita male di nuovo, forse non si è .... abbastanza.
signora Poli	Infatti sono .... a stare a letto solo poche ore. Sa, con i bambini piccoli...
signor Bruni	Guardi, è appena arrivato un taxi. È libero. Ma è proprio .... di voler andare da sola?
signora Poli	Sì, grazie. ArrivederLa.
signor Bruni	ArrivederLa, e si riposi!

comprensione orale

(2 27)

19. Listen to the conversation between Adriana and Carla and write the actions mentioned below the corresponding pictures.

1. ....   2. ....   3. ....   4. ....

SOMETHING EXTRA

in Italian...

... it's like this

- The compound tenses are formed with the auxiliary verbs *avere* or *essere*.
- If the compound tense is formed with *essere*, the past participle agrees in gender and number with the subject.
- The compound tenses of reflexive and pronominal verbs are always formed with the auxiliary verb *essere*.
- In compound tenses, the adverb can be placed between the auxiliary and the participle or after the participle.

What about in your own language?

_____
_____
_____
_____
_____
_____

... you say it like this

- Oh, *finalmente* a casa!
- Sono andato *a piedi*.
- Angela *non è riuscita* a trovare un taxi.
- La macchina si è fermata *all'improvviso*.
- *Niente di* grave, per fortuna.
- Oggi *ho saltato* il pranzo.
- Che c'è *di buono* per cena?
- Be', meno male.
- Marta è *appena* tornata a casa. Anche lei ha avuto una *giornata pesante*.
- Andiamo a mangiare una pizza, *ti va*?
- Io ho molta fame.

What about in your own language?

_____
_____
_____
_____
_____
_____

in Italy...

... it's like this

- Il numero 17 è considerato sfortunato, specialmente se cade di venerdì.
- Molte donne hanno contribuito, nel tempo, a far conoscere l'Italia nel mondo, grazie al successo che hanno raggiunto in campo scientifico, culturale e artistico.

What about in your own country?

_____
_____
_____
_____
_____
_____

LINGUA IN CONTESTO

una festa a casa di amici

1. Fill in the missing words.

Alessia Vedi .... ragazzo lì?

Patrizia .... , scusa?

Alessia Quello che .... ballando con Eva.

Patrizia Ah, il biondino. Non è il ragazzo .... abbiamo conosciuto a casa di Carlo?

Alessia Esatto. È .... lui, Fabrizio. Ti piace?

Patrizia È un .... ragazzo, ma non è il mio tipo. A me .... i ragazzi bruni.

Alessia .... che mi sta dietro?

Patrizia Davvero? Come fai a dirlo?

Alessia Mi ha telefonato diverse volte, mi ha .... gli appunti di filosofia, insomma cerca sempre delle .... per parlarmi. Però è timido e...

Patrizia A me non sembra che sia timido. E poi, se è vero che tu .... piaci, perché non ti ha ancora invitato a ballare?

Alessia Forse perché non vuole farmi capire che .... interesso.

Patrizia D'accordo, ma sta ballando sempre con Eva e non ti ha .... guardato.

Alessia Zitta! ... sta .... qui da noi.

Patrizia Cosa .... da dirti? Forse vuole invitarti a ballare.

Alessia O forse si .... deciso a parlarmi chiaramente...

Fabrizio Ciao, Alessia, come va? Bella festa, vero? Senti, posso dare i tuoi appunti a Eva?

---

2. 28

2. Now listen to the dialogue and check your answers.

---

3. Match each question in A with the corresponding answer in B.

1. Di chi parlano le due ragazze?
2. È la prima volta che Alessia e Patrizia vedono Fabrizio?
3. A Patrizia piacciono i ragazzi biondi?
4. Perché Fabrizio ha telefonato ad Alessia?
5. Perché Alessia dice a Patrizia di smettere di parlare?
6. Che cosa chiede Fabrizio ad Alessia?

a ☐ Per chiederle gli appunti di filosofia.

b ☐ Perché Fabrizio non deve sentire quello che dicono.

c ☐ Se può dare i suoi appunti a Eva.

d ☐ Di un bel ragazzo biondo che si chiama Fabrizio.

e ☐ No, a lei piacciono i ragazzi bruni.

f ☐ No, lo hanno conosciuto a casa di un amico.

4. Decide which of the two texts corresponds to the dialogue you have just completed.

A Alessia e Patrizia sono a una festa a casa di amici. Alessia indica a Patrizia il ragazzo che sta ballando con Eva e le chiede se ricorda chi sia. Lei risponde che è Fabrizio, un bel ragazzo biondo, ma dice che non è il suo tipo, perché a lei piacciono i ragazzi bruni. Alessia dice che Fabrizio le sta dietro, ma è timido e non ha il coraggio di dirle che lei gli piace. Patrizia replica che a lei non sembra affatto timido e fa notare all'amica che lui non l'ha neppure guardata, mentre sta ballando sempre con Eva. Alessia prega l'amica di stare zitta, perché Fabrizio si sta avvicinando a loro. Patrizia pensa che lui abbia intenzione di invitare Alessia a ballare e questa crede invece che lui abbia intenzione di parlarle chiaramente, ma nessuna delle due ipotesi è giusta. Infatti Fabrizio vuole semplicemente chiedere ad Alessia come sta e se si diverte alla festa.

Alessia e Patrizia sono a una festa a casa di amici. Alessia chiede a Patrizia se ricorda chi sia il ragazzo biondo che sta ballando con Eva e lei risponde che le sembra il ragazzo che hanno conosciuto a casa di Carlo. Alessia conferma che è proprio lui, Fabrizio, e chiede all'amica se le piace. Patrizia ammette che è un bel ragazzo, ma dice che non è il suo tipo, perché a lei piacciono i ragazzi bruni. Secondo Alessia, Fabrizio le sta dietro, ma è troppo timido per dirle che lei gli piace. A Patrizia non sembra affatto timido e fa notare all'amica che lui non l'ha neppure guardata, mentre sta ballando sempre con Eva. Alessia le dice di smettere di parlare perché Fabrizio si sta avvicinando a loro. Patrizia pensa che lui abbia intenzione di invitare Alessia a ballare e questa crede invece che lui abbia intenzione di parlarle chiaramente, ma nessuna delle due ipotesi è giusta. Infatti Fabrizio vuole salutare Alessia e chiederle il permesso di dare i suoi appunti a Eva. **B**

IMPARIAMO A...

parlare dei nostri gusti

5. Write which kind of food you like, using the correct form of the verb piacere.

▶ *Use the following words:*

formaggi verdura carne pesce dolci hamburger pasta pizza lasagne

....

....

....

chiedere per sapere

6. Write appropriate questions to go with your friend's answers, using the words in brackets.

1. .... ? (*Paola*)   No, non le ho telefonato.

2. .... ? (*ravioli*)   Sì, li ho presi anch'io.

3. .... ? (*festa*)   No, non mi è piaciuta.

4. .... ? (*valigie*)   Sì, le ho già preparate.

descrivere persone

7. Write what the people in the pictures look like.

1. Giorgio è .... , ha ....

2. Laura è .... , ha ....

esprimere opinioni

8. React to the following statements by writing your opposite opinion.

1. Secondo me, il vino rosso è più buono di quello bianco.

   ....

2. Io credo che il giardinaggio sia un hobby per pochi.

   ....

3. Io penso che i formaggi italiani siano conosciuti quanto quelli francesi.

   ....

4. Secondo me, il mare è più rilassante della montagna.

   ....

5. Credo che la vita in campagna sia più stressante di quella in città.

   ....

9. Express your opinion about the following statements.

1. Il nuoto è uno sport indicato per i giovani.   *Sì, sono d'accordo, perché sviluppa tutti i muscoli.*

2. Il pesce è più buono della carne.   ....

3. L'aspetto fisico è molto importante.   ....

4. Gli uomini preferiscono le bionde.   ....

5. La dieta mediterranea fa bene alla salute.   ....

GRAMMATICA

10. Complete the dialogues with the correct form of the indirect object pronoun and the verb piacere.

1. Come mai Anna non beve il vino?   Dice che non ....

2. Francesca non va mai in discoteca?   No, dice che non .... il rumore che c'è.

3. I vostri amici vengono al mare con voi?   No, dicono che .... di più la montagna.

4. Erano buone le lasagne, ragazzi?   Sì, ... molto.

5. Paola ha preso il pesce?   Sì, e dice che .... veramente.

6. Non erano buoni i tortellini, signora?   Sì, ... molto.

7. Hai sentito il concerto ieri sera?   Sì, a me .... , e a te?

8. Siete stati a Napoli?   Sì, e .... moltissimo.

11. Complete the dialogues with the correct indirect object pronoun.

1. Hai notizie di Sergio?   Sì, ... ho telefonato poco fa.

2. Luisa viene da noi alle otto?   No, ... ho detto di venire più tardi.

3. Hai dato abbastanza soldi ai ragazzi?   Sì, ... ho dato cento euro.

4. Sono molto stanco, che cosa mi consiglia, dottore?   .... consiglio di prendersi una vacanza.

5. Hai scritto a Francesca?   No, non .... ho ancora scritto.

6. Che cosa hai regalato a Marco per il suo compleanno?   .... ho regalato un orologio.

GRAMMATICA

12. Complete the answers with the correct direct object pronoun and past participle ending.

1. Sai dov'è Alessia?   Sì, ... ho vist.... poco fa al bar.

2. Avete parlato con i vostri genitori?   Sì, ... abbiamo chiamat.... stamattina.

3. Carla va alla cena di Luca?   No, perché lui non .... ha invitat.... .

4. Conosci le due ragazze bionde?   Sì, ... ho conosciut.... a casa di Roberto.

5. Hai mangiato la torta?   Sì, ... ho mangiat.... : è buonissima!

6. Chi ha aiutato Marta a preparare le valigie?   .... ha aiutat.... sua sorella.

13. Link the two sentences using the relative pronoun che.

1. Pedro è un amico spagnolo. L'ho conosciuto a Barcellona.

....

2. Andrea ha una sorella più piccola. Lei fa il secondo anno di università.

....

3. Anna sta leggendo il giornale. L'ha comprato questa mattina suo marito.

....

4. Paolo e Sara sono gli amici di Gianni. Lo invitano spesso a pranzo.

....

5. Laura è un'americana. Ora vive a Firenze.

....

6. Federico Fellini era un famoso regista italiano. Era conosciuto anche all'estero.

....

14. Complete the dialogues with the correct form of the congiuntivo of the verbs essere or avere.

1. È tuo quel bicchiere di birra, Paolo?   No, credo che .... di Marco.

2. Quelle due ragazze non sono italiane, vero?   No, mi sembra che .... spagnole.

3. I signori Martini hanno un appartamento in città?   No, penso che .... una casa fuori città.

4. Sara non risponde: forse è fuori.   No, non è possibile che a quest'ora non .... in casa.

5. Giulia sta sempre zitta; chissà perché?   È probabile che .... timida.

6. Franco non ha finito la pasta: forse non gli è piaciuta.   No, credo che non .... fame.

7. La madre di Martina è giovanissima.   Sì, mi sembra che non .... ancora quarant'anni.

8. Gli amici di Giovanna sono di Parigi?   No, mi pare che .... di Nizza.

9. Purtroppo non ho tempo per fare sport.   Credo piuttosto che tu non .... voglia di farlo.

10. Nell'orario che abbiamo non c'è il treno che dici tu.   È possibile che voi .... l'orario vecchio.

15. Complete the following sentences with the futuro semplice.

1. Quest'anno non facciamo le vacanze.   Le .... più lunghe l'anno prossimo.

2. A pranzo mangiamo la pasta.   Stasera .... carne e verdura.

3. Oggi vado da Francesca.   Domani .... al mare da Anna.

4. Se permetti, pago io anche per te.   La prossima volta .... tu, se vuoi.

5. Di solito non bevo alcolici.   Non ne .... neppure stasera alla festa.

6. Quest'anno Luca va al mare.   Il prossimo anno .... in montagna.

SVILUPPIAMO LE ABILITÀ

comprensione scritta

16. Choose the correct words in the circle to complete the text.

compleanno
con gusto è piaciuto
fette gli piace
in forma invitati
le piacciono portate
quattro robusta
snella torta

A cena dai Bianchi

Sabato scorso Luisa Bianchi ha preparato una cena speciale per il ¹............................... del marito. Gli invitati erano ²............................... : il dottor Ferri con sua moglie, Giovanni Bruni ed Emanuela Alberti. La cena prevedeva diverse ³............................... e gli ospiti hanno apprezzato molto la cucina di Luisa. Al dottor Ferri ⁴............................... particolarmente il primo, mentre la moglie, che era a dieta, ha saltato il primo e ha mangiato il secondo di carne con contorno di verdura. Giovanni ha preso due volte il secondo, perché la carne ⁵............................... molto, ma niente contorno. Emanuela Alberti, invece, ha preferito il pesce con contorno di patate e le è piaciuto molto come era cucinato. Il dottor Ferri è alto e magro anche se mangia la pasta tutti i giorni. Sua moglie, invece, è piuttosto ⁶............................... , anche se sta sempre a dieta. Giovanni Bruni ha mangiato tutto ⁷............................... . Per sua fortuna non deve stare attento alla linea, perché fa molto movimento e così si mantiene ⁸............................... . Emanuela Alberti è alta e ⁹............................... e si può permettere di mangiare di tutto. ¹⁰............................... molto i dolci e, quando è arrivata la ¹¹............................... con le candeline, non ha resistito e ne ha mangiate due ¹²............................... . La torta era davvero buona ed è piaciuta molto anche agli altri ¹³............................... . La sola a rinunciare al dolce è stata la signora Ferri.

17. Based on what you have just read, complete the following chart.

	aspetto fisico	piatto mangiato
dottor Ferri		
signora Ferri		
Giovanni Bruni		
Emanuela Alberti		

18. Match the sentence beginnings in A with their endings in B.

1. Sergio e Stefano hanno conosciuto Marisa   a ☐ ma lei non ti ha neppure guardato.

2. Sara mi ha chiesto di prestarle   b ☐ avrà da dirti...

3. Sarà così,   c ☐ ti parlerà chiaramente.

4. Chissà cosa   d ☐ gli appunti di storia.

5. Forse questa volta   e ☐ a casa di un amico comune.

SVILUPPIAMO LE ABILITÀ

produzione scritta

19. Complete the dialogue with the appropriate words.

Stefano Tu .... sentito Anna oggi?

Alberto Sì, le ho .... per invitarla a cena stasera.

Stefano Dai... E ha .... ?

Alberto Certo! Ha detto che è contenta di stare un po' con ....

Stefano Sei stato fortunato. Quando l'ho .... io, ha rifiutato con una scusa. Che vorrà dire?

Alberto Non le sarai .... ! Sai, a lei non .... i ragazzi che parlano troppo...

Stefano Basta scherzare! Dove andate a cena?

Alberto In un ristorantino .... spiaggia, il Pescatore.

Stefano Ah, lo conosco, si .... bene il pesce.

Alberto Esatto. Io .... sicuramente gli spaghetti ai frutti di mare, la loro specialità.

Stefano Pensi che Anna sia .... di te?

Alberto Non so... sai, Anna è un po' .... , per ora siamo solo amici. Ma domani ti .... tutto.

20. Describe your favorite actor or actress, saying:

1. come si chiama ....

2. qual è il suo aspetto fisico ....

3. che tipo di personalità ha ....

4. quali sono i suoi film più famosi ....

comprensione orale

2 29

21. Listen to the conversation between Marco and Stefano and decide which picture shows Alessia.

 a ☐

 b ☐

 c ☐

SOMETHING EXTRA

in Italian...

... it's like this

▶ The subject of the verb *piacere* is not usually a person, but one or more things (*Il gelato mi piace molto / I dolci mi piacciono molto*).

▶ The weak indirect object pronoun forms are different from the strong forms. (*Mi piace sciare / A me piace sciare, e a te?*)

▶ If a direct object pronoun is in front of a verb in a compound tense, the past participle must agree with it.

▶ In compound tenses, the verb *piacere* is conjugated with the auxiliary *essere* and the participle agrees with the name of the thing that is liked (*La minestra mi è piaciuta / I dolci mi sono piaciuti*).

... you say it like this

▶ Esatto. È proprio lui.

▶ Luca non è il mio tipo.

▶ Zitta!... Sta venendo qui da noi.

▶ Ciao, Alessia, come va?

▶ A proposito dei tuoi appunti...

▶ Mi piace la frutta, ma non mi piacciono i dolci.

▶ Ho telefonato *alla* mia amica.

▶ Claudia è una bella ragazza *dai / con* i capelli neri.

▶ Vorrei un bicchiere *di* vino bianco.

in Italy...

... it's like this

▶ il carnevale ha origini molto antiche

▶ il Carnevale di Venezia dura circa due settimane

▶ a Siena si corre il Palio due volte l'anno

▶ in Italia ci sono molte feste popolari

▶ i dolci tipici del Natale sono il panettone e il pandoro

What about in your own language?

_____

_____

_____

_____

_____

_____

What about in your own language?

_____

_____

_____

_____

_____

_____

What about in your own country?

_____

_____

_____

_____

_____

_____

schede grammaticali

AGGETTIVO

a. aggettivi in -o, -a, -e: accordo unità 1

	singolare			
maschile	Il ragazzo	è	american**o**	ingles**e**
femminile	La ragazza		american**a**	cines**e**

	plurale			
maschile	I due ragazzi	sono	american**i**	ingles**i**
femminile	Le due ragazze		american**e**	giappones**i**
maschile e femminile	Il ragazzo e la ragazza	sono	american**i**	ingles**i** giappones**i** cines**i**

b. aggettivi in -co, -ca

	singolare		
maschile	Dimitri	è	gre**co**
	Klaus		tede**sco**
femminile	Eleni	è	gre**ca**
	Ulrike		tede**sca**

	plurale		
	Dimitri e Christos	sono	gre**ci**
	Klaus e Thomas		tede**schi**
	Eleni e Voula	sono	gre**che**
	Ulrike e Greta		tede**sche**

ARTICOLO

a. determinativo unità 1

	singolare			
maschile	Fred	è	**il** **l'** **lo**	ragazzo americano **a**mico di Bruno **s**tudente americano
femminile	Betty	è	**la** **l'**	ragazza americana **a**mica di Fred

	plurale			
	Fred e Steve	sono	**i** **gli**	ragazzi americani **a**mici di Giorgio **s**tudenti americani
	Ann e Mary	sono	**le**	ragazze americane **a**miche di Giorgio

b. indeterminativo

	singolare			
maschile	Paul	è	**un** **uno**	ragazzo americano **a**mericano **s**tudente americano
femminile	Betty	è	**una** **un'**	ragazza americana studentessa **a**mericana

	plurale			
	Paul e Mark	sono	**dei** **degli**	ragazzi americani **a**mericani
	Betty e Mary	sono	**delle**	ragazze americane studentesse

AVVERBIO

a. avverbi di uso frequente

bene	↔	**male**	**prima**	↔	**dopo**
davanti	↔	**dietro**	**qui**	↔	**lì**
dentro	↔	**fuori**	**sempre**	↔	**mai**
giù	↔	**su**	**sopra**	↔	**sotto**
molto	↔	**poco**	**spesso**	↔	**mai**
più	↔	**meno**	**tanto**	↔	**poco**
presto	↔	**tardi**	**vicino**	↔	**lontano**

AVVERBIO

b. gradi dell'avverbio: superlativo assoluto unità 8

avverbi		
po**co**	po**ch**-	
molto	molt-	
tanto	tant-	
presto	prest-	**-issimo**
tardi	tard-	
bene	ben-	
male	mal-	

c. posizione dell'avverbio con verbi ai tempi composti unità 9

Marco		è	**sempre** **già**	stato arrivato	un buon padre a Torino
	non	è	**ancora**	uscito	di casa
		ha	**mai**	visto	la Sicilia
	ha		**appena** **anche**	finito preso	di mangiare il caffè

si è	**già**	svegliato alzato
non si è	**ancora**	lavato vestito

DIMOSTRATIVI

a. questo e quello unità 2

AGGETTIVI	singolare		plurale	
maschile	quest**o**	libro specchietto	quest**i**	libri specchietti ombrelli
	quest**'**	ombrello		
femminile	quest**a**	borsa sciarpa	quest**e**	borse sciarpe aule
	quest**'**	aula		

	singolare		plurale	
maschile	que**l**	libro	que**i**	libri
	quel**l'**	ombrello	que**gli**	ombrelli
	quel**lo**	specchietto		specchietti
femminile	quel**la**	borsa sciarpa	quel**le**	borse sciarpe aule
	quel**l'**	aula		

PRONOMI	singolare				plurale			
maschile	il mio	libro		quest**o**	i miei	libri		quest**i**
		ombrello	è	quel**lo**		ombrelli	sono	quel**li**
femminile	la mia	borsa		quest**a**	le mie	borse		quest**e**
		amica		quel**la**		amiche		quel**le**

FORMA PERIFRASTICA

a. stare + gerundio unità 4

(io)	**sto**	mangi**ando**	un panino
(tu)	**stai**	telefon**ando**	a Matteo?
(lui) (lei) (Lei)	**sta**	and**ando** scriv**endo** prend**endo**	in piscina al computer lezioni di nuoto?

(noi)	**stiamo**	legg**endo**	il giornale
(vo)	**state**	fac**endo**	i compiti?
(loro)	**stanno**	bev**endo**	il caffè

FORMAZIONE DEI NOMI FEMMINILI (vedi anche NOME)

a.   unità 3

maschile in -o	femminile in -a
il commesso	la commessa
il cuoco	la cuoca
l'impiegato	l'impiegata
il segretario	la segretaria
l'operaio	l'operaia

b.

maschile in -e	femminile in -a
il cameriere	la cameriera
il cassiere	la cassiera
l'infermiere	l'infermiera
il parrucchiere	la parrucchiera
il ragioniere	la ragioniera

c.

maschile in -tore	femminile in -trice
l'attore	l'attrice
il direttore	la direttrice
il pittore	la pittrice
lo scrittore	la scrittrice
il programmatore	la programmatrice

d. nomi che hanno un'unica forma per il maschile e il femminile

maschile in -a	femminile in -a
il dentista	la dentista
il farmacista	la farmacista
il geometra	la geometra
il giornalista	la giornalista
il tassista	la tassista
il regista	la regista
il pianista	la pianista
il pediatra	la pediatra
il collega	la collega

maschile in -e	femminile in -e
l'insegnante	l'insegnante
l'interprete	l'interprete
il cantante	la cantante
il giudice	la giudice
il parente	la parente

e. nomi indipendenti

maschile	femminile
padre	madre
papà	mamma
marito	moglie
fratello	sorella
genero	nuora
uomo	donna
celibe	nubile

FORMULE DI SALUTO: QUADRO GENERALE

a. quando arrivi in un luogo o incontri una o più persone   unità 6

tu	Lei
Ciao! / Salve!	Buongiorno! Buonasera!

b. quando vai via da un luogo o ti congedi da una o più persone

tu	Lei	tu / voi	Lei / voi	tu / voi / Lei
Ciao!	ArrivederLa!	Ci vediamo!	Buongiorno! Buonasera!	Arrivederci!

c. quando saluti una o più persone prima di andare a letto

tu / voi / Lei
Buonanotte!

GRADI DELL'AGGETTIVO

a. comparativo di maggioranza e di minoranza

unità 8

L'aereo			comodo	**del**	treno
Il tuo albergo			bello	**del**	mio
La banca	è	**più** **meno**	vicina	**dell'**	ufficio postale
Il vino			buono	**della**	birra
Giorgio			grasso	**di**	Luigi

La vita a Milano			stressante		a Modena						
Per me l'auto			utile		per Giorgio						
Questo regalo	è	**più** **meno**	costoso	**che**	utile		Ho	**più** **meno**	euro	**che**	dollari
Capire una lingua straniera			facile		parlarla						
Viaggiare in treno			sicuro		in macchina						

b. comparativo di uguaglianza

La vita a Milano	è	**tanto**	stressante	**quanto**	a Roma cara
Camminare			salutare		andare in bicicletta
Giulio		**così**	gentile	**come**	te

c. superlativo assoluto

aggettivi		
bello buono faticoso vicino	bell- buon- faticos- vicin-	**-issimo** **-issima** **-issimi** **-issime**
stan**co** lun**go**	stan**ch**- lun**gh**-	
difficile facile gentile	difficil- facil- gentil-	

INTERROGATIVI

a. chi?

unità 1

Chi	**è**	quel ragazzo? quella ragazza?		**È**	Paul Betty		**Chi**	**sono**	quei ragazzi? quelle ragazze?	**Sono** Paul e Betty Betty e Ann

b. di chi?

unità 2

Di chi	**è**	il libro rosso? la penna blu?	**È**	(il) mio (la) mia	
	sono	i guanti marroni? le scarpe nere?	**Sono**	(i) miei (le) mie	

c. quale?

È	tuo questo libro? tua questa penna?	**Quale?**	**Qual è**	il tuo cappotto? la Sua giacca?	Questo qui Quella lì
Sono	tuoi questi libri? tue queste penne?	**Quali?**	**Quali sono**	i tuoi guanti? le Sue chiavi?	Quelli lì Queste qui

LOCUZIONI PREPOSIZIONALI vedi **USO DELLE PREPOSIZIONI**

NOME

a. nomi in -o, -a, -e
unità 1

maschile	singolare	-o	-e	-a	plurale	-i
	il	nonno			i	nonni
	l'	amico			gli	amici
	lo	zio			gli	zii
	il		padre		i	padri
	il			problema	i	problemi

femminile	singolare	-o	-e	plurale	-i
	la	mano		le	mani
	la		madre		madri

femminile	singolare	-a	plurale	-e
	la	nonna	le	nonne
	l'	amica		amiche

b. plurali irregolari: nomi in -co e -go
unità 6

nomi in -co			
il	banco	i	banchi
l'	amico	gli	amici

nomi in -go			
l'	albergo	gli	alberghi
il	dialogo	i	dialoghi

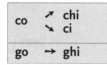

co ↗ chi ↘ ci
go → ghi

PARTICELLA CI

a. particella ci con il verbo essere
unità 5

In questa zona	c'è	una banca? un'edicola? un museo?
	ci sono	diverse banche molti mezzi due semafori

b. particella ci con il verbo volere

Per fare questo lavoro	ci vuole	una mezz'ora molto tempo un esperto	Per fare questo viaggio	ci vogliono	due ore molti giorni molti soldi

c. particella ci avverbio di luogo

Da quanto tempo	abiti	a Firenze?	Ci	abito	da tre anni
Quando	vai			vado	domani

d. particella ci con il verbo avere
unità 7 e 8

Hai	il biglietto? la carta di credito?	Sì, No, non	ce	l'	ho
Ha	i documenti? gli euro			li	
Hai	le monete?			le	
Avete	le valigie? i dollari?	Sì, / Sì, ma	ne	abbiamo	due / pochi

PARTICELLA NE (vedi anche PARTITIVI DI E NE)

a. la particella ne in funzione di partitivo
unità 4

singolare			
Quanto vino **Quanta** birra	bevi?		

Ne	bevo	**poco / tanto / due bicchieri** **poca / tanta / una lattina**

Non	**ne**	bevo	affatto

plurale			
Quanti caffè **Quante** birre	bevi?		

Ne	bevo	**uno / tanti / tre / pochi** **una / tante / due / poche**

Non	**ne**	bevo	nessuno nessuna

Bevi il vino la birra?	Sì,	lo la	bevo,	ma	**ne**	bevo	poco poca

b. la particella ne con i verbi modali e l'infinito
unità 5

Dobbiamo prendere due mezzi?	Sì,	**ne** dovete prendere **due** dovete prender**ne** due

PARTITIVI DI E NE

a. di
unità 4

un po' di...		
Vuoi	**del**	pane?
	della	pasta?
Vuole	**degli**	spaghetti?
Volete	**delle**	lasagne?

alcuni / alcune		
Ho	**dei**	libri
	degli	amici
	delle	penne

b. ne

singolare			
Quanto vino **Quanta** birra	bevi?		

Ne	bevo	**poco / tanto / due bicchieri** **poca / tanta / una lattina**

Non	**ne**	bevo	affatto

plurale			
Quanti caffè **Quante** birre	bevi?		

Ne	bevo	**uno / tanti / tre / pochi** **una / tante / due / poche**

Non	**ne**	bevo	nessuno nessuna

Bevi il vino / la birra?	Sì,	lo la	bevo,	ma	**ne**	bevo	poco poca

POSSESSIVI

a. aggettivi
unità 2

		singolare				plurale		
maschile	È	il	mio tuo suo / Suo	libro	Sono	i	miei tuoi suoi / Suoi	libri
			nostro vostro loro				nostri vostri loro	
femminile		la	mia tua sua / Sua	valigia		le	mie tue sue / Sue	valigie
			nostra vostra loro				nostre vostre loro	

POSSESSIVI

b. pronomi

unità 2

	singolare					plurale				
maschile	Questo libro	è	(il)	mio tuo suo / Suo nostro vostro loro		Questi libri	sono	(i)	miei tuoi suoi / Suoi nostri vostri loro	
femminile	Questa valigia		(la)	mia tua sua / Sua nostra vostra loro		Queste valigie		(le)	mie tue sue / Sue nostre vostre loro	

PREPOSIZIONI (vedi anche USO DELLE PREPOSIZIONI)

a. preposizioni articolate: al, allo, alla, all'

unità 5

Vada fino	(a + il) (a + lo) (a + la)	al allo alla	capolinea stadio prima fermata
Scenda	(a + l')	all'	angolo / incrocio ultima fermata

b. preposizioni semplici e articolate: quadro generale

unità 6

	il	lo	la	l'	i	gli	le
a	al	allo	alla	all'	ai	agli	alle
da	dal	dallo	dalla	dall'	dai	dagli	dalle
su	sul	sullo	sulla	sull'	sui	sugli	sulle
di	del	dello	della	dell'	dei	degli	delle
in	nel	nello	nella	nell'	nei	negli	nelle

			anche		
con	il	i		**col**	**coi**
per	lo / l'	gli / le			
fra (tra)	la	le			

c. preposizioni con i pronomi

unità 7

  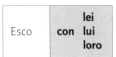

Questo è	**per**	te Lei voi		Vieni	**da**	me? noi?		Esco	**con**	lei lui loro

PRONOMI

a. pronomi personali soggetto

unità 1

io	sono	inglese
tu	sei	inglese?
lui (Paul) **lei** (Ann) **Lei** (signore / signora)	è	inglese?
noi	siamo	inglesi
voi	siete	inglesi?
loro	sono	inglesi

b. pronomi diretti lo, la, li, le

	singolare					plurale				
maschile	Tu bevi	**il vino?**	Sì, No, non	**lo**	bevo	Tu leggi	**i giornali?**	Sì, No, non	**li**	leggo
femminile	Lei beve	**la birra?**	No, non Sì,	**la**		Lei legge	**le riviste?**	No, non Sì,	**le**	

c. pronomi diretti con i verbi modali e l'infinito

Dove posso trovare	**un supermercato?**	**Lo** può trovare	qui vicino
		Può trovar- **lo**	
	una farmacia?	**La** può trovare	
		Può trovar- **la**	
	dei giornali stranieri?	**Li** può trovare	
		Può trovar- **li**	
	delle cartoline?	**Le** può trovare	
		Può trovar- **le**	

d. pronomi diretti deboli e forti

deboli						
Il signor Radi	**mi** **ti** **lo** **la** **La** **ci** **vi** **li / le**	sta aspettando	Ugo	**ti** **La**	sta cercando,	Carlo / Sara dottore / signora

forti		
Il signor Radi sta aspettando	**me** **te** **lui** **lei** **Lei** **noi** **voi** **loro**	(Mario) (Anna) dottore / signora (i ragazzi / le ragazze)

e. pronomi indiretti deboli e forti

deboli		
mi **ti** **gli** **le / Le** **ci** **vi** **gli**	piace	la pasta
	piacciono	i dolci

forti			
A	**me** **te** **lui** **lei / Lei** **noi** **voi** **loro**	piace	la pasta
		piacciono	i dolci

f. pronomi diretti e indiretti con verbi al passato

		pronomi diretti *lo, la, li, le*					pronomi indiretti *le, gli*		
Hai chiamato	Marc**o?** Laur**a?** i ragazz**i?** le ragazz**e?**	Sì,	(lo) l' (la) li le	ho	chiamat**o** chiamat**a** chiamat**i** chiamat**e**	Hai telefonato	a Laur**a?** a Marc**o?** ai ragazz**i?** alle ragazz**e?**	Sì,	**le** **gli**	ho telefonato poco fa

PRONOMI RELATIVI

a. che

soggetto						oggetto diretto	
Pietro	è	**il ragazzo**	**che**	lavora	con Rita	**che**	ho conosciuto ieri
Luisa		**la ragazza**					Rita ha invitato alla festa
Ugo e Marco	sono	**i ragazzi**		lavorano			abbiamo salutato poco fa
Anna e Rita		**le ragazze**					

USO DELLE PREPOSIZIONI (vedi anche PREPOSIZIONI)

a. uso delle preposizioni a, in, da   unità 4

Sono / Vado	a	casa scuola teatro Torino / Firenze	al	mare lavoro cinema bar parco	all'	estero università
	in	palestra / piscina albergo centro Toscana Italia America	nell'	Italia del Sud	negli	Stati Uniti

Sono / Vado	da	Carla Matteo	dal	medico dentista panettiere	dai	miei amici

b. uso delle preposizioni: a, di, da, in   unità 8

Preferisco	banconote	di	grosso / piccolo taglio
		da	cento / cinquanta

Sono	in Italia in questa città a Torino	da	due mesi pochi giorni tre settimane

c. uso delle preposizioni: a, per, da, in, con, fra (tra)   unità 7

Il treno	arriva	**a** Roma **al** binario 12
	parte	**per** Napoli **dal** binario 16
	arriva / parte	**da** Firenze **a** mezzogiorno **all'**una e un quarto **alle** diciassette e trentatré **fra** venti minuti **in** ritardo / **in** anticipo
Sally		**con** il treno delle 11.05
		in treno alle 11.05
C'è un quarto d'ora di tempo		**fra** un treno e l'altro

d. uso delle preposizioni: a, da, di, in, su   unità 6

Dov'è	il	telefono? bar? ristorante?	È	**sul** comodino **di** fronte **al** ristorante **in** fondo **alla** hall
	l'	ascensore? armadio? edicola?		**in** fondo **a** destra **di** fronte **alla** finestra **nella** piazza
	la	camera? chiave? TV?		**al** terzo piano **alla** reception **a** sinistra **della** porta

e. indicativo presente + da   unità 3

Da quanto tempo **lavora?**	**Lavoro da**	sei mesi gennaio

f. locuzioni preposizionali   unità 6

in fondo	**al**	bar
vicino	**all'**	albergo
di fronte / davanti	**alla**	finestra
a sinistra	**del**	letto
a destra	**dell'**	armadio
fuori	**della / dalla**	porta

ma

sopra	**il**	letto
sotto	**la**	finestra
dietro	**la**	porta
dentro	**l'**	armadio

VERBO

a. indicativo presente

1ª coniugazione regolare (-are) — unità 3

	parlare	lavorare	
(io)	parlo	lavoro	
(tu)	parli	lavori	
(lui) (lei) (Lei)	parla	lavora	molto
(noi)	parliamo	lavoriamo	
(voi)	parlate	lavorate	
(loro)	parlano	lavorano	

-o
-i
-a
-iamo
-ate
-ano

verbi in -care e -gare — unità 6

	cercare		pagare	
(io)	cerco		pago	
(tu)	cerchi		paghi	
(lui) (lei) (Lei)	cerca	un'altra casa, perché ora	paga	troppo
(noi)	cerchiamo		paghiamo	
(voi)	cercate		pagate	
(loro)	cercano		pagano	

2ª coniugazione regolare (-ere) — unità 4

	prendere	leggere	
(io)	prendo	leggo	
(tu)	prendi	leggi	
(lui) (lei) (Lei)	prende	legge	molti giornali
(noi)	prendiamo	leggiamo	
(voi)	prendete	leggete	
(loro)	prendono	leggono	

-o
-i
-e
-iamo
-ete
-ono

3ª coniugazione regolare (-ire) — unità 5

	partire	finire	
(io)	parto	finisco	
(tu)	parti	finisci	
(lui) (lei) (Lei)	parte	finisce	alle dieci
(noi)	partiamo	finiamo	
(voi)	partite	finite	
(loro)	partono	finiscono	

-o
-i
-e
-iamo
-ite
-ono

verbi ausiliari

indicativo presente di essere — unità 1

(io)	sono	il padre di Giorgio
(tu)	sei	di Londra?
(lui) (lei) (Lei)	è	americano / americana / inglese?
(noi)	siamo	italiani
(voi)	siete	inglesi?
(loro)	sono	americani?

indicativo presente di avere — unità 0 e 2

(io)	ho	molte riviste
(tu)	hai	un bell'anello
(lui) (lei) (Lei)	ha	l'ombrello? le chiavi
(noi)	abbiamo	i libri
(voi)	avete	i guanti
(loro)	hanno	

verbi modali

indicativo presente di volere — unità 4

(io)	voglio	
(tu)	vuoi	
(lui) (lei) (Lei)	vuole	prendere un caffè
(noi)	vogliamo	
(voi)	volete	un caffè
(loro)	vogliono	

indicativo presente di dovere — unità 5

(io)	devo	
(tu)	devi	andare sempre dritto
(lui) (lei) (Lei)	deve	voltare a sinistra; avere il biglietto prima di salire
(noi)	dobbiamo	
(voi)	dovete	prendere l'autobus
(loro)	devono	

indicativo presente di potere — unità 5

(io)	posso	
(tu)	puoi	girare a sinistra; voltare a destra
(lui) (lei) (Lei)	può	comprare i biglietti all'edicola
(noi)	possiamo	
(voi)	potete	prendere l'autobus
(loro)	possono	

verbi riflessivi e pronominali

indicativo presente di chiamarsi — unità 3

(io)	mi chiamo	Aldo / Maria / Bianchi
(tu)	ti chiami	Mario / Angela?
(lui) (lei) (Lei)	si chiama	Marco / Rita / Donati
(noi)	ci chiamiamo	Martini
(voi)	vi chiamate	Rossetti?
(loro)	si chiamano	Teodori

(tu)		ti chiami?	Carlo
	come		
(Lei)		si chiama?	Aldo Martini

Mi	chiamo

indicativo presente di alzarsi — unità 9

(io)	mi alzo	
(tu)	ti alzi	
(lui) (lei) (Lei)	si alza	presto
(noi)	ci alziamo	
(voi)	vi alzate	
(loro)	si alzano	

Di solito ... presto

VERBO

b. passato prossimo

con il verbo *avere*

(io) (tu)	**ho** **hai**	lavorat**o**	molto
(lui) (lei) (Lei)	**ha**	ricevut**o**	tante lettere
(noi) (voi) (loro)	**abbiamo** **avete** **hanno**	finit**o**	presto

con il verbo *essere*

sono **sei**	andat**o** / andat**a**	a casa
è	partit**o** / partit**a**	per Roma
siamo **siete** **sono**	andat**i** / andat**e** partit**i** / partit**e**	al cinema da Milano

con il verbo *essere*

Oggi	mi ti	**sono** **sei**	alzat**o** / alzat**a**	molto tardi
	si	**è**		
	ci vi si	**siamo** **siete** **sono**	alzat**i** / alzat**e**	

c. imperfetto

coniugazione regolare

	parlare	vedere	sentire
(io) (tu)	parl**avo** parl**avi**	ved**evo** ved**evi**	sent**ivo** sent**ivi**
(lui) (lei) (Lei)	parl**ava**	ved**eva**	sent**iva**
(noi) (voi) (loro)	parl**avamo** parl**avate** parl**avano**	ved**evamo** ved**evate** ved**evano**	sent**ivamo** sent**ivate** sent**ivano**

coniugazione irregolare

essere	fare	dire	bere
ero **eri**	fac**evo** fac**evi**	dic**evo** dic**evi**	bev**evo** bev**evi**
era	fac**eva**	dic**eva**	bev**eva**
eravamo **eravate** **erano**	fac**evamo** fac**evate** fac**evano**	dic**evamo** dic**evate** dic**evano**	bev**evamo** bev**evate** bev**evano**

uso dei tempi: imperfetto e passato prossimo

alle otto **dormivo** ancora	ore 8 ... ● ... →
ho dormito	fino alle otto tutto il giorno fra le due e le tre dalle tre alle sei

(...) |--| ore 8
|---------|
2|--|3
3|--|6

d. futuro

coniugazione regolare

	guidare	decidere	partire	
(io) (tu)	guid**erò** guid**erai**	decid**erò** decid**erai**	part**irò** part**irai**	
(lui) (lei) (Lei)	guid**erà**	decid**erà**	part**irà**	insieme a un amico
(noi) (voi) (loro)	guid**eremo** guid**erete** guid**eranno**	decid**eremo** decid**erete** decid**eranno**	part**iremo** part**irete** part**iranno**	

verbi in *-care, -gare, -ciare, -giare*

cercare pagare cominciare viaggiare	cer**ch**- pa**gh**- cominc- viag**g**-	**erò** **erai**
		erà
		eremo **erete** **eranno**

coniugazione irregolare

avere essere dare dire fare stare andare dovere potere sapere vedere	av- sa- da- di- fa- sta- and- dov- pot- sap- ved-	**rò** **rai** **rà** **remo** **rete** **ranno**

bere rimanere tenere venire volere	be- rima- te- ve- vo-	**rrò** **rrai** **rrà** **rremo** **rrete** **rranno**

e. condizionale

condizionale semplice (espressione di desiderio o intenzione)

Vorrei	cambiare 500 sterline banconote di grosso taglio un'informazione	**Avrei intenzione di**	aprire un conto corrente prendere la residenza vivere a Roma

f. congiuntivo

congiuntivo presente di *essere* e *avere*

Luca crede	che	io tu lui / lei / Lei	sia	molto	giovane		abbia	solo vent'anni
		(noi) (voi) (loro)	siamo siate siano		giovani		abbiamo abbiate abbiano	

frase principale		frase dipendente
Credo Mi sembra	che	Cecilia **sia** timida
Penso Non penso		i due ragazzi **siano** fratelli
È possibile Non è possibile		Sergio e Marco **abbiano** gli appunti

g. imperativo

imperativo regolare dei verbi non riflessivi

	tu (informale)	Lei (formale)	noi	voi (formale e informale)
girare	gir**a**!	gir**i**!	gir**iamo**!	gir**ate**!
prendere	prend**i**!	prend**a**!	prend**iamo**!	prend**ete**!
sentire	sent**i**!	sent**a**!	sent**iamo**!	sent**ite**!

imperativo dei verbi riflessivi

	tu (informale)	Lei (formale)	noi	voi (formale e informale)
accomod**arsi**	accomoda**ti**!	**Si** accomodi!	accomodiamo**ci**!	accomoda**tevi**!
sed**ersi**	siedi**ti**!	**Si** sieda!	sediamo**ci**!	sede**tevi**!
serv**irsi**	servi**ti**!	**Si** serva!	serviamo**ci**!	servi**tevi**!

h. participio passato

coniugazione regolare

lavorare	**lavorato**
ricevere	**ricevuto**
dormire	**dormito**

-are → -ato
-ere → -uto
-ire → -ito

coniugazione irregolare: ausiliari

essere	**stato**
avere	**avuto**

coniugazione irregolare

accendere	**acceso**
chiudere	**chiuso**
decidere	**deciso**
perdere	**perso (perduto)**
prendere	**preso**
scendere	**sceso**
spendere	**speso**

discutere	**discusso**
mettere	**messo**
permettere	**permesso**
promettere	**promesso**
smettere	**smesso**
succedere	**successo**

scegliere	**scelto**
spegnere	**spento**

bere	**bevuto**
venire	**venuto**
nascere	**nato**

dire	**detto**
fare	**fatto**
leggere	**letto**
rompere	**rotto**
scrivere	**scritto**

chiedere	**chiesto**
rimanere	**rimasto**
rispondere	**risposto**
proporre	**proposto**
vedere	**visto (veduto)**

aprire	**aperto**
morire	**morto**
offrire	**offerto**

conoscere	**conosciuto**
piacere	**piaciuto**
vivere	**vissuto**

coniugazioni verbali

LE TRE CONIUGAZIONI REGOLARI

PRIMA CONIUGAZIONE: verbi che terminano all'infinito in -**are**.
(È la più numerosa delle tre coniugazioni. I soli verbi irregolari sono **andare**, **dare**, **fare** e **stare**).

1a. verbi in -are: parlare

MODO INDICATIVO			
presente	**passato prossimo**	**imperfetto**	**futuro semplice**
io parlo	io ho parlato	io parlavo	io parlerò
tu parli	tu hai parlato	tu parlavi	tu parlerai
lui / lei parla	lui / lei ha parlato	lui / lei parlava	lui / lei parlerà
noi parliamo	noi abbiamo parlato	noi parlavamo	noi parleremo
voi parlate	voi avete parlato	voi parlavate	voi parlerete
loro parlano	loro hanno parlato	loro parlavano	essi parleranno

MODO IMPERATIVO
(tu) parla!
(Lei) parli!
(noi) parliamo!
(voi) parlate!
(Loro) parlino!

MODO INFINITO		MODO PARTICIPIO		MODO GERUNDIO	
semplice	**composto**	**presente**	**passato**	**semplice**	**composto**
parlare	aver parlato	parlante	parlato	parlando	avendo parlato

1b. verbi in -care e -gare: cercare, pagare

MODO INDICATIVO			
presente		**futuro semplice**	
io cerco	io pago	io cercherò	io pagherò
tu cerchi	tu paghi	tu cercherai	tu pagherai
lui / lei cerca	lui / lei paga	lui / lei cercherà	lui / lei pagherà
noi cerchiamo	noi paghiamo	noi cercheremo	noi pagheremo
voi cercate	voi pagate	voi cercherete	voi pagherete
loro cercano	loro pagano	loro cercheranno	loro pagheranno

MODO IMPERATIVO	
(tu) cerca!	(tu) paga!
(Lei) cerchi!	(Lei) paghi!
(noi) cerchiamo!	(noi) paghiamo!
(voi) cercate!	(voi) pagate!
(Loro) cerchino!	(Loro) paghino!

1c. verbi in -ciare e -giare: cominciare, mangiare

MODO INDICATIVO			
presente		**futuro semplice**	
io comincio	io mangio	io comincerò	io mangerò
tu cominci	tu mangi	tu comincerai	tu mangerai
lui / lei comincia	lui / lei mangia	lui / lei comincerà	lui / lei mangerà
noi cominciamo	noi mangiamo	noi cominceremo	noi mangeremo
voi cominciate	voi mangiate	voi comincerete	voi mangerete
loro cominciano	loro mangiano	loro cominceranno	loro mangeranno

MODO IMPERATIVO	
(tu) comincia!	(tu) mangia!
(Lei) cominci!	(Lei) mangi!
(noi) cominciamo!	(noi) mangiamo!
(voi) cominciate!	(voi) mangiate!
(Loro) comincino!	(Loro) mangino!

1d. verbi in -iare: inviare, studiare

MODO INDICATIVO	
presente	
io invio	io studio
tu invii	tu studi
lui / lei invia	lui / lei studia
noi inviamo	noi studiamo
voi inviate	voi studiate
loro inviano	loro studiano

MODO IMPERATIVO	
(tu) invia!	(tu) studia!
(Lei) invii!	(Lei) studi!
(noi) inviamo!	(noi) studiamo!
(voi) inviate!	(voi) studiate!
(Loro) inviino!	(Loro) studino!

* Se la **i** della prima persona è tonica, non cade davanti alla desinenza che inizia per **i** (**invii**).

* Se la **i** della prima persona non è tonica, cade davanti alla desinenza che inizia per **i** (**studi**).

SECONDA CONIUGAZIONE: verbi che terminano all'infinito in -**ere**.
(È la coniugazione con il maggior numero di verbi irregolari. I verbi regolari in -**ere** sono in effetti pochissimi).

2. ricevere

MODO INDICATIVO			
presente	**passato prossimo**	**imperfetto**	**futuro semplice**
io ricevo	io ho ricevuto	io ricevevo	io riceverò
tu ricevi	tu hai ricevuto	tu ricevevi	tu riceverai
lui / lei riceve	lui / lei ha ricevuto	lui / lei riceveva	lui / lei riceverà
noi riceviamo	noi abbiamo ricevuto	noi ricevevamo	noi riceveremo
voi ricevete	voi avete ricevuto	voi ricevevate	voi riceverete
loro ricevono	loro hanno ricevuto	loro ricevevano	loro riceveranno

MODO IMPERATIVO
(tu) ricevi!
(Lei) riceva!
(noi) riceviamo!
(voi) ricevete!
(Loro) ricevano!

MODO INFINITO		MODO PARTICIPIO		MODO GERUNDIO	
semplice	**composto**	**presente**	**passato**	**semplice**	**composto**
ricevere	aver ricevuto	ricevente	ricevuto	ricevendo	avendo ricevuto

TERZA CONIUGAZIONE: verbi che terminano all'infinito in -**ire**.
(Ha due tipi di flessione, tutte e due regolari: una che prevede l'inserimento del gruppo -**isc** e una che non lo prevede).

3a. dormire

MODO INDICATIVO			
presente	**passato prossimo**	**imperfetto**	**futuro semplice**
io dormo	io ho dormito	io dormivo	io dormirò
tu dormi	tu hai dormito	tu dormivi	tu dormirai
lui / lei dorme	lui / lei ha dormito	lui / lei dormiva	lui / lei dormirà
noi dormiamo	noi abbiamo dormito	noi dormivamo	noi dormiremo
voi dormite	voi avete dormito	voi dormivate	voi dormirete
loro dormono	loro hanno dormito	loro dormivano	loro dormiranno

MODO IMPERATIVO
(tu) dormi!
(Lei) dorma!
(noi) dormiamo!
(voi) dormite!
(Loro) dormano!

MODO INFINITO		MODO PARTICIPIO		MODO GERUNDIO	
semplice	**composto**	**presente**	**passato**	**semplice**	**composto**
dormire	aver dormito	dormiente	dormito	dormendo	avendo dormito

3b. finire

MODO INDICATIVO			
presente	**passato prossimo**	**imperfetto**	**futuro semplice**
io fin**isc**o	io ho finito	io finivo	io finirò
tu fin**isc**i	tu hai finito	tu finivi	tu finirai
lui / lei fin**isc**e	lui / lei ha finito	lui / lei finiva	lui / lei finirà
noi finiamo	noi abbiamo finito	noi finivamo	noi finiremo
voi finite	voi avete finito	voi finivate	voi finirete
loro fin**isc**ono	loro hanno finito	loro finivano	loro finiranno

MODO IMPERATIVO
(tu) fin**isc**i!
(Lei) fin**isc**a!
(noi) finiamo!
(voi) finite!
(Loro) fin**isc**ano!

MODO INFINITO		MODO PARTICIPIO		MODO GERUNDIO	
semplice	**composto**	**presente**	**passato**	**semplice**	**composto**
finire	aver finito	finente	finito	finendo	avendo finito

coniugazione dei verbi riflessivi e pronominali
4. presentarsi

MODO INDICATIVO			
presente	**passato prossimo**	**imperfetto**	**futuro semplice**
io mi presento	io mi sono presentato/a	io mi presentavo	io mi presenterò
tu ti presenti	tu ti sei presentato/a	tu ti presentavi	tu ti presenterai
lui / lei si presenta	lui / lei si è presentato/a	lui / lei si presentava	lui / lei si presenterà
noi ci presentiamo	noi ci siamo presentati/e	noi ci presentavamo	noi ci presenteremo
voi vi presentate	voi vi siete presentati/e	voi vi presentavate	voi vi presenterete
loro si presentano	loro si sono presentati/e	loro si presentavano	loro si presenteranno

MODO IMPERATIVO	MODO INFINITO	
(tu) presentati!	**semplice**	**composto**
(Lei) si presenti!	presentarsi	essersi presentato/a/i/e
(noi) presentiamoci!		
(voi) presentatevi!		
(Loro) si presentino!		

MODO PARTICIPIO		MODO GERUNDIO	
presente	**passato**	**semplice**	**composto**
presentantesi	presentatosi	presentandosi	essendosi presentato/a/i/e

VERBI IRREGOLARI

avere

MODO INDICATIVO			
presente	**passato prossimo**	**imperfetto**	**futuro semplice**
io ho	io ho avuto	io avevo	io avrò
tu hai	tu hai avuto	tu avevi	tu avrai
lui / lei ha	lui / lei ha avuto	lui / lei aveva	lui / lei avrà
noi abbiamo	noi abbiamo avuto	noi avevamo	noi avremo
voi avete	voi avete avuto	voi avevate	voi avrete
loro hanno	loro hanno avuto	loro avevano	loro avranno

MODO IMPERATIVO	MODO CONGIUNTIVO
(tu) abbi!	che io abbia
(Lei) abbia!	che tu abbia
(noi) abbiamo!	che lui / lei abbia
(voi) abbiate!	che noi abbiamo
(Loro) abbiano!	che voi abbiate
	che essi abbiano

MODO INFINITO		MODO PARTICIPIO		MODO GERUNDIO	
semplice	**composto**	**presente**	**passato**	**semplice**	**composto**
avere	aver avuto	avente	avuto	avendo	avendo avuto

essere

MODO INDICATIVO			
presente	**passato prossimo**	**imperfetto**	**futuro semplice**
io sono	io sono stato/a	io ero	io sarò
tu sei	tu sei stato/a	tu eri	tu sarai
lui / lei è	lui / lei è stato/a	lui / lei era	lui / lei sarà
noi siamo	noi siamo stati/e	noi eravamo	noi saremo
voi siete	voi siete stati/e	voi eravate	voi sarete
loro sono	loro sono stati/e	loro erano	loro saranno

MODO IMPERATIVO	MODO CONGIUNTIVO
(tu) sii!	che io sia
(Lei) sia!	che tu sia
(noi) siamo!	che lui / lei sia
(voi) siate!	che noi siamo
(Loro) siano!	che voi siate
	che essi siano

MODO INFINITO		MODO PARTICIPIO		MODO GERUNDIO	
semplice	**composto**	**presente**	**passato**	**semplice**	**composto**
essere	essere stato/a/i/e	—	stato	essendo	essendo stato/a/i/e

andare

MODO INDICATIVO			
presente	**passato prossimo**	**imperfetto**	**futuro semplice**
io vado	io sono andato/a	io andavo	io andrò
tu vai	tu sei andato/a	tu andavi	tu andrai
lui / lei va	lui / lei è andato/a	lui / lei andava	lui / lei andrà
noi andiamo	noi siamo andati/e	noi andavamo	noi andremo
voi andate	voi siete andati/e	voi andavate	voi andrete
loro vanno	loro sono andati/e	loro andavano	loro andranno

MODO IMPERATIVO
(tu) va'! (vai!)
(Lei) vada!
(noi) andiamo!
(voi) andate!
(Loro) vadano!

MODO INFINITO		MODO PARTICIPIO		MODO GERUNDIO	
semplice	**composto**	**presente**	**passato**	**semplice**	**composto**
andare	essere andato/a/i/e	andante	andato	andando	essendo andato/a/i/e

dare

MODO INDICATIVO			
presente	**passato prossimo**	**imperfetto**	**futuro semplice**
io do	io ho dato	io davo	io darò
tu dai	tu hai dato	tu davi	tu darai
lui / lei dà	lui / lei ha dato	lui / lei dava	lui / lei darà
noi diamo	noi abbiamo dato	noi davamo	noi daremo
voi date	voi avete dato	voi davate	voi darete
loro danno	loro hanno dato	loro davano	loro daranno

MODO IMPERATIVO
(tu) da'! (dai!)
(Lei) dia!
(noi) diamo!
(voi) date!
(Loro) diano!

MODO INFINITO		MODO PARTICIPIO		MODO GERUNDIO	
semplice	**composto**	**presente**	**passato**	**semplice**	**composto**
dare	aver dato	—	dato	dando	avendo dato

VERBI IRREGOLARI

stare

MODO INDICATIVO			
presente	**passato prossimo**	**imperfetto**	**futuro semplice**
io sto	io sono stato/a	io stavo	io starò
tu stai	tu sei stato/a	tu stavi	tu starai
lui / lei sta	lui/ lei è stato/a	lui / lei stava	lui / lei starà
noi stiamo	noi siamo stati/e	noi stavamo	noi staremo
voi state	voi siete stati/e	voi stavate	voi starete
loro stanno	loro sono stati/e	loro stavano	loro staranno

MODO IMPERATIVO
(tu) sta'! (stai!)
(Lei) stia!
(noi) stiamo!
(voi) state!
(Loro) stiano!

MODO INFINITO		MODO PARTICIPIO		MODO GERUNDIO	
semplice	**composto**	**presente**	**passato**	**semplice**	**composto**
stare	essere stato/a/i/e	stante	stato	stando	essendo stato/a/i/e

fare

MODO INDICATIVO			
presente	**passato prossimo**	**imperfetto**	**futuro semplice**
io faccio	io ho fatto	io facevo	io farò
tu fai	tu hai fatto	tu facevi	tu farai
lui / lei fa	lui / lei ha fatto	lui / lei faceva	lui / lei farà
noi facciamo	noi abbiamo fatto	noi facevamo	noi faremo
voi fate	voi avete fatto	voi facevate	voi farete
loro fanno	loro hanno fatto	loro facevano	loro faranno

MODO IMPERATIVO
(tu) fa'! (fai!)
(Lei) faccia!
(noi) facciamo!
(voi) fate!
(Loro) facciano!

MODO INFINITO		MODO PARTICIPIO		MODO GERUNDIO	
semplice	**composto**	**presente**	**passato**	**semplice**	**composto**
fare	aver fatto	facente	fatto	facendo	avendo fatto

bere

MODO INDICATIVO			
presente	**passato prossimo**	**imperfetto**	**futuro semplice**
io bevo	io ho bevuto	io bevevo	io berrò
tu bevi	tu hai bevuto	tu bevevi	tu berrai
lui / lei beve	lui / lei ha bevuto	lui / lei beveva	lui / lei berrà
noi beviamo	noi abbiamo bevuto	noi bevevamo	noi berremo
voi bevete	voi avete bevuto	voi bevevate	voi berrete
loro bevono	loro hanno bevuto	loro bevevano	loro berranno

MODO IMPERATIVO
(tu) bevi!
(Lei) beva!
(noi) beviamo!
(voi) bevete!
(Loro) bevano!

MODO INFINITO		MODO PARTICIPIO		MODO GERUNDIO	
semplice	**composto**	**presente**	**passato**	**semplice**	**composto**
bere	aver bevuto	bevente	bevuto	bevendo	avendo bevuto

dovere

MODO INDICATIVO			
presente	**passato prossimo**	**imperfetto**	**futuro semplice**
io devo (debbo)	io ho dovuto	io dovevo	io dovrò
tu devi	tu hai dovuto	tu dovevi	tu dovrai
lui /lei deve	lui / lei ha dovuto	lui / lei doveva	lui / lei dovrà
noi dobbiamo	noi abbiamo dovuto	noi dovevamo	noi dovremo
voi dovete	voi avete dovuto	voi dovevate	voi dovrete
loro devono (debbono)	loro hanno dovuto	loro dovevano	loro dovranno

MODO IMPERATIVO
(tu) —
(Lei) —
(noi) —
(voi) —
(Loro) —

MODO INFINITO		MODO PARTICIPIO		MODO GERUNDIO	
semplice	**composto**	**presente**	**passato**	**semplice**	**composto**
dovere	aver dovuto	—	dovuto	dovendo	avendo dovuto

piacere

MODO INDICATIVO			
presente	**passato prossimo**	**imperfetto**	**futuro semplice**
io piaccio	io sono piaciuto/a	io piacevo	io piacerò
tu piaci	tu sei piaciuto/a	tu piacevi	tu piacerai
lui / lei piace	lui / lei è piaciuto/a	lui / lei piaceva	lui / lei piacerà
noi piacciamo	noi siamo piaciuti/e	noi piacevamo	noi piaceremo
voi piacete	voi siete piaciuti/e	voi piacevate	voi piacerete
loro piacciono	loro sono piaciuti/e	loro piacevano	loro piaceranno

MODO IMPERATIVO
(tu) —
(Lei) —
(noi) —
(voi) —
(Loro) —

MODO INFINITO		MODO PARTICIPIO		MODO GERUNDIO	
semplice	**composto**	**presente**	**passato**	**semplice**	**composto**
piacere	essere piaciuto/a/i/e	piacente	piaciuto	piacendo	essendo piaciuto/a/i/e

potere

MODO INDICATIVO			
presente	**passato prossimo**	**imperfetto**	**futuro semplice**
io posso	io ho potuto	io potevo	io potrò
tu puoi	tu hai potuto	tu potevi	tu potrai
lui / lei può	lui / lei ha potuto	lui poteva	lui / lei potrà
noi possiamo	noi abbiamo potuto	noi potevamo	noi potremo
voi potete	voi avete potuto	voi potevate	voi potrete
loro possono	loro hanno potuto	loro potevano	loro potranno

MODO IMPERATIVO
(tu) —
(Lei) —
(noi) —
(voi) —
(Loro) —

MODO INFINITO		MODO PARTICIPIO		MODO GERUNDIO	
semplice	**composto**	**presente**	**passato**	**semplice**	**composto**
potere	aver potuto	potente	potuto	potendo	avendo potuto

sapere

MODO INDICATIVO

presente	passato prossimo	imperfetto	futuro semplice
io so	io ho saputo	io sapevo	io saprò
tu sai	tu hai saputo	tu sapevi	tu saprai
lui / lei sa	lui / lei ha saputo	lui / lei sapeva	lui / lei saprà
noi sappiamo	noi abbiamo saputo	noi sapevamo	noi sapremo
voi sapete	voi avete saputo	voi sapevate	voi saprete
loro sanno	loro hanno saputo	loro sapevano	loro sapranno

MODO IMPERATIVO

(tu) sappi!
(Lei) sappia!
(noi) sappiamo!
(voi) sappiate!
(Loro) sappiano!

MODO INFINITO		MODO PARTICIPIO		MODO GERUNDIO	
semplice	composto	presente	passato	semplice	composto
sapere	aver saputo	—	saputo	sapendo	avendo saputo

volere

MODO INDICATIVO

presente	passato prossimo	imperfetto	futuro semplice
io voglio	io ho voluto	io volevo	io vorrò
tu vuoi	tu hai voluto	tu volevi	tu vorrai
lui / lei vuole	lui / lei ha voluto	lui / lei voleva	lui / lei vorrà
noi vogliamo	noi abbiamo voluto	noi volevamo	noi vorremo
voi volete	voi avete voluto	voi volevate	voi vorrete
loro vogliono	loro hanno voluto	loro volevano	loro vorranno

MODO IMPERATIVO

(tu) vogli!
(Lei) voglia!
(noi) vogliamo!
(voi) vogliate!
(Loro) vogliano!

MODO INFINITO		MODO PARTICIPIO		MODO GERUNDIO	
semplice	composto	presente	passato	semplice	composto
volere	aver voluto	volente	voluto	volendo	avendo voluto

dire

MODO INDICATIVO

presente	passato prossimo	imperfetto	futuro semplice
io dico	io ho detto	io dicevo	io dirò
tu dici	tu hai detto	tu dicevi	tu dirai
lui / lei dice	lui / lei ha detto	lui / lei diceva	lui / lei dirà
noi diciamo	noi abbiamo detto	noi dicevamo	noi diremo
voi dite	voi avete detto	voi dicevate	voi direte
loro dicono	loro hanno detto	loro dicono	loro diranno

MODO IMPERATIVO

(tu) di'!
(Lei) dica!
(noi) diciamo!
(voi) dite!
(Loro) dicano!

MODO INFINITO		MODO PARTICIPIO		MODO GERUNDIO	
semplice	composto	presente	passato	semplice	composto
dire	aver detto	dicente	detto	dicendo	avendo detto

salire

MODO INDICATIVO

presente	passato prossimo	imperfetto	futuro semplice
io salgo	io sono salito/a	io salivo	io salirò
tu sali	tu sei salito/a	tu salivi	tu salirai
lui / lei sale	lui / lei è salito/a	lui / lei saliva	lui / lei salirà
noi saliamo	noi siamo saliti/e	noi salivamo	noi saliremo
voi salite	voi siete saliti/e	voi salivate	voi salirete
loro salgono	loro sono saliti/e	loro salivano	loro saliranno

MODO IMPERATIVO

(tu) sali!
(Lei) salga!
(noi) saliamo!
(voi) salite!
(Loro) salgano!

MODO INFINITO		MODO PARTICIPIO		MODO GERUNDIO	
semplice	composto	presente	passato	semplice	composto
salire	essere salito/a/i/e	salente	salito	salendo	essendo salito/a/i/e

uscire

MODO INDICATIVO

presente	passato prossimo	imperfetto	futuro semplice
io esco	io sono uscito/a	io uscivo	io uscirò
tu esci	tu sei uscito/a	tu uscivi	tu uscirai
lui / lei esce	lui / lei è uscito/a	lui / lei usciva	lui / lei uscirà
noi usciamo	noi siamo usciti/e	noi uscivamo	noi usciremo
voi uscite	voi siete usciti/e	voi uscivate	voi uscirete
loro escono	loro sono usciti/e	loro uscivano	loro usciranno

MODO IMPERATIVO

(tu) esci!
(Lei) esca!
(noi) usciamo!
(voi) uscite!
(Loro) escano!

MODO INFINITO		MODO PARTICIPIO		MODO GERUNDIO	
semplice	composto	presente	passato	semplice	composto
uscire	essere uscito/a/i/e	uscente	uscito	uscendo	essendo uscito/a/i/e

venire

MODO INDICATIVO

presente	passato prossimo	imperfetto	futuro semplice
io vengo	io sono venuto/a	io venivo	io verrò
tu vieni	tu sei venuto/a	tu venivi	tu verrai
lui / lei viene	lui / lei è venuto/a	lui / lei veniva	lui / lei verrà
noi veniamo	noi siamo venuti/e	noi venivamo	noi verremo
voi venite	voi siete venuti/e	voi venivate	voi verrete
loro vengono	loro sono venuti/e	loro venivano	loro verranno

MODO IMPERATIVO

(tu) vieni!
(Lei) venga!
(noi) veniamo!
(voi) venite!
(Loro) vengano!

MODO INFINITO		MODO PARTICIPIO		MODO GERUNDIO	
semplice	composto	presente	passato	semplice	composto
venire	essere venuto/a/i/e	veniente	venuto	venendo	essendo venuto/a/i/e

glossario

Legenda:
avv. avverbio inter. interiezione f. nome femminile pl. plurale pron. pronome v. verbo
agg. aggettivo cong. congiunzione inv. invariabile m. nome maschile prep. preposizione sing. singolare

A

abbastanza avv. *(a sufficienza)* enough; *(piuttosto)* quite

abbigliamento m. clothing

abitare v. to live

abito m. *(da donna)* dress; *(da uomo)* suit

accadere v. to happen

accendere v. *(luce)* to turn on; *(fiamma)* to light

acceso agg. (turned) on; *(fiamma)* lit

accettare v. to accept

accogliente agg. friendly, warm

accomodarsi v. *Si accomodi!* Come in! Sit down!

accompagnare v. to go with, to accompany

acconto m. deposit

acqua f. water

acquistare v. to buy

aereo m. plane

aeroporto m. airport

affatto avv. (not) at all

affollato agg. crowded

agenda f. diary

aiutare v. to help

albergo m. hotel

alcolici m.pl. alcohol, liquor

allegro agg. cheerful

allontanare v. to move away

allora avv., cong. then, so

altezza f. height

alto agg. tall, high

altro agg. other

alzarsi v. *(dal letto)* to get up

americano agg., m. American

amicizia f. friendship

amico m. friend

ammettere v. to suppose

ampio agg. wide, roomy

andare v. to go; *andare via* to go away; *(avere voglia di)* Ti va una pizza? Do you feel like a pizza?

andata f. *(biglietto)* single, one-way.

anello m. ring

angolo m. corner

anno m. year; *Quanti anni hai?* How old are you?; *negli anni '70* in the Seventies

annoiarsi v. to be, to get bored

annuncio m. *(di giornale, di lavoro)* (classified) ad

in anticipo avv. early

antipatico agg. unpleasant

anzi cong. on the contrary

anziano agg. elderly

aperto agg. open

appartamento m. flat

appena cong. as soon as I avv. just

appetito m. appetite

appuntamento m. appointment; *(con amici)* date

appunti m.pl. notes

aprire v. to open

arancia f. orange

aranciata f. orange drink

arancione agg. inv. orange

architetto m. architect

aria condizionata f. air-conditioning

armadio m. wardrobe

arrabbiato agg. angry

arrivare v. to arrive, to get to

arrivederci inter. goodbye

arrivo m. arrival

arrosto m. roast

arte f. art

ascensore m. lift

asciugamano m. towel

asciugarsi v. to dry, to dry oneself (off)

ascoltare v. to listen

aspettare v. to wait (for)

aspetto (fisico) m. (physical) appearance

aspirapolvere m. vacuum cleaner

assaggiare v. to taste

assegno m. cheque

assistere v. *(essere presente)* to witness, to watch; *(aiutare)* to assist

assolutamente avv. absolutely

atletico agg. athletic

attendere v. *(aspettare)* to wait

attenzione f. attention; *fare attenzione* to be careful I inter. watch out!

atterrare v. to land

attimo m. moment, second

attore m. (f. -*trice)* actor, actress

attraversamento pedonale m. pedestrian crossing

attraversare v. to cross

auguri m.pl. wishes

aula f. classroom

australiano agg., m. Australian

austriaco agg., m. Austrian

auto f.inv. > *automobile*

autobus m.inv. bus

automobile f. car

automobilista m. driver, motorist

autostrada f. motorway

avanti avv. ahead, forward

avere v. to have; *(indossare)* to wear, to have on

avvertire v. to inform, to tell

avvicinarsi (a) v. to approach, to come near(er)

avviso m. notice

avvocato m. (f. -*essa)* lawyer

azzurro agg., m. (light) blue

B

babbo m. father, dad

badare v. to take care of; *non badare a spese* to spare no expense

baffi m.pl. moustache

bagno m. bath; *(al mare ecc.)* swim; *(stanza)* bathroom

ballare v. to dance

ballo m. dance, dancing

bambina f. girl

bambino m. child, boy

banca f. bank

banco m. *(a scuola)* desk; *(del bar)* bar, counter

bancomat m. inv. cashpoint; *(tessera)* cashpoint card

banconota f. banknote

bar m.inv. coffee bar, café

barba f. beard

barista m., f. barman, barmaid

basso agg. short, low

basta! inter. (that's) enough!, stop it!

Beato te! Lucky you!

bello agg. beautiful, nice

bene avv. well; *Va bene!* Ok!, Fine!

Benvenuti/o! Welcome!

bere v. to drink

berretto m. cap, hat

bevanda f. drink: *bevande alcoliche* alcohol, alcoholic drinks

biancheria f. laundry, linen

bianco agg., m. white

bibita f. drink

biblioteca f. library

bicchiere m. glass

bici f.inv. > *bicicletta*

bicicletta f. bicycle

bigliettaio m. ticket clerk, ticket collector

biglietteria f. ticket office, ticket booth

biglietto m. *(di partita, teatro)* ticket; *(di auguri)* card

binario m. platform, track

biondo agg. blond

birra f. beer

biscotto m. biscuit

blu agg., m. (dark) blue

bocca f. mouth

borsa (1) f. bag; *borsa di studio* scholarship, grant

borsa (2) f. stock exchange

borsetta f. handbag

bottiglia f. bottle

braccio m. arm

bravo agg. good, clever

breve agg. short

bruno agg. *(di persona)* dark-haired; *(di capelli)* dark, brown

brutto agg. *(esteticamente)* ugly; *(cattivo)* bad

Buonasera! inter. Good evening!

Buongiorno! inter. Good morning; Good afternoon!

buono agg. good; *Buon appetito!* Enjoy your meal!; *Buon compleanno!* Happy birthday!; *Buon anno!* Happy New Year!; *Buon Natale!* Merry Christmas!

C

cabina telefonica f. phone box

cadere v. to fall (down)

caffè m.inv. *(bevanda)* coffee; *(locale)* café

caffettiera f. coffee maker

calciatore m. footballer

calcio m. football

caldo agg. hot

calma f. calm

calmo agg. calm

calze f.pl. socks; *(collant)* tights

cambiare v. to change

camera f. room

cameriera f. waitress

cameriere m. waiter

camicetta f. blouse

camicia f. shirt

camminare v. to walk

campagna f. country(side)

canadese agg., m., f. Canadian

canale m. canal

candelina f. candle

cantante m., f. singer

caotico agg. chaotic

CAP m.inv. postcode

capelli m.pl. hair

capire v. to understand

capitale m. capital

capitare v. to happen

capo m. boss, head

capolinea m.inv. terminus

capotreno m. (train) guard

cappello m. hat

cappotto m. coat

carabinieri m.pl. Italian police force (branch of the military)

carattere m. character, personality

caratteristica f. feature, characteristic

cardiologia f. cardiology

carino agg. pretty, good-looking

carne f. meat

carnevale m. Carnival

caro agg. *(costoso)* expensive; *(nella corrispondenza)* Dear

carrello m. *(del supermercato)* shopping trolley; *(per i bagagli)* luggage trolley

carriera f. career

carrozza f. *(del treno)* coach, carriage

carta di credito f. credit card

carta d'identità f. identity card

cartolina f. postcard

casa f. house; home

per caso avv. by accident, by any chance

cassa f. *(di negozio)* cash desk; *(di cinema)* box office

cassettone m. chest of drawers

cassiere m. cashier

cellulare m. mobile (phone)

cena f. dinner

cenare v. to have dinner

centesimo m. *(di euro)* cent

centro m. centre; *centro storico* old town, historic centre; *centro commerciale* shopping centre, mall

cercare v. to look for

certamente avv. certainly

certificato m. certificate

chiacchierone agg. talkative

chiamare v. to call

chiamarsi v. *Mi chiamo* My name is

chiaro agg. clear; *(di occhi)* blue-eyed, green-eyed

chiavi f.pl. keys

chiedere v. to ask; *chiedere scusa* to apologize

chiesa f. church

chilo m. kilogram

chissà avv. who knows, I wonder

chiudere v. to close

chiuso agg. closed

ciao inter. Hi
ciascuno agg., pron. each (one), every(one)
cifra f. number
cinese agg., m., f. Chinese
cioè cong. that is (to say), or rather
circa avv. about, approximately
città f.inv. city
classe f. class
cliente m.,f. customer
codice fiscale m. tax code number
cognome m. surname
coincidenza f. connection
colazione f. breakfast
collana f. necklace
collant m.pl. tights
collo m. neck
colore m. colour
Come? avv. How?; Come mai...? Why?
cominciare v. to start
commesso m. shop assistant
comodamente avv. conveniently, comfortably
comodino m. bedside table
comodità f.inv. amenities
comodo agg. convenient, comfortable
compagno m. (di classe) classmate; (di scuola) schoolfriend, schoolmate
compere f.pl. shopping; fare compere to go shopping
compiere v. (anni) to turn
compilare v. (modulo) to fill in; (assegno) to write
compleanno m. birthday
complimento m. compliment; Complimenti! Congratulations!
comprare v. to buy
compreso agg. included
comunque avv. in any case, anyway
concerto m. concert
condizionatore m. air-conditioner
condizione f. condition
confermare v. to confirm
confortevole agg. comfortable
Congratulazioni! Congratulations!
conoscere v. to know; to meet
conoscersi v. to know each other, to meet (for the first time)
consigliare v. to recommend
contanti m.pl. cash
contare v. to count
contento (di) agg. pleased (with)
conto m. account
contorno m. side dish
controllare v. to check, to monitor
controllo m. visit, check-up
controllore m. ticket collector
convincere v. to convince
coperta f. blanket
coraggio m. courage
correntemente avv. fluently
correre v. to run
corso m. avenue, main street; (di cucina, lingua) course
cortese agg. courteous
corto agg. (di capelli, collo) short

cosa f. thing; Cosa? What?
costare v. to cost
costoso agg. expensive
costume da bagno m. swimsuit
creativo agg. creative
credere v. to believe, to think
cuccetta f. couchette
cucina f. cuisine, cooking; la cucina cinese Chinese food; (stanza) kitchen
cucinare v. to cook
cugino m. cousin
cultura f. culture
cuoco m. cook
cuore m. heart
curioso agg. curious; (indiscreto) nosy
cuscino m. pillow

D

da prep. from, for, since, at, by
d'accordo avv. okay
dare v. to give; dare un esame to take an exam
data f. date
davanti avv. in front, ahead; davanti a in front of
davvero avv. really
decidere v. to decide
decollare v. to take off
dedicare v. to dedicate
denaro m. money
dentista m., f. dentist
dépliant m.inv. brochure
depositare v. to deposit
deposito m. deposit; deposito bagagli left-luggage office
desiderare v. to wish; Desidera? May I help you?
destinazione f. destination
destra f. right
determinato agg. particular
dialogo m. dialogue
dieta f. diet
dietro avv. behind, at the back; dietro a behind
differenza f. difference
difficile agg. difficult
diffuso agg. widespread
dimenticarsi v. to forget
dipingere v. to paint
dire v. to say, to tell; Dica (pure)! May I help you?
direttamente avv. directly, straight
diretto agg. (di treno) through
direttore m. director, manager
direzione f. direction
discoteca f. disco
dispiacere v. to be sorry
disponibile agg. available
distante agg. distant, far-away
disturbare v. to disturb, to bother
disturbo m. disturbance, nuisance
divano m. sofa
diversamente avv. differently, in another way
diverso agg. different; (svariato) various
divertente agg. amusing, enjoyable

divertirsi v. to have a good time, to enjoy oneself
divieto m. divieto di transito, no throughfare
doccia f. shower
documento m. document; documento d'identità identification, identity papers
dolce m. dessert, sweet I agg. sweet
dollaro m. dollar
domanda f. question
domandare v. to ask a question
domattina avv. tomorrow morning
dopo prep. after, past I agg.inv. after, following
doppia f. double room
dormire v. to sleep
dotato (di) agg. equipped (with)
dottore (f. -essa) m. doctor
Dove? avv. Where?
dritto avv. straight (ahead)
dunque cong. so, therefore
duomo m. cathedral
durante prep. during

E

ecco avv. here, there
economico agg. cheap
edicola f. news-stand, news-agent's
edificio m. building
educativo agg. educational
in effetti avv. in fact, actually
egoista agg. selfish
elegante agg. elegant
entrare v. to enter
esame m. exam, test
esatto agg. exact, correct
esercizio m. exercise
espansivo agg. warm, outgoing
all'estero avv. abroad
età f.inv. age
evitarsi v. to avoid

F

fa avv. ago
facile agg. easy
facoltà f.inv. faculty
fame f. hunger; ho fame I'm hungry
famiglia f. family
familiare agg. (noto) familiar; (della famiglia) family
famoso agg. famous
fantastico agg. (eccezionale) fantastic; (immaginario) imaginary
fare v. to do, to make
farmacia f. chemist('s)
farmacista m.,f. chemist
fatica f. effort, hard work
faticoso agg. tiring, difficult
fatto m. fact
per favore inter. please
fedele agg. loyal, faithful
felice agg. happy
Felicitazioni! Congratulations!
femmina f. female
fenomeno m. phenomenon
fermare v. to stop
fermarsi v. to stop; to break down, to stall

fermata f. stop
festa f. party
festeggiare v. to celebrate, to give a party for
festeggiato m. birthday boy, guest of honour
fetta f. slice
figlia f. daughter
figlio m. son
figurarsi v. to imagine; Figurati! Si figuri! Don't mention it!
film m.inv. film
finalmente! avv. at last!
fine settimana m.inv. weekend
finestra f. window
finire v. to finish, to end
fino (a) prep. (di tempo) until I (di spazio) up to, as far as
fiore m. flower
firma f. signature
firmare v. to sign
fisicamente avv. physically
in fondo avv. at the end; (tutto sommato) after all, in the end
forma f. shape
formaggio m. cheese
formato (da) agg. made up of
forse avv. perhaps
forte avv. loudly
fortuna f. luck; per fortuna luckily
fortunato agg. lucky
fotografia f. photograph
fragola f. strawberry
francese agg., m., f. French
francobollo m. stamp
fratello m. brother
freddo agg. cold
frequentare v. (corsi) to attend; (persone) to go around with
fresco agg. fresh
fretta f. hurry; avere fretta to be in a hurry
di fronte (a) opposite
frutta f. fruit
frutti di mare m.pl. shellfish, seafood
fumare v. to smoke
fumetti m.pl. comics
funzionare v. to work (well); non funziona it doesn't work
furbo agg. clever, crafty

G

garage m.inv. garage
gassato agg. (acqua) sparkling
gelato m. ice cream
generalmente avv. generally
genitori m.pl. parents
gente f. people
gentile agg. kind, nice
geometra m. surveyor
giacca f. jacket
giallo agg.,m. yellow
giapponese agg., m., f. Japanese
giardinaggio m. gardening
giardino m. garden
giocare v. to play
gioco m. game
giornale m. (quotidiano) newspaper

glossario

giornalista m., f. journalist
giornata f. day
giorno m. day
giovane agg. young
girare v. *(voltare)* to turn; *(visitare)* to go round
giudice m. judge
giusto agg. right
golf m.inv. sweater, jumper
gonna f. skirt
grande agg. big, large
grasso agg. fat
gratuito agg. free
grazie inter. thank you, thanks
greco agg., m. Greek
grigio agg., m. grey
grosso agg. big
guanti m.pl. gloves
guardare v. to look (at)
guidare v. to drive
gusto m. taste

I

idea f. idea
ideale agg., m. ideal
idolo m. idol
ieri avv. yesterday
imbarcarsi v. to board
immaginare v. to imagine
impegnato agg. busy
impegno m. commitment
impermeabile m. raincoat
impiegato m. office-worker, clerk
importante agg. important
importare v. *Non importa* It doesn't matter
improvviso agg. unexpected, sudden; *all'improvviso* all of a sudden
incassare v. to cash
incluso agg. included
incontrare v. to meet
incrocio m. intersection
indicare v. *(strada, percorso)* to show
indicato agg. *(mostrato)* shown; *(adatto)* suitable
indicazioni f.pl. directions
indossare v. to wear
indovinare v. to guess
industria f. *(settore)* industry; *(azienda)* factory
infermiera f. nurse
informarsi v. to inquire, to ask about
informatico agg. computer (attrib.)
ingegnere m. engineer
inglese agg., m., f. English
ingresso m. *(luogo di accesso)* entrance; *(entrata)* admission
iniziare v. to start
innamorato (di) agg. in love (with)
inquinamento m. pollution
insalata f. *(piatto)* salad; *(verdura)* lettuce
insegnante m.,f. teacher
insegnare v. to teach
insistere v. to insist
insomma avv., inter. in short; so-so
intellettuale agg. intellectual, mental
intenzione f. intention; *avere intenzione di* to intend

interessante agg. interesting
interessare v. to interest, to concern; *(di persona)* to deal with sth. personally
interprete m., f. interpreter
intestatario m. holder
intestato (a) agg. made out (to), in sb.'s name
invece avv. instead, on the contrary
investire v. to invest
invitare v. to invite
invitato m. guest
ipotesi f.inv. hypothesis, assumption
iscriversi v. to enrol
isola f. island
istruzione f. education
italiano agg.,m. Italian

L

là avv. there
ladro m. thief
lampada f. lamp
lasciare v. to leave; *No, lasci (stare)!* No, don't worry about it!
latte m. milk
lattina f. can
lavandino m. sink
lavare, lavarsi v. to wash
lavatrice f. washing machine
lavorare v. to work
lavoratore m. worker
lavoro m. work, job
leggere v. to read
lento agg. slow
lenzuolo m. sheet
lettera f. letter
letto m. bed
lezione f. lesson
libero agg. free; *(di taxi)* for hire
libreria f. *(mobile)* bookcase; *(negozio)* bookshop
libretto m. *(di assegni)* chequebook; *(di risparmio)* savings book
libro m. book
lieto agg. happy, pleased; *Molto lieto!* Pleased to meet you!
limone m. lemon
linea f. line, route; *stare attento alla linea* to watch one's figure
lingua f. language; *(parte del corpo)* tongue
liscio agg. straight
locomotore m. electric locomotive
luminoso agg. bright
lungo agg. long

M

ma cong. but
macchina f. car; *macchina fotografica* camera
madre f. mother
maestro m. (primary-school) teacher
magari avv. perhaps
maggiorenne agg. of age
maglia f. *(maglione)* sweater; *(maglietta)* T-shirt
maglione m. sweater
magnifico agg. magnificent, wonderful

magro agg. thin
mai avv. never, ever
malato agg. ill
mamma m. mum, mother
mandare v. to send
mangiare v. to eat
mano f. hand
manuale agg. manual
mare m. sea, seaside
marito m. husband
marrone agg., m. brown
maschio m. male
mattina f. morning
mattino m. morning
meccanico m. mechanic
medicina f. medicine, medication
medicinale m. medicine, medication
medico m. doctor
medio agg. medium
mela f. apple
meno avv. less, least; *(nell'indicazione dell'ora) sette meno dieci* ten to seven
Meno male! Thank goodness!
mente f. mind, brain
mercato m. market(-place)
mese m. month
metro (1) m. metre
metro (2) f. inv. > metropolitana
metropolitana f. metro, underground
mettere v. to put, to place; *(indumento)* to put on, to wear
e mezza, half, half past, thirty
mezzanotte f. midnight
mezzo m. means (of transport)
mezzogiorno m. noon
mezz'ora f. half-hour
minerale agg. mineral
minestra f. soup
minigonna f. miniskirt
minorenne agg. underage
minuto m. minute
misto (di) m. mix (of), mixture (of)
moda f. fashion; *di moda* fashionable, in fashion
moderno agg. modern
modulo m. form
moglie f. wife
momento m. moment
moneta f. coin
montagna f. mountain
monumento m. monument
morire v. to die
mostra f. exhibition
motivo m. reason
motorino m. moped, scooter
movimento m. movement; exercise, activity
multa f. fine, ticket
municipio m. town hall
muscoli m.pl. muscles
museo m. museum
musica f. music

N

nascere v. *(di persona)* to be born; *(avere inizio)* to start
naso m. nose

natura f. nature
naturale agg. natural; *(di acqua)* still mineral water
naturalmente avv. naturally
nave f. ship
navigare v. to sail, to navigate
nazionalità f.inv. nationality
negozio m. shop
neppure avv. nor, neither, (not) even
nero agg., m. black
nervoso agg. nervous, irritable
nessuno pron. nobody, none
niente pron. nothing; *Grazie mille! Di niente!* Thanks a lot! Don't mention it!
no avv. no
nome m. name
non avv. not
nonna f. grandmother
nonno m. grandfather
nord m. north
notare v. to notice
notizia f. news, information
notte f. night
novità f.inv. news
numero m. number
nuotare v. to swim
nuovo agg. new

O

obbligatorio agg. required
obliteratrice f. ticket punch
occhiali m.pl. glasses
occhio m. eye
occupato agg. *(di posto, camera)* occupied, taken; *(di persona)* busy
offrire v. to offer
oggi avv. today; *(oggigiorno)* nowadays
olandese agg., m.,f. Dutch
ombrello m. umbrella
opera f. *(produzione artistica)* work
operaio m. (factory) worker
ora (1) f. hour; *Che ora è? Che ore sono?* What time is it?
ora (2) avv. now
orario m. timetable; *(di negozi, banche, musei)* (business) hours; *(di spettacoli teatrali, film)* showing times; *essere in orario* to be on time
ordinare v. to order
orecchini m.pl. earrings
origine f. origin
orologio m. clock, watch
ospedale m. hospital
ospite m., f. guest
osservare v. to observe, to watch; *(dire)* to comment

P

pacchetto m. packet
padre m. father
paesaggio m. landscape
paese m. *(nazione)* country; *(centro abitato)* town, village
pagamento m. payment
pagare v. to pay
palazzo m. building

palestra f. gym
pane m. bread
panettiere m. baker
panino m. (solo pane) roll; (imbottito) sandwich
panorama m. panorama, view
pantaloni m.pl. trousers
papà m.inv. dad, father
parabrezza m.inv. windscreen
parcheggiare v. to park
parcheggio m. car park; (spazio) parking space
parco m. park
parenti m.pl. relatives
parlare v. to talk, to speak
parrucchiere m. hairdresser
parte f. part; a parte not included; Da che parte devo andare? Which way?
partire v. (andare via) to leave, to depart; (di motore) to start
partita f. match
passante m., f. passer-by
passaporto m. passport
passare v. trascorrere to spend; transitare to go past, to pass (by); (di malore e sim.) to pass, to go away; passare a prendere qcn. to pick up sb.
passato agg. past, gone (by) I m. past
pasticcino m. pastry
pasto m. meal
patatine f.pl. crisps
patente f. driving licence
paura f. fear; avere paura (di) to be afraid (of)
pausa f. pause, break
pazienza f. patience; Abbi pazienza! Be patient!
Peccato! inter. Too bad!
pensare v. to think
pensione f. small inexpensive hotel, pension; (vitto e alloggio) board
percorso m. route, way
perdere v. to lose; to miss
Perfetto! Great!
periodo m. period
permettere v. to permit, to allow
personaggio m. (di romanzo, film ecc.) character
personalità f.inv. character, personality
pesante agg. heavy
pesca f. peach
pesce m. fish
pettinarsi v. to comb one's hair
pettine m. comb
pezzo m. piece
piacere (1) m. pleasure; (nelle presentazioni) Piacere! Pleased to meet you!
piacere (2) v. to like
piano (1) avv. (lentamente) slowly; (sottovoce) softly
piano (2) m. floor.
pianta, piantina f. map
piatto m. dish
piazza f. square

piccolo agg. small; (di età) young
piede m. foot; a piedi, on foot; stare in piedi, to stand
pieno agg. full
pigiama m.inv. pyjamas
pigro agg. lazy
pinacoteca f. (picture) gallery
piovere v. to rain
piscina f. swimming pool
pittore m.(f. -trice) painter
più avv. more
un po' avv. a little, a few
poco agg. little, few
polizia f. police
poliziotto m. police officer
poltrona f. armchair
pomeriggio m. afternoon
pomodoro m. tomato
popolo m. people, nation
porta f. door
portafoglio m. wallet
portare v. to take, to bring, to carry
porto m. port, harbour
possibile agg. possible
posto m. place, seat
povero agg. poor
pranzo m. lunch
praticare v. (sport) to play, to do
precedenza f. (sulla strada) right of way
preferire v. to prefer
preferito agg. favourite
pregare v. to beg, to pray
prego! inter. You're welcome; (per invitare a fare qualcosa) please
prelevare v. (denaro) to withdraw
prendere v. to take; (ordinare) to order; (ottenere) to get
prenotare v. to reserve, to book
prenotazione f. reservation
preoccupato agg. worried
preparare v. to prepare
presentare v. to introduce
presentarsi v. to introduce oneself
prestare v. to loan
prestigioso agg. prestigious
prestito m. loan
presto avv. (entro breve tempo) soon; (in fretta) quickly; (in anticipo) early; A presto! See you soon!
previsto agg. expected
prezzo m. price
prima avv. before, earlier
primo agg. first
privato agg. private
problema m. problem
prodotto m. product
professione f. profession
professore m. (f. -essa) (università) professor; (scuola) teacher
progettare v. to plan
programma m. plan
programmare v. to plan
programmatore m. (f. -trice) (computer) programmer
promettere v. to promise
pronto agg. ready; (al telefono) Pronto? Hello?

Pronto Soccorso m. Emergency
proporre v. to propose, to suggest
proposito m. A proposito di… Speaking of…; A proposito, … By the way, …
proprio avv. just, exactly
prosciutto m. ham
prossimo agg. next
provare v. to try
provenienza f. (place of) origin
proverbio m. proverb
psicologo m. psychologist
pubblico agg., m. public
pulire v. to clean
pulito agg. clean
pullman m.inv. coach, bus
purtroppo avv. unfortunately

Q

qualche agg. some
qualunque agg. any
Quanto? avv., agg. How much? How many? Quanto costa? How much does it cost?; Quanti anni hai? How old are you?
quarto m. (nell'indicazione dell'ora) quarto d'ora quarter of an hour; otto e un quarto quarter past eight; eight fifteen
quasi avv. almost; quasi mai almost never
qui avv. here
quindi avv. then, afterwards
quotidiano agg. daily, everyday I m. (giornale) daily newspaper

R

raccomandata f. recorded delivery letter
ragazza f. girl
ragazzo m. boy
ragione f. reason; Hai ragione You're right
ragioniere m. accountant
raramente avv. rarely
raro agg. rare
realizzare v. to accomplish, to fulfil
regalare v. to give (a present to sb.)
regalo m. gift, present
regionale m. regional, local
regione f. region
regista m., f. director
replicare v. to replay
residente (in) agg. resident (in), residing (in) I m. i non residenti non-residents
residenza f. (place of) residence
restare v. to stay
resto m. (denaro) change
riccio agg. (di capelli) curly; (di persona) curly-haired
ricco agg. rich
ricerca f. research
ricetta f. (medica) prescription, (di cucina) recipe
ricevere v. to receive
ricordare, ricordarsi v. to remember
riduzione f. discount

rifiutare v. to refuse
riga f. stripe; a righe striped
rilassante agg. relaxing
rilassarsi v. to relax
rilassato agg. relaxed
rimanere v. to stay
rinfrescare v. to refresh, to cool (down)
ringraziare v. to thank
rinunciare (a) v. to give up
ripetere v. to repeat
riposarsi v. to rest
riposato agg. rested, refreshed
riposo m. rest
rischioso agg. risky
riservato agg. reserved
risolvere v. to solve, to work out
risparmiare v. to save
risparmiatore m. economizer, saver
rispondere v. to answer, to reply
ristorante m. restaurant
ritardo m. delay
ritirare v. to withdraw
rito m. routine, ritual
riuscire v. to succeed, to be able
rivista f. magazine
robusto agg. sturdy
romantico agg. romantic, sentimental
romanzo m. novel
rompere v. to break
rosa agg.inv., m.inv. pink
rosso agg., m. red
rotaie f.pl. railway tracks
rumore m. noise, sound
rumoroso agg. noisy

S

sacchetto m. bag
sacco m. bag; un sacco di lot of
sala d'attesa f. waiting room
salame m. salami
salire v. to get on
salotto m. living room
saltare v. to skip
salumi m.pl. cold sliced meats
salutare (1) v. to greet, to say hello, to say goodbye
salutare (2) agg. healthy
salute f. health
saluto m. greeting
Salve! Hi! Hello!
sano agg. healthy
sapere v. to know
sapone m. soap
sbagliare v. to make a mistake, to get (sth.) wrong
sbagliato agg. wrong
sbarcare v. to land, to disembark
sbrigare v. to see to, to get (sth.) done
scaldarsi v. to warm up, to get warm
scale f.pl. stairs
scambiare v. to exchange
scarpe f.pl. shoes
scegliere v. to choose
scena f. scene
scendere v. (dal treno, tram ecc.) to get off; (dalla macchina) to get out

sci m. *(sport)* skiing
sciare v. to ski
sciarpa f. scarf
scivolare v. to slip
scomodo agg. uncomfortable, inconvenient
scorso agg. last
scrittore m. (f. *-trice*) writer
scrivania f. desk
scrivere v. to write
scuola f. school
scuro agg. dark
scusa f. *(pretesto)* excuse; *(rincrescimento)* apology
scusare v. to excuse; *Scusa, cosa hai detto?* Sorry, what did you say?
secondo prep. according to, in sb.'s opinion
sede (di) f. headquarters (of), branch (of)
sedentario agg. sedentary
sedersi v. to sit (down)
sedia f. chair
segnare v. to show, to mark
segno zodiacale m. (star) sign
segretaria f. secretary
seguire v. to come after, to follow
semaforo m. (traffic) lights
sembrare v. to seem
semplice agg. simple
semplicemente avv. simply
sempre avv. always
senso vietato m. no throughfare, no entry
sentire v. *(udire)* to hear; *(odorare, annusare)* to smell; *Ci sentiamo!* Talk to you soon!
sentirsi v. *(bene, male)* to feel
senza prep. without
sera f. evening
servire v. to serve, to be used for
settimana f. week
sfortunato agg. unlucky
sicuro agg. *(certo)* sure; *(al sicuro)* safe
signora f. woman, lady; *(appellativo)* madam
signore m. mister; *(appellativo)* sir; *I signori Ferri* Mr and Mrs Ferri
signorina f. young woman; *(appellativo)* miss
silenzioso agg. quiet, silent
simpatico agg. nice, pleasant
singola f. single room
sinistra f. left
sirena f. siren
situato agg. located
smettere v. to stop
snello agg. slim
socievole agg. sociable, friendly
sociologo m. sociologist
sognare v. to dream
sogno m. dream
soldi m.pl. money
solito agg. usual; *(di solito)* usually
solo agg. alone; *da solo* on one's own, by oneself
soltanto avv. only

sonno m. sleep; *avere sonno* to be sleepy.
soprattutto avv. especially, most of all
sorella f. sister
sorpresa f. surprise
sorpreso agg. surprised
sospetto agg. suspicious I m. suspicion
sosta vietata f. no parking
sottopassaggio m. subway
spagnolo agg., m. Spanish
spazzare v. to sweep
specchietto m. mirror
specchio m. mirror
speciale agg. special
specialità f.inv. speciality
specializzato (in) agg. specialized (in)
spedire v. to send, to mail
spegnere v. to turn off, to extinguish
spendaccione agg. big spender, spendthrift
spendere v. to spend
sperare v. to hope
spesa f. shopping; *andare a fare la spesa* to go shopping
spesso avv. often
spettacolo m. show, performance
spiacente agg. sorry
spiaggia f. beach
spiccioli m.pl. (small) change
spiegare v. to explain
spiegazione f. explanation, instruction
splendido agg. splendid, wonderful
spolverare v. to dust
sport m.inv. sport
sportello m. *(in banca, ecc.)* window
sposato agg. married
squillare v. to ring
stadio m. stadium
stagione f. season
stancarsi v. to get tired
stanco agg. tired
stare v. to stay; *stare bene, male* to feel well, to be sick.
stasera avv. tonight, this evening
stato civile m. marital status
stazione f. station
stendere v. *(il bucato)* to hang out
sterlina f. pound
stesso agg. same
stilista m., f. stylist
stirare v. to iron
stivali m.pl. boots
strada f. street, road
straniero m. foreigner
strano agg. strange
stressante agg. stressful
strisce pedonali f.pl. pedestrian crossing
strumento m. instrument
studente m. (f.-*essa*) student
studiare v. to study
studio m. office
stupendo agg. wonderful, marvellous
succedere v. to happen
successivo agg. next

succo di frutta m. juice
sud m. south
suggerimento m. suggestion; *dare suggerimenti* to make suggestions, to give advice
sugo m. sauce
suonare v. *(strumento)* to play; *(di telefono)* to ring
supermercato m. supermarket
svedese agg., m., f. Swedish
sveglia f. alarm clock
svegliarsi v. to wake up
sviluppare v. to develop
svizzero agg., m. Swiss
svoltare v. to turn

T

tabaccaio m. tobacconist('s)
tabellone m. indicator board
taciturno agg. quiet
taglio m. size
tappeto m. carpet, rug
tardi avv. late
tasca f. pocket
tassista m. taxi driver
tavolino m. (small) table
tavolo m. table
tazza f. cup
tè m.inv. tea
teatro m. theatre
tecnico m. technician
tecnologia f. technology
tedesco agg., m. German
telefonare v. to phone
telefono m. phone
televisione f. television
televisore m. television set, TV set
tempo m. time, wheather
tenda f. curtain; *(da campeggio)* tent
terme f.pl. spa, hot springs
tessera f. card, pass
tetto m. roof
timido agg. shy
tipico agg. typical, traditional
tipo m. type, kind
tornare v. to return
torre f. tower
torta f. cake
tradurre v. to translate
traffico m. traffic
traghetto m. ferry boat
tramezzino m. sandwich
tranquillo agg. calm
trascorrere v. to spend
traversa f. side street
treno m. train
triste agg. sad
troppo avv. too, too much
trovare v. to find
trovarsi v. to be (situated)
turismo m. tourism
turista m., f. tourist
tutto pron. all, everything

U

ubbidiente agg. obedient
ufficio m. office

uguale agg. same, equal
ultimo agg. last
università f.inv. university
uomo m. man
usare v. to use
usato agg. used, second-hand
uscire v. to go out, to leave
utile agg. useful
uva f. grape(s)

V

vacanza f. holiday
valere v. to be worth
valigia f. suitcase
valuta f. currency
vario agg. various
vasca f. *(da bagno)* bath-tub
vaso m. vase
vecchio agg. old
vedere v. to see
vedersi v. to see each other, to meet; *Ci vediamo!* See you later!
veloce agg. fast
vendere v. to sell
vendita f. sale
venire v. to come
veramente avv. truly
verde agg., m. green
verdura f. vegetables
vero agg. true; *Vero?* Right?
versare v. to deposit
verso prep. around; *(direzione)* towards
vestirsi v. to get dressed
vestito m. dress
via f. street
viaggiare v. to travel
vicino agg. near, nearby
vigile m. traffic policeman, traffic warden; *Vigili del Fuoco* Fire brigade
vincere v. to win
vino m. wine
viola agg.inv., m.inv. purple
visitare v. to visit
visitatori m.pl. visitors
vista f. view
vita f. life
vivace agg. lively; *(colore)* bright
vivere v. to live
voglia f. *avere voglia di* to feel like, to desire
volare v. to fly
volentieri avv. *Volentieri, grazie!* I'd love to, thanks!
volerci v. to take; *Ci vogliono 10 minuti* It takes 10 minutes
volo m. flight
volta f. time; *molte volte* many times
voltare v. to turn
vuoto agg. empty

Z

zaino m. rucksack
zainetto m. backbag
zia f. aunt
zio m. uncle
zitto! Be quiet!
zolletta f. (sugar) cube
zona f. area
zucchero m. sugar